100 Wendepunkte der Weltgeschichte

WICHTIGE EREIGNISSE, DIE UNSERE WELT VERÄNDERTEN

Christa Pöppelmann

Compact Verlag

© 2008 Compact Verlag München
Alle Rechte vorbehalten. Nachdruck, auch auszugsweise,
nur mit ausdrücklicher Genehmigung des Verlages gestattet.
Chefredaktion: Dr. Angela Sendlinger
Redaktion: Dr. Matthias Feldbaum
Produktion: Wolfram Friedrich
Abbildungen: dpa Picture-Alliance, Frankfurt; Gruppo Editoriale Fabbri, Mailand;
Lidman Production, Stockholm
Titelabbildungen: dpa Picture-Alliance, Frankfurt (3); Lidman Production, Stockholm (2)
von links nach rechts: Kapitolinische Wölfin; Adolf Hitler; Berliner Mauer;
Eugène Delacroix: *Die Freiheit führt das Volk*; Anschlag aufs World Trade Center
Gestaltung: Inga Koch
Umschlaggestaltung: Axel Ganguin

ISBN: 978-3-8174-6416-6
5464161

Besuchen Sie uns im Internet: www.compactverlag.de

Frühe Hochkulturen

Antike

Mittelalter

Neuzeit

20. Jahrhundert bis heute

Register

DIE KEILSCHRIFT

Sumerischer Stadtstaat

Viele Historiker setzen mit der Erfindung der Schrift den Beginn der eigentlichen Geschichte an. Die Zeiten davor, die sich nur aus archäologischen Funden rekonstruieren lassen, werden gemeinhin als Vorgeschichte bezeichnet. Die ältesten bekannten Schriftstücke stammen aus den sumerischen Stadtstaaten im Süden des Zweistromlands, das die Griechen später Mesopotamien nannten. Diese Städte entstanden etwa vor 6000 Jahren. Der Grund für den Zusammenschluss: Das Land im Mündungsgebiet von Euphrat und Tigris war äußerst fruchtbar, doch schwer zu bestellen. Es mussten Sümpfe trockengelegt werden, die Flüsse zur Zeit der Frühjahrshochwasser eingedämmt, ihr Wasser jedoch während der trockenen Monate gespeichert und über Kanäle verteilt werden. Diese Aufgaben konnten nur von gut organisierten Gemeinschaften bewältigt werden. Die sumerischen Städte waren zunächst sogenannte Theokratien (Gottesherrschaften). An ihrer Spitze stand eine Priesterschaft, die im Namen des Stadtgottes agierte. Der Tempel war deshalb gleichzeitig das Verwaltungszentrum dieser Staaten. Auch Lebensmittelüberschüsse wurden hier in großen Speichern gehortet und bei Bedarf wieder zugeteilt. Es waren die Verwaltungsbeamten der Tempel, die allmählich auf die Idee kamen, sich ihre Arbeit durch schriftliche Notizen zu erleichtern.

VOM BILD ZUM KEIL

Zählkerben oder Bildsymbole sind auch schon von anderen Kulturen bekannt, doch die Sumerer waren die Ersten, die sie zur Schrift weiterentwickelten. Die ersten Bildsymbole stammen von etwa 3500 v. Chr. Sie wurden allmählich zu Sätzen und durch Kombination zu neuen Wörtern zusammengefügt. So standen die Symbole Frau und Schmuck etwa für eine Fürstin, Frau und Gebirge aber für eine Sklavin, da sich die Dienerschaft zu großen Teilen aus den Bewohnern der umliegenden Gebirgsgegenden rekrutierte. Etwa ab 3100 v. Chr. kann man wirklich von einer Schrift reden. Mit der Zeit wurden die Bildsymbole dann immer weiter vereinfacht und abstrahiert,

> **DAS WICHTIGSTE IN KÜRZE:**
> • Ab 3500 v. Chr. entstand im heutigen Irak die erste Schrift.
> • Dies gilt als Startschuss für Kultur und Zivilisation.

Tontafel mit Keilschrift

sodass sie sich schneller schreiben ließen. Jedes Zeichen setzte sich aus mehreren keilförmigen Einkerbungen zusammen, die mit einem dreikantigen Griffel in weichen Ton gedrückt wurden, weshalb die modernen Wissenschaftler ihr den Namen Keilschrift gaben. Etwa um 2800 v. Chr. entwickelten die sumerischen Schreiber dann einen weiteren Trick, um sich die Arbeit zu erleichtern. Sie benutzten die Schriftzeichen für einsilbige Wörter auch für die entsprechenden Silben in längeren Worten. Damit reduzierten sie die Anzahl der Zeichen, die sie sich einprägen mussten, von mehreren Tausend auf etwa 600.

Goldrelief mit persischer Keilschrift

PACHTVERTRÄGE UND FRACHTBRIEFE

Die Möglichkeit, Dinge schriftlich zu fixieren, bedeutete eine derartige Revolution für das politische, wirtschaftliche und kulturelle Leben, dass die Einführung einer Schrift für die Historiker ein wesentliches Kennzeichen für eine Hochkultur ist. Doch in keiner anderen Hochkultur sorgte die Schrift für solch dynamische Entwicklungen wie in Mesopotamien. Das könnte daran liegen, dass die Schriftzeichen hier von Anfang an zu praktischen Zwecken verwendet wurden und nicht wie die ägyptischen Hieroglyphen (ab etwa 3000 v. Chr.) oder die ersten chinesischen Schriftzeichen (ab etwa 1500 v. Chr.), die in erster Linie für religiöse Zwecke wie Weiheinschriften oder die Aufzeichnung von Orakelsprüchen kreiert worden waren.

In Mesopotamien revolutionierte die Schrift zunächst vor allem das Wirtschaftsleben. In den Archiven der Tempel und Paläste fanden sich Pachtverträge, Rechenschaftsberichte, königliche Erlasse, Gesetzestexte, Frachtbriefe, Unternehmensbeteiligungen, Schuldverschreibungen und Bankanweisungen.

Die Tempel fungierten als Banken und ihre Verwaltungsbeamten erfanden fast 2000 Jahre vor der Einführung des Münzgeldes den bargeldlosen Zahlungsverkehr. Beinahe gleichzeitig mit den Schriftzeichen kamen auch persönliche Siegel auf, die als Unterschrift für Verträge, Kreditbriefe und Ähnliches dienten. Gesiegelte Umschläge aus Ton erlaubten es, vertrauliche Mitteilungen über große Entfernungen zu schicken. Vergleichsweise spät dagegen wurde die Schrift für Entspannung und Zeitvertreib entdeckt. Als ältestes belletristisches Werk der Welt gilt das Gilgamesch-Epos, das um 2000 v. Chr. in Mesopotamien entstand.

Die mesopotamische Keilschrift wurde nach und nach auch von den anderen Völkern des Nahen Ostens übernommen, so auch von Großmächten wie Persern und Hethitern. Erst im Verlauf des 1. Jahrhunderts v. Chr. löste die phönizische Schrift die inzwischen hoffnungslos veraltete Keilschrift ab. Die phönizische Schrift hatte zwei entscheidende Vorteile: Erstens kam sie mit nur 20 Symbolen aus, da je ein Zeichen pro Laut und nicht mehr pro Silbe verwendet wurde. Zweitens wurde sie nicht mehr in Ton gemeißelt, sondern nach ägyptischer Sitte mit Tinte auf Papyrus geschrieben. Von ihr leiten sich die meisten modernen Schriften ab: arabisch, hebräisch, griechisch, lateinisch, kyrillisch und mehrere indische Schriften.

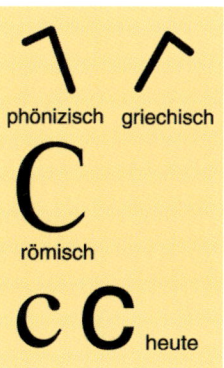

WERKSTOFF BRONZE

Sonnenwagen von Trundholm, nordische Mythologie aus der Bronzezeit

Als Gletschermann Ötzi vor etwa 5300 Jahren in den Ötztaler Alpen starb, hatte er ein Kupferbeil bei sich, einen äußerst wertvollen Gegenstand, der ihn als reichen und angesehenen Mann auswies. Der praktische Wert dagegen war begrenzt, denn Kupfer ist ein weiches Metall und derartige Beile wurden wohl sehr schnell stumpf. Doch etwa zur selben Zeit tauchte im Vorderen Orient erstmals ein weitaus besseres und härteres Metall auf: Bronze.

Die Bronze, die später nach der italienischen Handelsstadt Brundisium (Brindisi) benannt wurde, ist eine Mischung (Legierung) aus Kupfer und Zinn. Entdeckten die Menschen per Zufall, dass diese beiden weichen Metalle zusammen eine sehr viel härtere Substanz ergaben, oder war die erste Bronze das Ergebnis gezielter Experimente? Die Historiker sind sich in diesem Punkt uneins. Als die Bronze erfunden wurde, verarbeiteten die Menschen im östlichen Mittelmeerraum und im Vorderen Orient bereits seit mehreren Jahrtausenden weiche Metalle wie Kupfer, Silber und Gold. Anfangs wurde nur reines (gediegenes) Metall im Feuer erwärmt und zurechtgehämmert, später gelang es, in geschlossenen Brennöfen größere Temperaturen zu erzeugen und Metall aus Erzen zu schmelzen (Verhüttung) oder Gegenstände aus flüssigem Metall zu gießen. Die meisten Werkzeuge jedoch bestanden nach wie vor aus Stein, sodass sich die Historiker nicht recht einigen können, ob man von einer Kupferzeit sprechen soll oder ob sich die Menschheit im Grunde noch in der Steinzeit befand. Allerdings sind stark arsenhaltige Kupferfunde ein Indiz, dass die Schmiede des 4. Jahrhunderts v. Chr. schon die Technik des Legierens gekannt haben könnten, denn eine Verunreinigung mit dem giftigen Halbmetall Arsen verbessert die Eigenschaften des Kupfers bei der Verarbeitung. Es ist also möglich, dass auch die Legierung von Kupfer mit Zinn mit voller Absicht geschah, genauso gut aber könnte die erste Bronze ein Zufallsprodukt gewesen sein, das beim Schmelzen von verunreinigten Kupfererzen entstand.

BEGEHRTES HANDELSGUT

Dafür, dass die erste Bronze zufällig entstand, spricht die Tatsache, dass ihr Siegeszug noch auf sich warten ließ. Die eigentliche Bronzezeit datieren die Historiker in etwa auf einen Zeitraum von 2200–800 v. Chr. Es vergingen also über 1000 Jahre, bis Werkzeuge, Waffen, land-

---

DAS WICHTIGSTE IN KÜRZE:
- **Um 3300 v. Chr. wurde im Vorderen Orient die erste Bronze hergestellt.**
- **Sie revolutionierte die Landwirtschaft, das Handwerk, den Krieg, den Handel und die Gesellschaftsstrukturen.**

wirtschaftliche sowie hauswirtschaftliche Geräte und Schmuck aus Bronze die entsprechenden Gegenstände aus Stein verdrängten. Dann jedoch entfaltete der neue Werkstoff eine äußerst dynamische Wirkung: Geräte aus Bronze machten die Landwirtschaft und das Handwerk effektiver, was zu einer besseren Versorgungslage und zu wachsenden Bevölkerungszahlen führte. Dies zog wiederum Verstädterung und Wanderungsbewegungen nach sich. Die Herrschaft über Bergwerke, Metallhütten und Handelswege begünstigte das soziale Auseinanderdriften und die Entstehung von reichen, mächtigen Adelsschichten. Mit der Einführung von Bronzewaffen nahmen kriegerische Auseinandersetzungen zu und Städte wurden stärker befestigt, was wiederum straffer organisierte Gesellschaftsformen nach sich zog. Außerdem entstand ein reger Fernhandel, der von der indisch-pakistanischen Hochkultur am Indus bis zu den britischen Inseln reichte, denn je größer die Nachfrage nach Bronze wurde, desto schwieriger wurde es, ausreichende Mengen an Zinn zu beschaffen. Kam es zunächst aus dem iranischen Hochland und dem südanatolischen Taurusgebirge, gewannen ab Mitte des 2. Jahrhunderts v. Chr. die Zinnminen von Cornwall große Bedeutung. Doch Europa war nicht nur Rohstofflieferant. Der große Bedarf an Bronze führte dazu, dass die zuvor recht autarken bäuerlichen Stammesgesellschaften Kontakte zu den Hochkulturen des Orients knüpften. 1800 v. Chr. gelangte dic Bronze schließlich sogar nach Nordeuropa, wo sie gegen Bernstein getauscht wurde. Über diese Handelsverbindungen kam aber auch das überlegene technische Know-how des Nahen Ostens nach Europa. Die Bronze trug auch dazu bei, dass sich die Mittelmeerinsel Kreta zu einem Handelsknotenpunkt und zu Beginn des 2. Jahrhunderts v. Chr. zum Sitz der ersten europäischen Hochkultur entwickelte.

Minoische Bronzefigur aus Kreta

RELIGIÖSE KUNST IN CHINA UND PERU

Unabhängig vom Nahen Osten wurde das Geheimnis der Bronzeherstellung Ende des 3. Jahrhunderts v. Chr. auch im Fernen Osten entdeckt. Die vielleicht schönsten Bronzeobjekte fertigten die Chinesen an, von denen andere Kulturen diese Technik übernahmen. Auch die Chavin-Indianer in Peru stellten ab etwa 1300 v. Chr. Bronze her. Das Metall wurde aber vor allem für religiöse und ornamentale Gegenstände verwendet und setzte keine vergleichbare Entwicklung in Gang wie in Europa und Asien. Mit dem Beginn des 1. Jahrhunderts v. Chr. wurde die Bronze allmählich durch die noch hochwertigeren Eisenwaren ersetzt. Dies führte dazu, dass in bislang wenig entwickelten Gebieten mit Eisenerzvorkommen, wie etwa dem Donauraum, ebenfalls stark hierarchische, kriegerische Gesellschaftsformen mit einer reichen Oberschicht (Hallstattkultur) entstanden.

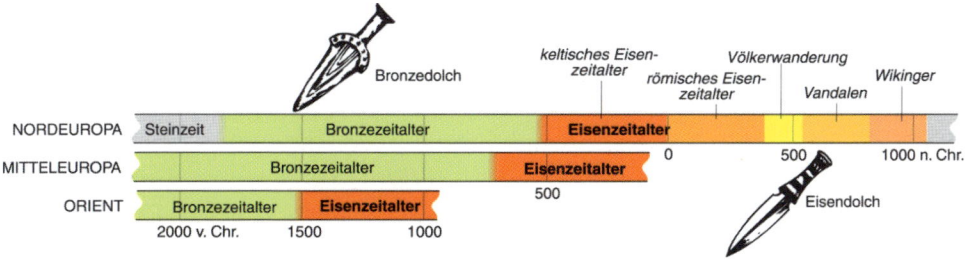

Stein-, Bronze- und Eisenzeitalter

DAS ALTE ÄGYPTEN

Grabpyramiden von Giseh

schwemmungen ließen zwar einerseits fruchtbares Land zurück. Andererseits zwangen sie die Anwohner aber auch, jedes Jahr für mehrere Monate ihre Felder und Häuser zu verlassen und von Vorräten zu leben. Aus diesem Grund entstanden in Ägypten wie auch an anderen großen Flüssen (Euphrat und Tigris, Huang Ho, Indus) schon sehr früh sehr gut organisierte Gesellschaftsstrukturen, die von lokalen Gaufürsten oder Kleinkönigen regiert wurden. Über diese Zeit weiß man jedoch sehr wenig. Irgendwann müssen sich jedoch die beiden Machtzentren Unterägypten (Nildelta) und Oberägypten (zwischen Assuan und Luxor) herausgebildet haben. Sicher ist auch, dass der König von Oberägypten das nördliche Nildelta eroberte. In der ägyptischen Geschichtsschreibung wird er Menes genannt. Ob er der Nachfolger von Narmer oder aber Narmer selbst war, darüber rätseln die Gelehrten noch. Es ist auch gut möglich, dass es mehrere Generationen dauerte, bis die oberägyptischen Könige Unterägypten vollständig unterworfen hatten. Wie blutig und grausam diese Kämpfe waren, weiß man nicht.

1898 fanden britische Archäologen in den Überresten des Horustempels der altägyptischen Stadt Nekhen (Hierakonpolis) eine Schminkpalette, auf der nicht nur die vermutlich ältesten Hieroglyphen der Welt zu sehen sind, sondern auch der Pharao Narmer mit der hohen weißen Krone Unterägyptens auf der einen Seite und mit der roten Kopfbedeckung Oberägyptens auf der anderen. Wird auf dieser Palette also die Vereinigung von Unter- und Oberägypten gefeiert? Einig sind sich die Historiker da nicht. Aber irgendwann zwischen 3150 und 3000 v. Chr. entstand das alte Ägypten, das das erste zentralistisch regierte Großreich der Geschichte war und bis zu seiner Eroberung durch die Römer im Jahr 30 v. Chr. eine der kulturell und politisch dominierenden Mächte der damaligen zivilisierten Welt darstellte.

Ebenso wenig ist bekannt, wie es dazu kam, dass sich relativ schnell eine gottgleiche Stellung des Herrschers, der erst viel später Pharao genannt wurde, herausbildete. Bestes Zeugnis sind die Grabpyramiden von Giseh, die wohl zwischen 2620 und 2500 v. Chr. entstanden. Diese Bedeutung des Herrschers trug wohl auch dazu bei, dass Ägypten im Gegensatz zu anderen antiken Großreichen, von wenigen Unterbrechungen abgesehen, über 3000 Jahre eine stabile Machtposition bekleidete

> **DAS WICHTIGSTE IN KÜRZE:**
> - **Um 3000 v. Chr. vereinigte König Narmer (oder Menes) Unter- und Oberägypten.**
> - **Damit beginnt die Pharaonenzeit.**

VON DEN GAUEN ZUM REICH

Ägypten, so heißt es oft, sei ein Geschenk des Nils. Die jährlichen Über-

Narmer-Palette

DAS REICH VON AKKAD

Sargon von Akkad

Der Legende nach soll er der Sohn eines Gärtners gewesen sein oder der uneheliche Sohn einer verstoßenen Frau oder der Mundschenk des Königs von Kisch. Auf jeden Fall war Sargon, der Gründer des ersten mesopotamischen Reiches, kein Sumerer, sondern ein Semit. Früher glaubten die Historiker deshalb, er hätte die sumerischen Stadtstaaten zwischen Euphrat und Tigris von außen kommend erobert. Heute geht man eher davon aus, dass im Laufe der Zeit viele Semiten, die ursprünglich als Nomaden auf der arabischen Halbinsel lebten, in den reichen und hoch zivilisierten sumerischen Stadtstaaten sesshaft wurden und Sargon einer von ihnen war. Vielleicht war er wirklich ein Beamter des Königs von Kisch. Auf jeden Fall gelang es ihm, zuerst dort die Macht zu übernehmen und dann Uruk und weitere sumerische Städte zu erobern, die er zu einem zentralistisch regierten Reich zusammenfasste. Seine neue Hauptstadt verlegte er in das bisher unbedeutende Akkad – eine Stadt, über deren genaue Lage die Historiker immer noch rätseln.

VON MEER ZU MEER

Die bedeutendste Veränderung in Sargons neuem Reich war wohl, dass nun eine semitische Sprache, die die Forscher Akkadisch nennen, zur Verwaltungssprache wurde. Daneben existierte jedoch vor allem im religiösen Bereich das Sumerische weiter. Im Gegensatz zu Ägypten waren Sargons Reich und alle Nachfolgestaaten immer multikulturell geprägt. Eine Inschrift erzählt davon, dass Sargon in seinem ganzen Reichen „Söhne von Akkad", also Vertraute oder Verwandte, als Regenten einsetzte und damit eine neue Oberschicht schuf. Wie groß sein Reich war, weiß man nicht sicher. Neben diversen Legenden existieren nur knappe Inschriften. Eine rühmt, Sargon habe „von Meer zu Meer" geherrscht, aber ob sein Reich deshalb wirklich vom Mittelmeer bis zum Persischen Golf reichte, ist umstritten, da auch eine ähnliche Inschrift bekannt ist, die sich auf einen König von Uruk bezieht, dessen Machtbasis mit Sicherheit nicht bis ans Mittelmeer reichte. Sargons Enkel jedoch, der später vergöttlichte Naram-Sin, konnte seinen Herrschaftsbereich wirklich bis ans Mittelmeer ausdehnen. Rund 110 Jahre nach der Gründung wurde das Reich von Akkad dann von den Gutäern, einem Volk aus dem iranischen Hochland, erobert. Die neuen Herrscher übernahmen jedoch die sumerisch-akkadische Kultur, genau wie auch später Assyrer, Babylonier und Perser die zivilisatorischen Errungenschaften ihrer Vorgänger zu nutzen wussten.

> **DAS WICHTIGSTE IN KÜRZE:**
> - **Um 2340 v. Chr. gründete Sargon das Reich von Akkad.**
> - **Es war das erste Großreich in Mesopotamien und Vorgänger des assyrischen und babylonischen Reichs.**

Grabstele aus Akkad

INDOEUROPÄER

Das Reich der Hethiter

Skythischer Goldkamm

Möglicherweise sprachen die Gutäer, die um 2200 v. Chr. das Reich von Akkad eroberten, eine indoeuropäische Sprache. Die Churriten jedenfalls, die sich um 2000 v. Chr. am Oberlauf des Euphrat ansiedelten und um 1700 v. Chr. den Staat Mitanni gründeten, hatten eine indoeuropäisch sprechende Oberschicht. Auch in Anatolien wanderten um 2000 v. Chr. indoeuropäische Gruppen ein und gründeten um 1500 v. Chr. das Hethiter-Reich, das neben Ägypten und Mesopotamien zur dritten Großmacht im Nahen Osten wurde. In Ost- und Mitteleuropa tauchten auf ca. 2000 v. Chr. datierte Streitäxte und Keramikgegenstände mit Schnurmustern auf, die wohl von indoeuropäischen Einwanderern mitgebracht wurden, denn in der Folgezeit sprach man in nahezu ganz Europa indoeuropä-

isch: Alle germanischen, romanischen und slawischen Sprachen sowie Griechisch und Albanisch gehören zu dieser Sprachfamilie. In Nordindien und Pakistan wanderten um 1500 v. Chr. die indoeuropäischen Arier ein und legten den Grundstein für die hinduistische Kultur. Um 1200 v. Chr. brachten die als „Seevölkersturm" bezeichneten indoeuropäischen Wanderungen im östlichen Mittelmeerraum Großmächte ins Wanken. Wenig später legten indoeuropäische Einwanderer in Griechenland die Wurzeln der antiken griechischen Zivilisation. Mit Beginn des 1. Jahrhunderts v. Chr. besiedelten indoeuropäische Stämme wie Perser und Meder das iranische Hochland. In Steppengebieten vom heutigen Moldawien bis zum Pamirgebirge sorgten sehr mobile indoeuropäische Reitervölker wie Skythen, Saken und Sarmaten für einen kulturellen Austausch zwischen Europa und Asien.

EROBERUNG ODER FRIEDLICHE DURCHDRINGUNG?

Wer aber waren diese Indoeuropäer, die plötzlich überall zwischen Europa und Indien auftauchten und oft genug für Unruhe sorgten? Die meisten Historiker gehen davon aus, dass es ein indoeuropäisches „Urvolk" gab, das wohl in den südrussischen Steppengebieten lebte. Die dortigen bronzezeitlichen Kurgane (Grabhügel) könnten Hinterlassenschaften der Urindoeuropäer sein. Doch Genaues weiß man nicht, da dieses Volk keine schriftlichen Zeugnisse hinterlassen hat und auch keine schriftkundigen Nachbarn hatte, in deren Texten es auftaucht. Klimaverschlechterungen könn-

> **DAS WICHTIGSTE IN KÜRZE:**
> - Ab etwa 2000 v. Chr. tauchten zuerst im Nahen Osten, dann in Europa und Zentralasien indoeuropäische (indogermanische) Völker auf.
> - Außer verwandten Sprachen verbanden sie auch kulturelle Ähnlichkeiten.

ten im Verlauf des 3. Jahrhunderts v. Chr. für mehrere Auswandererwellen gesorgt haben. Doch mit Sicherheit waren diese Auswanderer nicht zahlreich genug, um zwischen Rhein und Ganges so vielen Völkern ihre Sprache und Kultur aufzuzwingen. Wie aber konnte es dann geschehen, dass plötzlich eine große Zahl weit entfernter Völker eine verwandte Sprache sprach und auch kulturelle Ähnlichkeiten aufwies?

Vermutlich war die Übernahme der indoeuropäischen Sprache und Kultur ein lang andauernder, teils kriegerischer, teils friedlicher Prozess, der bei jedem der späteren „indoeuropäischen" Völker anders ablief. In vielen Fällen hatten die Völker, die eine indoeuropäische Sprache übernahmen, wahrscheinlich nur sehr geringe, vielleicht sogar gar keine genetischen Verbindungen zu den Urindoeuropäern.

HIERARCHISCH, KRIEGERISCH, PATRIARCHAL

Trotzdem greift es zu kurz, wenn man die Indoeuropäer nur als eine Gruppe von Völkern ansieht, die mehr oder weniger zufällig Sprachen mit einer gemeinsamen Wurzel sprechen. Mit der Sprache wurde auch Kultur weitergegeben. Vergleiche zwischen den verschiedenen indoeuropäischen Völkern ergeben, dass die Urindoeuropäer relativ kriegerische Halbnomaden gewesen sein müssen, die über Schwerter, Speere und Streitäxte verfügten. Vieh, vor allem Rinder, spielten eine große Rolle. Möglicherweise waren sie die Ersten, die Pferde zähmten und Streitwagen im Krieg einsetzten. Die Gesellschaft war wohl patriarchal und stark hierarchisch gegliedert. Vermutlich gab es eine Dreiteilung in die Kaste der Priester, die auch den König stellten, der Soldaten und der Bauern. Im zwischenmenschlichen Bereich spielten Vertrags-

verhältnisse eine große Rolle. Diese legten sogar den Anführern und Mächtigen Verpflichtungen auf, wie das auch im mittelalterlichen Lehnswesen in Europa gebräuchlich war. Im Strafrecht scheint Wiedergutmachung (Blutgeld) eine größere Rolle gespielt zu haben als Abschreckung durch eine möglichst grausame Bestrafung der Täter. Am deutlichsten sind die Parallelen vielleicht in der Religion. Nahezu überall lässt sich ein oberster Wettergott nachweisen.

Was aber war an dieser Kultur so attraktiv, dass sie von so vielen Völkern übernommen wurde? Auf diese Frage gibt es keine Antwort, da es keine historischen Zeugnisse darüber gibt. In den meisten Fällen weiß man auch nichts darüber, wie Sprache und Kultur der indoeuropäisierten Völker ausgesehen hatten. In Europa scheinen die Menschen vor dem Kontakt mit der indoeuropäischen Kultur sesshafter gelebt, mehr Ackerbau betrieben, mehr weibliche Gottheiten verehrt und weniger gesellschaftliche Hierarchien gehabt zu haben.

Wächterfigur am königlichen Palast der hethitischen Hauptstadt Hattussa mit Streitaxt und Krummschwert

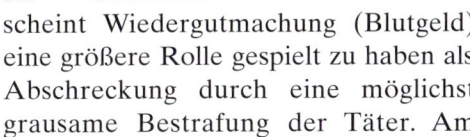

Persischer Wandschmuck

DER KODEX HAMMURAPI

Hammurapi vor dem Sonnengott Schamasch. Oberteil des Gesetzeskodex aus Susa, 18. Jh. v. Chr

Im Jahr 1902 fanden französische Archäologen in Susa im heutigen Iran eine über zwei Meter hohe, schwarze Basaltstele mit 281 Gesetzen, die der babylonische König Hammurapi (um 1810–1750 v. Chr.) hatte aufzeichnen lassen. Es sind harte Gesetze. Auf viele Vergehen stand die Todesstrafe, und Körperverletzungen wurden nach dem Prinzip „Auge um Auge, Zahn um Zahn" vergolten. Aber immerhin: Es waren aufgezeichnete, verbindliche, öffentlich präsentierte Gesetze, denen sich auch der Herrscher unterwerfen musste – ein Fortschritt im Vergleich zu völliger Rechtlosigkeit oder archaischen Riten wie der Blutrache. Manche Passagen wie z. B. das Mietrecht mit festgelegten Pflichten von Mietern und Vermietern muten sogar unglaublich modern an. Rund 50 Jahre nach dem Fund machte jedoch der Assyrologe Samuel Kramer bei der Übersetzung eines Keilschrifttextes aus Ninive eine verblüffende Entdeckung: Ur-Nammu, der König von Ur (reg. um 2112–2095 v. Chr.), hatte bereits etwa 400 Jahre vor Hammurapi einen Rechtskodex erlassen, der zwar nicht vollständig erhalten ist, aber weniger grausam war. Die Todesstrafe stand nur auf Kapitalverbrechen, mindere Vergehen wurden mit Geldstrafen belegt und ein Vergeltungsrecht gab es nicht. Aber auch er war nicht der Erste. Aus anderen Quellen weiß man mittlerweile, dass rund 300 Jahre vor ihm der sumerische König Urukagina von Lagasch einen Kodex erlassen hatte, der jedoch nicht erhalten ist. Macht dies den berühmten Kodex Hammurapi wertlos?

KEINE RECHTSFREIHEIT FÜR KÖNIGE

Klar scheint inzwischen, dass die Tradition der Gesetzgebung auf die sumerischen Stadtstaaten zurückgeht. Trotzdem bleibt es bemerkenswert, dass auch Hammurapi sie übernahm. Denn Hammurapi, der König von Babylon, war kein Sumerer, sondern stammte von semitischen Nomaden ab. Er eroberte die anderen mesopotamischen Stadtstaaten, beendete damit die sumerische Renaissance, die es nach dem Ende des Reichs von Akkad gegeben hatte, und errichtete das babylonische Großreich. Trotzdem übernahm er die sumerische Rechtstradition, wenngleich seine Gesetzgebung – wohl mit Rücksicht auf die semitischen Bevölkerungsteile – härter ausfiel als die sumerische. Damit hielt er die Auffassung, dass auch ein Herrscher/Clanchef/Familienoberhaupt nicht willkürlich richten und strafen darf, auch nach dem Untergang der Sumerer am Leben und gab sie an die vielen verschiedenen Völker der kommenden mesopotamischen Großreiche weiter.

Zwei babylonische Stelen

> **DAS WICHTIGSTE IN KÜRZE:**
> - Um 1700 v. Chr. ließ der babylonische König Hammurapi nahezu 300 Gesetze auf einer Stele aufzeichnen.
> - Dieser Kodex ist die älteste vollständige Gesetzessammlung der Welt.

ÜBERFALL AUF BABYLON

Babylonischer Turm

Ganz sicher ist es nicht, wann das Unheil über Babylon hereinbrach. Die altorientalischen Chronologien orientieren sich an Ereignissen wie Sonnenfinsternissen und sind deshalb nicht eindeutig fixierbar. Es war wohl entweder im Jahr 1594 oder erst 1531 v. Chr., dass eine Armee mit Streitwagen über Babylon hereinbrach, die Stadt plünderte und dann wieder verschwand. Die Fremden, deren Art der Kriegsführung die Babylonier nichts entgegenzusetzen hatten, waren Hethiter aus dem über 1000 Kilometer entfernten zentralen Anatolien. Der Überfall bereitete der babylonischen Königsdynastie, die Hammurapi begründet hatte, ein Ende. Die neuen Könige von Babylon wurden die Kassiten, ein Volk aus dem Zagrosgebirge, das möglicherweise mit den Hethitern verbündet war. Die Hethiter jedoch zogen sich vorerst wieder nach Anatolien zurück, wo ihr König Mursili I. nach seiner langen Abwesenheit mit internen Wirren konfrontiert und ein Jahr später ermordet wurde. Es dauerte rund 200 Jahre bis die Hethiter wieder als militärische Großmacht im Nahen Osten auftauchten. Trotzdem markiert ihr Überfall auf Babylon den Beginn einer neuen Ära.

KRIEG UND DIPLOMATIE

Bislang war der Süden Mesopotamiens immer das Zentrum der Macht und der Zivilisation im Vorderen Orient gewesen, auch wenn die Reiche mal größer und mal kleiner waren und die Hauptstädte Akkad, Ur oder Babylon hießen. Auch Eroberer von außen, wie die Gutäer, die das Reich von Akkad niedergerungen hatten, hatten zwar die Macht übernommen, sich der Kultur des eroberten Reiches aber angepasst. Die Hethiter dagegen ließen ein geschwächtes Babylon zurück und in den folgenden Jahrhunderten kam es zu etwas völlig Neuem, nämlich zu Kriegen zwischen den Großmächten. Diese Mächte waren ab dem 14. Jahrhundert die Babylonier, die wieder erstarkten Hethiter und die Ägypter, die mit Beginn des Neuen Reiches (um 1540 v. Chr.) erstmals eine aggressive Außenpolitik betrieben. Dazu kamen kleinere, aber militärisch nicht zu unterschätzende Staaten wie Mitanni in Nordsyrien und Elam am Ostufer des Persischen Golfs. Diese Länder bekriegten sich aber nicht nur, sondern unterhielten auch diplomatische Beziehungen, die auch einen kulturellen Austausch mit sich brachten. Vermutlich am 21. November 1259 v. Chr. schlossen die Hethiter den ersten Friedensvertrag der Welt mit Ägypten, in dem sie ihre Interessensphären in Syrien absteckten und sogar den Umgang mit Flüchtlingen und Kriegsgefangenen regelten.

> **DAS WICHTIGSTE IN KÜRZE:**
> - Im 16. Jahrhundert v. Chr. eroberten die Hethiter Babylon.
> - Damit etablierten sie sich als neue Großmacht im Nahen Osten.

Das Ischtar-Tor von Babylon. Rekonstruktion im Pergamonmuseum Berlin

STURM DER SEEVÖLKER

Ramses III. vor den Göttern Amun, Mut und Chons

> **DAS WICHTIGSTE IN KÜRZE:**
> • Um 1200 v. Chr. zerstörte eine Völkerwanderung im östlichen Mittelmeerraum das Hethiterreich und schwächte Ägypten.
> • In Palästina siedelten sich die Philister an, nach denen das Land benannt ist.

Im 8. Jahr der Regierung von Ramses III., so berichten ägyptische Quellen, wurde Ägypten von einer Gemeinschaft von Völkern, die über das Mittelmeer kamen, angegriffen, konnte sie nach einer Seeschlacht aber im Nildelta in eine Falle locken und besiegen. Diese Völker würden auf Inseln wohnen, heißt es, und hätten zuvor andere Völker in Anatolien und Syrien, darunter die Hethiter, besiegt. Die Geschichtsschreibung spricht deshalb von „den Seevölkern", obwohl die ägyptischen Quellen weiter berichten, dass diese Völker später versucht hätten, über Land nach Ägypten einzudringen. Der Name „Seevölker" aber hält sich beständig – wohl weil man keinen besseren hat, denn diese Völker, die um das Jahr 1200 v. Chr. den östlichen Mittelmeerraum unsicher machten, geben den Historikern ziemliche Rätsel auf.

Blick auf Mykene mit dem berühmten Löwentor

DAS ENDE ALTER STAATEN

Sicher ist, dass der Angriff auf Ägypten Teil einer größeren Wanderbewegung war, weshalb manche Historiker von einer Völkerwanderung sprechen. Wo, aus welchen Gründen und mit welchem Volk sie begonnen hat, darüber gibt es nur Spekulationen. Eine These ist, dass die Illyrer, die von Norden her auf den Balkan vordrangen, die Wanderung auslösten. Andere gehen von Unruhen in der Ägäis, einer Hungersnot in Anatolien oder einem starken Piratenunwesen aus. Die kriegerischen Mykener, auf deren Konto wohl die Zerstörung Trojas zu Beginn des 12. Jahrhunderts v. Chr. geht, deren Kultur aber kurz danach selbst verschwand, sind sowohl als Verursacher als auch als Opfer der Umwälzungen in der Diskussion. Auf jeden Fall verschwand in dieser Zeit das wohl schon zuvor durch innere Unruhen und Hungersnöte geschwächte Hethiterreich. Stattdessen siedelten sich indoeuropäische Stämme wie die Thraker, Lyder und Phrygier in Zentralanatolien an. Zypern wurde angegriffen und der Stadtstaat Ugarit, ein bedeutendes Handelszentrum an der heute syrischen Küste, zerstört. Im heutigen Gazastreifen siedelten sich die Philister an und gründeten einen Städtebund. Ägypten konnte die Angriffe abwehren, wurde aber geschwächt und musste sich aus dem Nahen Osten zurückziehen. Die dortigen kleinen Fürstentümer wurden autonom, was wohl eine verstärkte Zuwanderung aus dem Süden nach sich zog. In Griechenland entstand ein Machtvakuum, in das die Dorer einwanderten, einer der Stämme, aus denen sich später das Volk der Hellenen bzw. Griechen bildete.

KÖNIG DAVID

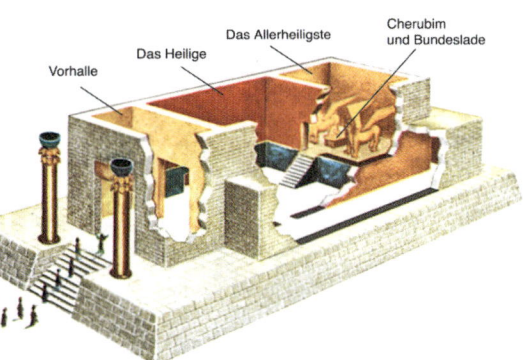

Vorhalle
Das Heilige
Das Allerheiligste
Cherubim und Bundeslade

Salomonischer Tempel in Jerusalem

Liest man die Bibel, dann könnte man meinen, das Reich König Davids und seines Sohnes Salomon habe alle Mächte seiner Zeit überstrahlt. In anderen historischen Quellen gibt es jedoch keinen einzigen Hinweis auf die Reichsgründung. Erst die Nachfolgestaaten Israel und Juda werden im Schriftverkehr der Nachbarreiche erwähnt. Es ist also nicht einmal gesichert, ob David und Salomon jemals gelebt haben. Die meisten Historiker gehen aber davon aus, dass die Ausführungen in der Bibel zumindest im Kern zutreffen. Aber das Reich, dessen König David um 1000 v. Chr. wurde, war vermutlich so klein, dass Mächte wie Ägypten oder Assyrien zunächst keine Notiz davon nahmen, während die unmittelbaren Nachbarn Nomaden und Hirtenvölker waren, die keine Schriftzeugnisse hinterließen.

KAMPF GEGEN DIE PHILISTER

Ursprünglich waren die Israeliten einer jener semitischen Nomadenstämme, die seit dem 14. Jahrhundert v. Chr. immer wieder von Süden her in die höher zivilisierten Gebiete des Nahen Ostens einwanderten. Es ist durchaus möglich, dass ein Teil von

ihnen während einer Hungersnot nach Ägypten zog und es den in der Bibel beschriebenen Auszug aus Ägypten wirklich gegeben hat. Dass sich aber schon damals ein besonderer monotheistischer Gottesglaube herausbildete, ist eher unwahrscheinlich. Vermutlich fand die Einwanderung der Israeliten ins heutige Israel im 13. Jahrhundert v. Chr. statt. In dem Machtvakuum, das nach dem Seevölkersturm um 1200 v. Chr. entstand, konnten sie sich gegen die Nachbarvölker, vor allem gegen die Philister, durchsetzen. Das biblische Buch Samuel schildert, dass der Zwang, gegen die Bedrohung durch die Philister zusammenstehen zu müssen, dazu führte, dass sich die Israeliten einem König unterwarfen, zunächst Saul, dann David. Unter David und seinem Sohn Salomon vollzog sich dann die Wandlung von einem halbnomadisch lebenden Hirtenvolk zu einem jüdischen Territorialstaat mit eigener Hauptstadt – Jerusalem, das man von den benachbarten Jebusitern erobert hatte. Für das wichtigste Stammesheiligtum, die Bundeslade, wurde ein Tempel gebaut. Auf diese Weise sicherten sich die Israeliten nicht nur eine Vormachtstellung gegenüber den benachbarten Nomadenstämmen, sondern entwickelten auch eine andere Kultur. Die jüdische Religion dagegen erhielt wohl erst im Exil der Oberschicht in Babylon (586–539 v. Chr.) die besondere Ausprägung, die sich in den Schriften des Tanach (Altes Testament) niedergeschlagen hat.

> **DAS WICHTIGSTE IN KÜRZE:**
> - **Vermutlich entstand das jüdische Königreich im 11. Jahrhundert v. Chr.**
> - **Politisch war es relativ unbedeutend, spielte jedoch eine große Rolle für die Entwicklung des Judentums.**

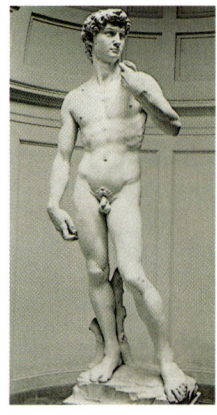

David, Statue von Michelangelo

DIE KNUTE ASSURS

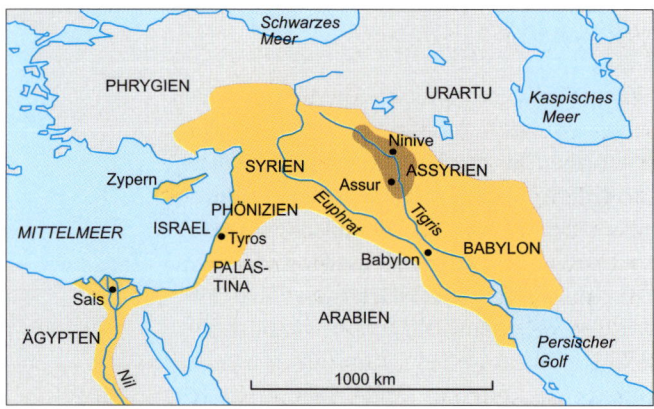

Das Assyrerreich

DAS WICHTIGSTE IN KÜRZE:
- **Mit der Thronbesteigung Assur–Nasirpals II. begann 883 v. Chr. der Aufstieg des neuassyrischen Reiches.**
- **Es beherrschte fast 300 Jahre lang den gesamten Nahen Osten und gilt manchen Historikern als erstes wirkliches Großreich.**

Möglicherweise war er einer der grausamsten Herrscher der Geschichte. In Inschriften rühmt sich der assyrische König Assur-Nasirpal II. (reg. 883–859 v. Chr.), Tausende von Gefangenen verstümmelt, gepfählt und verbrannt zu haben. Auch wenn manche Historiker meinen, dies sei nicht unbedingt wörtlich zu nehmen, sondern vor allem zur Abschreckung möglicher Gegner gedacht, brachen für die Völker des Orients mit der Thronbesteigung Assur-Nasirpals schwere Zeiten an.

Assur war einst eine Stadt im Norden von Mesopotamien, politisch eher ab vom Schuss, aber strategisch günstig an den Handelsrouten nach Anatolien gelegen. Im 18. Jahrhundert v. Chr. herrschten die Könige von Assur über das nördliche Mesopotamien, im 14. Jahrhundert v. Chr. konnten sie Babylon einnehmen und nach dem Verschwinden

Assyrisches Relief vom Palast in Ninive

des Hethiterreiches ihr Territorium bis ans Mittelmeer ausdehnen, doch im 11. Jahrhundert v. Chr. wurde Assur wieder zur Lokalmacht. Den erneuten Aufschwung machen die Historiker entweder an Assur-Nasirpal II. oder schon an seinem Großvater Adad-nirari II. fest, der 911 v. Chr. den Thron bestiegen hatte. Sie und ihre Nachfolger machten das neuassyrische Reich zur größten Macht, die die Welt bis dahin gesehen hatte.

EXPANSION, VERWALTUNG, INFRASTRUKTUR

Dank überlegener Eisenwaffen und einer gepanzerten Reiterei konnte Assur-Nasirpal II. Babylon besiegen und seinen Herrschaftsbereich bis zum Mittelmeer ausdehnen. Seine Nachfolger trieben die Expansionen fort, bis Asarhaddon schließlich im Jahr 671 v. Chr. sogar Ägypten eroberte. Doch Assur-Nasirpal II. war nicht nur ein grausamer Eroberer gewesen, sondern verstand es auch, seinem Reich eine einheitliche und effektive Verwaltungsstruktur zu geben, die später Tiglath-Pileser III. (reg. 745–727 v. Chr.) noch einmal verbesserte. In Vielem nahmen die assyrischen Könige vorweg, was später auch das Römische Reich stark machte, z. B. den Ausbau der Infrastruktur. Von diesen Strukturen profitierten alle Nachfolgereiche im Nahen Osten. Nicht zuletzt kam es auch zu einer kulturellen Vernetzung. Ein großer Teil unseres Wissens über die frühen orientalischen Reiche stammt aus den Archiven der Assyrer, allen voran der Bibliothek des Assurbanipal (reg. 668–626 v. Chr.) in Ninive, die 25.000 Keilschrifttexte enthielt.

ILIAS UND OLYMPIA

Blick auf die Ruinen von Troja

Können ein Epos und der Beginn eines Sportfestivals – und seien beide noch so prestigeträchtig – einen geschichtlichen Wendepunkt markieren? In der Geschichte des antiken Griechenlands schon. Denn Griechenland war zu Beginn des 1. Jahrhunderts v. Chr. ein Schmelztiegel zwischen Orient und Europa. Die Seeherrschaften der Minoer und anschließend der Mykener in der Ägäis waren zusammengebrochen, stattdessen waren indogermanische Stämme wie die Äoler, die Ionier und die Dorer eingewandert. Die Jahre bis 750 v. Chr. werden in der Geschichtsschreibung gerne als „Dunkles Zeitalter" Griechenlands bezeichnet, da es so wenig Information über diese Zeit gibt. Während dieser Jahrhunderte gab es zwar interne Kämpfe, die z. B. zu einer Verdrängung der Ionier an die westanatolische Küste führten, jedoch konnte sich kein Herrscher durchsetzen. Griechenland blieb ein Land der Klein- und Stadtstaaten, bis es 337 v. Chr. unter die Herrschaft Philipps II. von Makedonien geriet. Doch trotz dieser politischen Zersplitterung bildete sich im 8. und 7. Jahrhundert v. Chr. eine gemeinsame griechische Kultur und ein Gemeinschaftsgefühl heraus.

ZU EHREN DES ZEUS

Wesentliche Eckpfeiler dieser griechischen Identität sind nach Meinung der Historiker das Orakel von Delphi, das sich im 8. Jahrhundert v. Chr. großer Popularität erfreute, und die Olympischen Spiele zu Ehren des Gottes Zeus, die nicht nur ein Sportwettkampf waren, sondern ein religiöses Ritual. Während Zeus mit ziemlicher Sicherheit ein indoeuropäischer Import ist, stammen andere Götter und Helden der griechischen Mythologie aus dem Orient oder von den vorindoeuropäischen Kulturen Griechenlands. Zwei Dichter verschmolzen diese Mixtur zu einer Einheit: der weniger bekannte Hesiod in seiner *Theogonie* (um 700 v. Chr.) und Homer mit seinem Epos *Ilias*, das den Kampf der Götter und Menschen vor Troja besingt und zum griechischen Nationalepos wurde. Dabei weiß man nicht einmal, ob Homer überhaupt gelebt hat. In der Antike sah man ihn als blinden Sänger, während in jüngster Vergangenheit der Übersetzer Raoul Schrott (geb. 1964) die These publik machte, Homer müsse Zugang zu orientalischen Schriften gehabt haben und sei wohl ein Archivbeamter im assyrisch besetzten Kilikien des 7. Jahrhunderts v. Chr. gewesen. Entscheidender als die Frage, wer Homer war, ist jedoch die Wirkungsgeschichte seines Werkes für die antike griechische und damit für die gesamte abendländische Kultur.

> **DAS WICHTIGSTE IN KÜRZE:**
> - **776 v. Chr. fanden wohl die ersten Olympischen Spiele statt, um 750 v. Chr. entstand das Epos *Ilias*.**
> - **Beide spielten eine identitätsstiftende Rolle für das antike Griechenland.**

Homer

DEMOKRATIE FÜR ATHEN

Rekonstruktion des antiken Athen

Das antike Griechenland gilt als Wiege der Demokratie. Tatsächlich aber waren die griechischen Stadtstaaten ein Experimentierfeld für alle möglichen Staatsformen. Viele Staaten wurden von Diktatoren (Tyrannen) beherrscht, nicht selten sogar zum Wohl der Stadt. In Sparta gab es ein Doppelkönigtum, andernorts lag die Macht fest in der Hand der Adelsschicht. Die berühmte griechische Demokratie dagegen gab es nur in Athen. Aber auch hier war es ein langwieriger Prozess mit einigen Irrwegen, bis die politische Macht endlich in den Händen des Volkes lag. Den Anfang machten die Reformen Solons.

DAS WICHTIGSTE IN KÜRZE:
- 594 v. Chr. reformierte Solon die Verfassung von Athen.
- Dies war der Anfang der attischen Demokratie, die im 5. Jahrhundert von Perikles vollendet wurde.

Solon

PROBLEM SCHULDKNECHTSCHAFT

Der antiken Überlieferung nach war Athen bis zum Jahr 1068 v. Chr. eine Monarchie. Dann jedoch habe die herrschende Adelsschicht niemanden für würdig befunden, neuer König zu werden, sodass die Macht auf die Archonten überging, adlige Beamte, die zunächst auf Lebenszeit, später dann auf zehn und zuletzt sogar nur noch auf ein Jahr gewählt wurden. Die Wahl war jedoch Sache einer kleinen Adelsclique. Nur in Krisenfällen wurde gelegentlich eine Volksversammlung einberufen. Ein wirtschaftlicher Aufschwung, der im 8. Jahrhundert v. Chr. eingesetzt hatte, wurde für Athen jedoch zum Problem. Während die adligen Großgrundbesitzer mit dem Anbau und Export von Luxusprodukten wie Wein und Olivenöl sehr reich wurden, konnten die Kleinbauern nicht mit ihnen konkurrieren und gerieten zusehends in Schuldknechtschaft. Viele Athener verließen die Stadt und beteiligten sich an der Gründung griechischer Kolonien im Mittelmeerraum. Damit geriet die Gesellschaft in eine soziale Schieflage, vor allem auch, weil die freien Bauern als Soldaten im Kriegsfall fehlten.

Als Solon 594 v. Chr. zum Archonten gewählt wurde, setzte er deshalb einen Schuldenerlass durch, legte eine Obergrenze für Grundbesitz fest und sorgte für den Rückkauf verkaufter Schuldsklaven mit öffentlichen Mitteln. Wie es ihm gelang, dies durchzusetzen, ist nicht bekannt. Dass die Reform überhaupt funktionierte, zeigt aber, dass auch die übrigen Athener Adligen die damalige Krise als existenzbedrohend empfunden haben müssen. Die antiken Quellen legen nahe, dass Solon über beachtliche diplomatische Fähigkeiten verfügt haben muss, da er als Versöhner und Mittler zwischen den Volksgruppen gefeiert wurde.

MITSPRACHERECHTE FÜR DAS VOLK

Um ähnlichen Problemen zukünftig vorzubeugen, schuf Solon eine Verfassung, die dem Volk mehr Mitspracherechte einräumte. Die Details sind jedoch unter Historikern umstritten, da die antiken Überlieferungen teilweise ungenau sind und Solon, der schon in der Antike verklärt wurde, möglicherweise Maßnahmen zugeschrieben wurden, die erst aus späterer Zeit stammten. Sicher ist, dass die Bevölkerung in vier Einkommensklassen eingeteilt wurde, von denen das Archontenamt und der Areopag (oberste Gerichtshof) weiterhin nur der obersten Klasse offenstanden, während die vierte Klasse gar keine öffentlichen Ämter ausüben durfte. Die Volksversammlung bekam jedoch mehr Mitspracherechte, u. a. dadurch, dass sie einen Rat der 400 und einen Volksgerichtshof wählte, der ein Gegengewicht zu Archonten und Areopag darstellte. Den nächsten entscheidenden Schritt in Richtung Demokratisierung tat der Archont Kleisthenes im Jahr 508 v. Chr. Nach einer kurzen Phase der Diktatur in Athen setzte er eine völlige Neuordnung durch. Das Volk – das hieß alle männlichen Vollbürger Athens – wurde in zehn Phylen geteilt, die jedoch sozial gemischt waren. Jede dieser Phylen loste 50 Mitglieder aus, die sie im Rat der 500 vertraten, der immer mehr zum eigentlichen Regierungsorgan Athens wurde, während die Volksversammlung die Rolle eines Parlaments einnahm, das über die Beschlüsse des Rates abstimmte. Diese Neuordnung führte zu einem gro-

ßen politischen Engagement der Athener Bürger, da jeder über seine Phyle Einfluss nehmen konnte.

Der Parthenon in Athen wurde auf Initiative des Perikles errichtet

GOLDENES ZEITALTER UNTER PERIKLES

Als Vollender der attischen Demokratie gilt schließlich Kleisthenes Großneffe Perikles (um 490–429 v. Chr.). Eine wichtige Neuerung, die er einführte, war die Bezahlung von politischem Engagement, denn nur so konnten es sich etwa kleine Handwerker überhaupt leisten, ganze Tage in den Volksversammlungen zu verbringen. Erstmals durfte nun auch die vierte Klasse im Rat vertreten sein, sodass es zur Gleichberechtigung aller Bürger kam. Perikles selbst erscheint oft als eine Art Regierungsoberhaupt Athens, tatsächlich war er aber nur Stratege, d. h. einer von zehn gewählten Heerführern für den Kriegsfall. Perikles hatte aber einen derart großen Rückhalt im Volk, dass er in der Volksversammlung stets Mehrheiten für sein politisches Programm finden konnte und somit tatsächlich so etwas wie ein Regent war. In der Folgezeit erlebte das demokratische System zwar ein paar Krisen, blieb aber im Grunde bestehen, bis 322 v. Chr. der makedonische Reichsverweser Antipatros (um 397–319 v. Chr.) eine Verfassungsänderung erzwang.

Perikles

DAS ENDE BABYLONS

Rembrandt: Das Gastmahl des Belsazar

Das Buch Daniel im Alten Testament erzählt, dass, als der babylonische Herrscher Belsazar ein großes Gastmahl feierte, eine geheimnisvolle Schrift an der Wand auftauchte: „Mene mene tekel upharsin." Der jüdische Prophet Daniel legte die Worte folgendermaßen aus: Belsazar sei von Gott gewogen und als zu leicht befunden worden, deshalb werde sein Reich den Medern und Persern übergeben. Und noch in derselben Nacht sei Belsazar umgebracht worden, schließt die Geschichte.

Nun ist die „Mene tekel"-Episode mit Sicherheit eine Erfindung, aber sie bildet einen so schaurigen wie passenden Rahmen zu dem plötzlichen Ende des mächtigen Babylons. In Wahr-

heit war Belsazar nur der Kronprinz, doch sein Vater Nabonid (reg. 555–539 v. Chr.) war in Babylon derartig unpopulär, dass er sich nicht mehr in seine eigene Hauptstadt wagte. Als im Herbst des Jahres 539 v. Chr. der persische König Kyros II. (reg. um 559–529 v. Chr.) in das babylonische Reich einmarschierte, ergaben sich mehrere Städte ohne Gegenwehr. Unpassierbare Flüsse ließ Kyros umleiten. Auf diese Weise tauchte er urplötzlich vor Babylon auf und auch die legendären Mauern – früher als eines der Weltwunder angesehen – schützten Belsazar nicht, weil die Priesterschaft Kyros in der Nacht die Tore öffnete und dieser die Stadt nahezu kampflos einnehmen konnte. Belsazar kam tatsächlich ums Leben, die genauen Umstände sind jedoch unbekannt.

BLÜTE UNTER NEBUKADNEZAR

Das Ende Babylons bedeutete auch das Ende Mesopotamiens als Zentrum des Nahen Ostens. Denn ob Sumerer, Akkader, Gutäer, Babylonier, Kassiten oder Assyrer: Alle großen Reiche des Nahen Ostens hatten bisher ihr Zentrum in Mesopotamien gehabt. Alle Eroberer hatten die vorgefundene Kultur größtenteils übernommen und damit die Kontinuität gewahrt. Auch wenn die Assyrer die Stadt Babylon mehrmals zerstörten, wurde sie doch immer wieder aufgebaut und blieb das kulturell-religiöse Zentrum.

Als die Macht der assyrischen Könige anfing zu bröckeln, ging der babylonische Feldherr Nabopolassar im Jahr 614 v. Chr. ein Bündnis mit den iranischen Medern ein und konnte das assyrische

---

DAS WICHTIGSTE IN KÜRZE:
- Im Jahr 539 v. Chr. eroberte der Perserkönig Kyros II. das babylonische Reich.
- Das Machtzentrum im Nahen Osten verlagerte sich damit von Mesopotamien nach Persien.

Reich zerschlagen. Der nördliche Teil fiel an die Meder, in Mesopotamien, Syrien und Palästina fand jedoch lediglich eine Machtübernahme statt. Die ging allerdings mit einem kulturellen und wirtschaftlichen Aufschwung einher. Unter Nabopolassars Sohn Nebukadnezar II. (reg. 605–562 v. Chr.) hatte das neubabylonische Reich seine Blütezeit und Babylon, das wirtschaftliche, kulturelle und religiöse Herz des Reiches, wurde zur überaus prächtigen Weltstadt mit mehreren Hunderttausend Einwohnern aller Völker und Nationen. Doch Nebukadnezars Nachfolger waren unfähig, dieses Reich angemessen zu regieren, und Nabonid legte sich schließlich mit der babylonischen Priesterschaft an, weil er dem Mondgott Sin eine größere Verehrung zukommen lassen wollte als dem Stadtgott Marduk.

DER AUFSTIEG DER PERSER

Unterdessen hatten Nabopolassars Verbündete, die Meder, ihre Beute aus dem gemeinsamen Krieg gegen die anatolischen Lyder zu verteidigen, und wurden so geschwächt, dass sie um 550 v. Chr. schließlich von den verwandten Persern vereinnahmt wurden. Die persischen Stämme waren kurz zuvor von Kyros II., dem Fürsten von Anschan am Ostufer des persischen Golfes, geeint worden. 547 v. Chr. besiegte Kyros dann den sagenhaft reichen Lyderfürsten Krösus. Der Sieg über Babylon brachte ihm die Herrschaft über die wichtigste Handelsmetropole der Welt, die bedeutsame mesopotamische Landwirtschaft und die tributpflichtigen phönizischen Küstenstädte samt ihrer Mittelmeerflotte ein. Die Eroberung Babylons war wohl auch deshalb so einfach, weil den Persern der Ruf großer religiöser und kultureller Toleranz vorausging. Kyros ließ auch die nach Babylon verschleppte jüdische

Semiramis vor den babylonischen Mauern

Oberschicht wieder in ihre Heimat zurükkkehren und unterstützte den Wiederaufbau des jüdischen Tempels. Er selbst residierte jedoch im heutigen Iran, hing seiner persischen Kultur an und verehrte Ahura Mazda, den Gott der Zarathustra-Religion. Die mesopotamische Religion und Kultur wurde zu einer unter vielen im Perserreich. Dieses dehnte Kyros' Sohn Kambyses II. 525 v. Chr. auf Ägypten aus und sein Schwiegersohn Darius I. (549–486 v. Chr.) im Osten bis an den Indus. Darius, der nun über das nördliche Libyen, Ägypten, Zypern, die Türkei, Syrien, den Libanon, Israel, Palästina, Jordanien, Armenien, Aserbaidschan, Georgien, Kuwait, den Iran, den Irak, Teile Usbekistans, Tadschikistan, Turkmenistan, Afghanistan und Pakistan herrschte, teilte dieses Reich in 20 Verwaltungseinheiten (Satrapien) auf. Er führte eine einheitliche Verwaltung, einheitliche Münzen sowie Maße ein und verband die einzelnen Provinzen durch Straßen und Postdienste. Korruption und jede Art von Auflehnung wurden gnadenlos bestraft, ansonsten aber durften die einzelnen Völker ihre Kultur und sogar den Großteil ihrer eigenen Gesetze beibehalten.

Grabstätte Darius' I.

Das Grabmal Kyros' II.

DIE VERTREIBUNG DES TARQUINIUS SUPERBUS

Romulus und Remus mit der Wölfin

1193 v. Chr. gefallen – ein Datum, das der Wahrheit übrigens ziemlich nahe kommen könnte. Die 440 Jahre dazwischen waren wohl eine mythologische Zahl für solche Wiedergeburten. In Wahrheit waren die ersten Siedlungen auf den Hügeln Roms wohl schon 200 bis 300 Jahre früher gegründet, aber erst um 650 v. Chr. zu einer größeren Stadt vereinigt worden. Den eigentlichen Startschuss für die römische Geschichte gaben aber die Vertreibung der etruskischen Könige und die Gründung der Republik.

DAS WICHTIGSTE IN KÜRZE:
- **Um das Jahr 509 v. Chr. vertrieben die Römer den etruskischen König Tarquinius Superbus.**
- **Dieses Ereignis läutete den Beginn der römischen Republik ein.**

Eigentlich erzählten die Römer ja ihre Geschichte „ab urbe condita", ab der Gründung der Stadt Rom, die im Jahr 753 v. Chr. stattgefunden haben soll. In diesem Jahr sollen die Zwillingsbrüder Romulus und Remus, Söhne des Gottes Mars, die als Kinder ausgesetzt und von einer Wölfin aufgezogen worden sein sollen, rund um die Höhle des Tieres die Stadt Rom errichtet haben. Während des Streites, wer der neuen Stadt seinen Namen geben durfte, erschlug Romulus dann seinen Bruder. Doch nicht nur die Geschichte, sondern auch das Datum ist in den Augen kritischer Historiker nicht viel wert. Vermutlich rührt es daher, dass sich die Römer als Nachfahren der geflohenen Trojaner sahen. Troja aber, so glaubte man, sei im Jahr

Sextus Tarquinius vergewaltigt Lucretia

DIE VERGEWALTIGUNG DER LUCRETIA

Auch hierzu gibt es wieder eine Legende, die aber nicht ganz so unwahrscheinlich wie die von Romulus und Remus ist. Sextus, der Sohn des Königs Tarquinius Superbus (Tarquinius der Hochmütige), soll im Jahr 509 v. Chr. die schöne und tugendhafte Lucretia vergewaltigt haben. Lucretia nahm ihren nächsten männlichen Verwandten daraufhin den Schwur ab, sie zu rächen, und erstach sich. Ihr Mann und ihr Vater aber traten daraufhin einen Aufstand los, der zur Vertreibung der Königsfamilie führte. Die Historiker gehen davon aus, dass die Römer wirklich am Ende des 6. oder zu Beginn des 5. Jahrhunderts v. Chr. ihren König verjagten und die Monarchie abschafften. Auch dass dieser König Tarquinius Superbus geheißen hat und ein Tyrann gewesen ist, könnte den historischen Tatsachen entsprechen. Sicher ist, dass Rom anfangs unter der Herrschaft der Etrusker stand, die große Teile Mittelitaliens regierten. Über die Herkunft der Etrusker ist viel gerätselt worden, inzwischen geht man wegen genetischer Übereinstimmungen davon aus, dass sie aus Westanatolien stammten und mit dem Volk der Lyder verwandt waren. Die Etrusker waren im 6. Jahrhundert v. Chr. das technologisch und kulturell fortschrittlichste Volk Italiens und Rom profitierte davon. Viel von der später so herausragenden römischen Ingenieurskunst hat seine Wurzeln in etruskischen Fertigkeiten. Auch viele Elemente der römischen Kultur (z. B. Gladiatorenkämpfe) entstammen der etruskischen. Allerdings gab es keinen König aller Etrusker, sondern nur einen losen Städtebund, sodass auch Rom nicht Teil eines etruskischen Reiches war, sondern nur ein von einer etruskischen Adelssippe regierter Stadtstaat. Nach der Gründung der Republik versuchten die Etrusker zwar, Rom zurückzuerobern, doch die Stadt konnte sich durch ein Bündnis mit den griechischen Kolonien Süditaliens militärisch behaupten. 508 oder 507 v. Chr. schlossen die Römer zudem einen Vertrag mit dem viel mächtigeren Karthago, das zuvor mit den Etruskern verbündet war. Dies belegt, dass Rom schon zu Beginn der Republik einer der mächtigeren Stadtstaaten in Italien war.

SENATOREN UND KONSULN

Nach der Abschaffung der Monarchie, so erzählt die römische Geschichtsschreibung weiter, seien der Witwer der armen Lucretia, Lucius Tarquinius Collatinus, ein entfernter Verwandter des gestürzten Königs, und Lucius Iunius Brutus die ersten Konsuln der römischen Republik geworden. Tatsächlich gibt es eine Liste aller römischer Konsuln, die bis in das Jahr 509 v. Chr. zurückreicht. Trotzdem gehen die meisten Historiker davon aus, dass sich die politischen Strukturen der Römischen Republik erst nach und nach herausbildeten. Das höchste repräsentative Organ der Republik war der Senat, der anfangs nur den Oberhäuptern der Adelsfamilien zugänglich war. Aus seinen Reihen wählten verschiedene Volksversammlungen, in denen die Stimmen der Reichen und Mächtigen überproportional zu denen der Besitzlosen zählten, die Amtsträger. Jedes Amt wurde doppelt besetzt und immer nur für ein Jahr vergeben. Eine sofortige Wiederwahl war verboten. Außerdem musste eine bestimmte Ämterabfolge eingehalten werden. Die oberste Regierungsgewalt lag in der Hand der beiden Konsuln. Um agieren zu können, mussten die Amtsträger sich aber einig sein, denn jeder hatte das Recht, die Entscheidungen des anderen mit seinem Veto wieder aufzuheben. So sollte die erneute Herrschaft eines einzigen Regenten verhindert werden. Der Schatten des Tarquinius Superbus war so stark, dass noch Jahrhunderte später der Vorwurf, die Monarchie anzustreben, tödlich sein konnte – siehe Julius Cäsar (100–44 v. Chr.). Offiziell wurde die Römische Republik auch nie abgeschafft. Was aus unserer Sicht das römische Kaisertum war, entsprach formell der Übertragung aller Macht an einen Imperator durch den Senat.

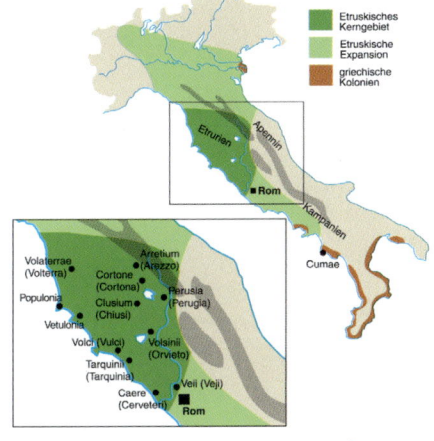

Etruskisches Einflussgebiet

Ruinen Karthagos

SIEG BEI SALAMIS

Xerxes I.

„Was wäre, wenn"-Spekulationen sind bei Geschichtswissenschaftlern ziemlich verpönt. Aber manche Daten verführen trotzdem dazu. Was wäre gewesen, wenn die Griechen die Perser nicht besiegt hätten und Griechenland Teil des persischen Reiches geworden wäre? Hätte sich die griechische Kultur eigenständig weiterentwickelt oder wieder an die orientalische, von der sie ja sehr stark beeinflusst worden war, angelehnt? Was wäre mit dem morschen Perserreich im 4. Jahrhundert v. Chr. passiert, wenn es keinen Alexander den Großen gegeben hätte? Wäre es von innen heraus zerfallen oder Opfer eines ganz anderen Eroberers aus einem fernen Teil Asiens geworden? Mit dem Sieg über die Perser jedoch hörte Europa auf, eine Randkultur der vorderasiatischen Zivilisation zu sein, und begann, sich zur eigenständigen Macht zu entwickeln.

chischen Kolonien an der anatolischen Westküste bei einem Aufstand unterstützt hatte. Die Athener konnten das persische Heer jedoch bei Marathon besiegen.

Wie dieser Triumph zustande kam, ist aus den antiken Quellen schwierig zu rekonstruieren, zumal die Athener den Sieg später immens verklärten. Sicher scheint aber, dass Darius nur ein ziemlich kleines Heer geschickt hatte und die missglückte Strafexpedition aus persischer Sicht eine Bagatelle war. Zehn Jahre später jedoch rückte Darius' Sohn Xerxes I. (um 519–465 v. Chr.) aus, um Griechenland zu erobern. Er marschierte mit einem Heer, dessen Größe von modernen Historikern auf 70.000 bis 200.000 Soldaten geschätzt wird, in Griechenland ein, besiegte das griechische Heer trotz der heldenhaften Gegenwehr des Spartanerkönigs Leonidas (reg. 488–480 v. Chr.) in der Schlacht bei den Thermopylen, besetzte Attika und verwüstete Athen. Athens Stratege Themistokles (um 525–459 v. Chr.) hatte die Stadt jedoch bereits räumen lassen und sowohl die Bevölkerung als auch das Heer und die Flotte bei der Meerenge von Salamis konzentriert. Themistokles

---

DAS WICHTIGSTE IN KÜRZE:
- Im Jahr 480 v. Chr. besiegten die Griechen in der Seeschlacht bei Salamis die persische Flotte.
- Damit verhinderten sie, dass Griechenland Teil des Perserreiches wurde.

AUFTAKT IN MARATHON

Es war nicht der erste Sieg der Griechen über das so sehr viel größere Perserreich. Im Jahr 490 v. Chr. hatte der persische König Darius I. (549–486 v. Chr.) eine Strafexpedition nach Athen gesandt, weil dieses die im Perserreich liegenden grie-

Die Ruinen von Salamis

war es auch gewesen, der nach der Schlacht von Marathon in Erwartung einer erneuten persischen Invasion gezielt die Flotte hatte ausbauen lassen. Trotzdem war sie nur etwa halb so groß wie die persische. Doch die persische Flotte, die die griechische Ende September angriff, konnte in der Meerenge ihre Überlegenheit nicht ausspielen. Außerdem waren die griechischen Schiffe wendiger und ihre Strategen wohl einfach besser.

VOLLENDUNG BEI PLATÄÄ

Nach der Niederlage von Salamis zog sich Xerxes mit einem Teil seines Heeres über die Dardanellen nach Anatolien zurück. Möglicherweise, weil er ohne seine Flotte die Versorgung des Heeres nicht mehr gewährleisten konnte. In Griechenland ließ er seinen Feldherrn Mardonius zurück, der die Griechen zu spalten versuchte, indem er den Athenern einen Sonderfrieden anbot, was diese jedoch ablehnten. Daraufhin verwüstete Mardonius die Stadt zum zweiten Mal. Im September kam es in der Ebene von Platää zur entscheidenden Schlacht. Nach antiken Quellen standen sich Hunderttausende von Soldaten gegenüber, wobei die Perser eindeutig in der Überzahl waren. Moderne Schätzungen gehen eher von 40.000 Griechen und 50.000 bis 60.000 Persern aus. Die Schlacht stand wohl lange Zeit auf Messers Schneide. Den Ausschlag scheint gegeben zu haben, dass die Spartaner unter ihrem Heerführer Pausanias dem Angriff der persischen Eliteeinheiten standhalten und Mardonius töten konnten. Ohne Anführer wurde das persische Heer dann Opfer der griechischen Streitkräfte. Die Soldaten versuchten zu fliehen, wurden aber zum größten Teil getötet. Wenig später zerstörten die Griechen bei Mykale die Reste der persischen Flotte.

DIE FOLGEN

Richtig glücklich wurden die Griechen mit ihrem epochalen Sieg jedoch nicht. Athens genialer Stratege Themistokles wurde von seinen Landsleuten verbannt, weil er Leonidas in der Schlacht an den Thermopylen nicht unterstützt und Athen der Plünderung preisgegeben hatte. Er begab sich in den Dienst der Perser und wurde Satrap in Westanatolien. Pausanias wurde später der Konspiration

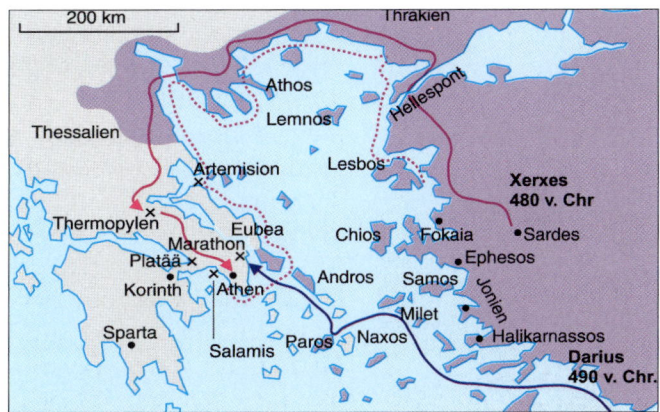

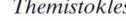
Perserkriege

mit den Persern bezichtigt und floh in einen Tempel, wo er angeblich eingemauert wurde und verhungerte. Athen stieg zur beherrschenden Macht Griechenlands auf (Attischer Seebund), was zum Konflikt mit Sparta führte, der sich 431 v. Chr. sehr brutal im Peloponnesischen Krieg entlud. Dieser zog die gesamte Ägäis, aber auch die griechischen Kolonien in Süditalien in Mitleidenschaft. Er endete 404 v. Chr. mit der vollständigen Niederlage Athens. Sparta wurde von den Persern unterstützt, doch auch deren Reich wurde inzwischen derartig von inneren Problemen heimgesucht, dass sie keinen erneuten Versuch unternahmen, die Herrschaft über Griechenland zu erringen.

Themistokles

BEI ISSOS KEILEREI

*Albrecht Altdorfer:
Alexanderschlacht*

bei Issos auch der wichtigste Sieg, den Alexander der Große auf seinem Weg zum Herrscher der damaligen zivilisierten Welt errang.

Die Erfolgsstory des Makedoniers nahm ihren Anfang jedoch schon unter seinem Vater König Philipp II.

PHILIPP VON MAKEDONIEN

Der Peloponnesische Krieg, der 404 v. Chr. zu Ende ging, hatte Athen in Bedeutungslosigkeit versinken lassen. Danach trieb sich der Sieger Sparta aber selbst in den Ruin, indem es sich mit seinen ehemaligen Bündnispartnern Persien und Theben anlegte. 369 v. Chr. kam auch noch eine Revolte der Messenier dazu, eines Volkes, das die Spartaner 450 Jahre zuvor komplett versklavt hatten. Dieses Machtvakuum nutzte der makedonische König Philipp II. (um 382–336 v. Chr.). Philipp, der im Hause eines thebanischen Feldherrn als Geisel aufgewachsen war, reformierte das makedonische Heer, setzte sich zunächst gegen die Adelsopposition im eigenen Land sowie auch gegen die benachbarten Illyrer durch und ging dann nach und nach dazu über, seinen Machtbereich auszudehnen, wobei er es verstand, die griechischen Stadtstaaten meisterhaft gegeneinander auszuspielen. 337 v. Chr. einte er ganz Griechenland im Korinthischen Bund unter seiner Führung. Danach wollte er das geschwächte Perserreich angreifen, wurde aber von seinem Leibwächter ermordet. Schon in der Antike wurde der Verdacht laut, sein Sohn Alexander oder dessen Mutter Olympias (376–316 v. Chr.) könnten die Drahtzieher gewesen sein.

DAS WICHTIGSTE IN KÜRZE:
- Im Jahr 333 v. Chr. errang Alexander der Große bei Issos den entscheidenden Sieg über den persischen König Darius III.
- In der Folge konnte er das ganze ehemalige Perserreich unterwerfen.

„Drei, drei, drei – bei Issos Keilerei" ist eine der bekanntesten Eselsbrücken aus dem Geschichtsunterricht. Tatsächlich war die Schlacht

DER ZUG ALEXANDERS

Bei Philipps Tod war Alexander (356–323 v. Chr.) bereits ein erfolgreicher Heerführer, der sowohl die Widerstände gegen seine Thronfolge als auch Erhebungen der Thraker, Illyrer und der griechischen Städte niederschlagen konnte. 334 v. Chr. trat er dann den geplanten Eroberungsfeldzug gegen die Perser an. Im Mai errang er seinen ersten Sieg im Nordwesten der heutigen Türkei am Fluss Granikos. Die Militärhistoriker schätzen die Stärke der beiden Heere auf jeweils 30.000 bis 40.000 Soldaten ein. Scheinbar verhielten sich die Perser taktisch sehr ungeschickt und griffen mit ihrer Reiterei an, während Alexander zunächst seine Fußtruppen ins Feld schickte und die Reiterei dann gezielt gegen Schwachpunkte in der gegnerischen Formation einsetzte. Nach dem Sieg bei Granikos ergaben sich die meisten westanatolischen Städte, wohingegen sich die Perser in Halikarnassos verschanzten. Alexander konnte die Stadt aber einnehmen und trieb die Perser dann nach Osten vor sich her, während er in Anatolien Statthalter einsetzte, die die endgültige Unterwerfung beendeten. Inzwischen zog der persische König Darius III. (um 380–330 v. Chr.) mit einem etwa 100.000 Mann starken Heer Alexander entgegen. Bei Issos an der Grenze zwischen Anatolien und Syrien kam es zur entscheidenden Schlacht, in der die Perser sich wieder als taktisch unterlegen erwiesen und zudem ihre zahlenmäßige Überlegenheit auf dem engen Gelände nicht ausspielen konnten. Darius floh und Alexander machte sich daran, den Nahen Osten zu besiegen. 332 v. Chr. nahm er Ägypten kampflos ein. Im Oktober 331 v. Chr. besiegte er Darius III. bei Gaugamela im Norden des heutigen Iraks zum zweiten Mal und verfolgte ihn dann nach Baktrien im heutigen Nordafghanistan. Auf dem Weg dorthin ergaben sich zahlreiche persische Statthalter ohne Kampf. In Baktrien jedoch wurde Darius von dem dortigen Satrapen Bessos ermordet. Dies nutzte Alexander, um die Perser zu einem gemeinsamen Rachefeldzug gegen Bessos aufzurufen. In der Folge setzte er dann mehr und mehr auf persische Soldaten und Verwaltungsstrukturen, um seine Herrschaft zu sichern.

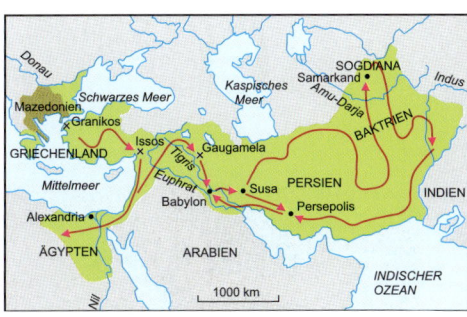
Das Reich Alexanders des Großen

PERSISCHE SCHWÄCHE

Doch obwohl Alexander den persischen Generälen als Stratege unbestreitbar weit überlegen war, hatte er es nicht nur seinem militärischen Genie zu verdanken, dass er mit einer zahlenmäßig unterlegenen Armee das riesige Perserreich erobern konnte. Ihm kam auch die Schwäche Persiens zugute. Das Reich befand sich im 4. Jahrhundert v. Chr. im rasanten Niedergang. Schon Xerxes I. (um 519–465 v. Chr.) hatte nicht mehr das Format seines Vaters Darius I. (549–486 v. Chr.) gehabt. Die nachfolgenden Könige beschäftigten sich dann meist eher mit Brudermorden als mit der Regierung.
Es gab zahlreiche Aufstände, vor allem in Ägypten und dem Nordosten des Reiches. Doch die von Darius I. geschaffenen Verwaltungsstrukturen erwiesen sich als so gut, dass sie trotzdem noch einige Zeit weiter funktionierten. Im 4. Jahrhundert v. Chr. kamen jedoch auch massive wirtschaftliche Probleme hinzu, unter denen die Bevölkerung litt, während in den Schatzhallen der Herrscher gigantische Vorräte an Gold und Silber lagerten, die Alexander dann erbeutete und zu seinem Vorteil nutzte.

Münzbildnis Philipps II.

Alexander der Große

DER TOD DES ALEXANDER

Alexander der Große

Tod stellte nach seinem beispiellosen Eroberungsfeldzug die Machtverhältnisse in der damaligen zivilisierten Welt ein weiteres Mal auf den Kopf. Alexander hatte sich mehr und mehr als Nachfolger der orientalischen Machthaber der Antike gesehen. Er plante eine Verschmelzung von persischer und griechischer Kultur, machte Babylon zur Hauptstadt seines Reiches, wollte als Gott verehrt werden und gleichzeitig seine Eroberungen fortführen. Der Feldzug nach Indien war 326 v. Chr. gescheitert, doch kurz vor seinem Tod soll Alexander Arabien und eventuell auch Karthago im Visier gehabt haben.

Es gibt in der Geschichte nur wenige Beispiele für Persönlichkeiten, die für gleich zwei entscheidende Wendepunkte verantwortlich sind. Alexander der Große (356–323 v. Chr.) gehört dazu. Am 29. Mai des Jahres 323 v. Chr. brach er in Babylon bei einem Trinkgelage zusammen und starb am 10. oder 11. Juni im Alter von 32 Jahren. Woran, darüber gibt es nur heftige Spekulationen. Gift ist ebenso in der Diskussion wie Malaria oder eine andere schwere Infektionskrankheit. Möglicherweise hat letztendlich auch eine ärztliche Behandlung mit der giftigen Nieswurz sein Ende herbeigeführt. Mit zu seinem Tod dürfte beigetragen haben, dass seine Gesundheit durch einen aufreibenden Lebenswandel und ständige Alkoholexzesse bereits ziemlich ramponiert war. Sein

> **DAS WICHTIGSTE IN KÜRZE:**
> - **Im Jahr 323 v. Chr. starb Alexander der Große und seine Generäle kämpften um die Nachfolge.**
> - **Dies führte zur Teilung von Alexanders Reich in mehrere Diadochenreiche.**

DER KAMPF UM DIE NACHFOLGE

Ob Alexander auf seinem Sterbebett seine Nachfolge geregelt hat, ist umstritten. Laut antiken Quellen soll er etwas geflüstert haben, was sowohl Krateros als auch Krateroi bedeuten konnte. Krateroi hätte „der Stärkere" geheißen, Krateros war einer seiner Generäle, den er gerade nach Europa zurückgeschickt hatte, um dort als sein Stellvertreter zu fungieren. Auf jeden Fall hatte keiner der makedonischen Generäle das Bedürfnis, die von Alexander angestrebte Vereinigung mit Persien fortzuführen. Außer Perdikkas (gest. 321 v. Chr.), den Alexander zum Statthalter von Asien gemacht hatte, hatte auch niemand die Absicht, Alexanders Sohn, der kurz nach dem Tod seines Vaters geboren worden war, als Erben anzuerkennen. Unmittelbar nach dem Tod des Königs zogen die Generäle jedoch noch an einem Strang, um die aufkommenden Unruhen zu unterdrücken.

Dann aber verbündeten sich Antipatros (um 397–319 v. Chr.), der Reichsverweser in Makedonien, Antigonos (um 382–301 v. Chr.), der Statthalter von Kleinasien, und Ptolemaios (um 367–283 v. Chr.), der Statthalter von Ägypten, gegen Perdikkas, ermordeten ihn schließlich und machten ihren Parteigänger Seleukos I. (um 358–281 v. Chr.) zum neuen Statthalter Asiens. Als Antipatros im Jahr 319 v. Chr. starb, war dies der Auftakt zu mehreren Kriegen der selbst ernannten Diadochen (Nachfolger) Alexanders, die sich bis 276 v. Chr. hinzogen. Am Ende setzte sich Ptolemaios als Herrscher Ägyptens, die Erben des Antigonos setzten sich im europäischen Teil und Seleukos in Asien durch. Alexanders engere Familienangehörige wurden alle ermordet. Bemerkenswert ist aber, dass sich keine anderen Kräfte ernsthaft in die Kämpfe einmischten und etwa ihre Autonomie erkämpften, während sich die Diadochen gegenseitig schwächten. Das Alexanderreich wurde zwar geteilt, bleibt aber in der Hand der Makedonier. Erst 245 v. Chr. begann das riesige Seleukidenreich im Osten zu erodieren.

DER HELLENISMUS

Die Eroberungen Alexanders des Großen und die anschließende Sicherung seines Erbes durch seine Generäle führten dazu, dass sich die griechische Kultur bis nach Indien ausbreitete. Es war allerdings nicht die griechische Kultur der klassischen Zeit, sondern eine mit orientalischen Merkmalen vermischte, die in der Fachwelt als hellenistisch bezeichnet wird. Sowohl Ptolemaios in Ägypten als auch Seleukos in Asien übernahmen die hervorragenden Verwaltungsstrukturen, die ihnen die Perser hinterlassen hatten. Auch im Personenkult und im Zelebrieren öffentlicher Auftritte adaptierten sie orientalische Gewohnheiten, ohne aber,

wie Alexander es plante, eine wirkliche kulturelle Verschmelzung anzustreben. In allen Diadochenreichen etablierte sich eine griechisch-makedonische Oberschicht, die nur wenige Berührungspunkte

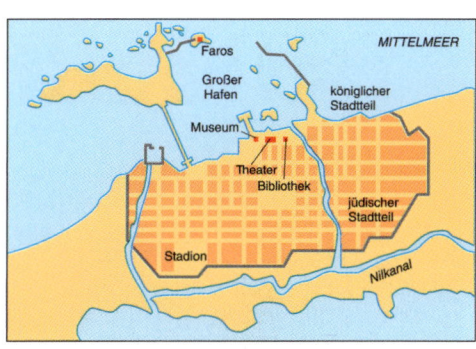

Das antike Alexandria

mit der einheimischen Bevölkerung hatte. Doch es waren nicht nur die Adligen, die für eine Ausbreitung der hellenistischen Kultur sorgten. Die Eroberungen Alexanders hatten zu einer Massenauswanderung aus dem übervölkerten Griechenland geführt, die auch nach seinem Tod anhielt. Auch die griechischen Kauf-

Die Diadochenreiche

leute nutzten die neuen politischen Strukturen, um ihr Betätigungsfeld auszuweiten. Die Wirtschaft der Diadochenreiche wurde zwar staatlich gelenkt, florierte aber zumindest am Anfang dank der Kombination persischer und griechischer Errungenschaften ganz außerordentlich. Ptolemaios schuf mit dem Bau einer Universität (Museion) und einer Bibliothek in Alexandria, der von Alexander neu gegründeten ägyptischen Hauptstadt, ein Bildungszentrum, wie es bis dato noch keines gegeben hatte. Das ägyptische Reich konnte auch am längsten – nämlich bis 30 v. Chr. – bestehen, während Makedonien 168 v. Chr. von den Römern erobert wurde und das Seleukidenreich teils an die iranischen Parther und teils an Rom fiel.

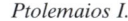

Ptolemaios I.

EROBERER UND BUDDHIST

Meditierender Buddha aus Sarnath

DAS WICHTIGSTE IN KÜRZE:
- **Im Jahr 261 v. Chr. hatte König Ashoka fast ganz Indien erobert.**
- **Danach konvertierte er zum Buddhismus, regierte pazifistisch und schuf einen Wohlfahrtsstaat.**

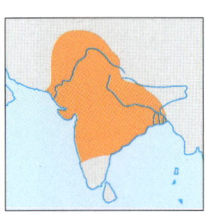

Das Reich Ashokas

Die Regierung des indischen Königs Ashoka (reg. um 268–232 v. Chr.) markiert in zweierlei Hinsicht einen Wendepunkt. Zum einen regierte er ein Reich, das bis auf den äußersten Süden das heutige Indien umfasste. Zum anderen bekehrte er sich zum Buddhismus und sorgte damit dafür, dass dieser zu einer Weltreligion wurde.

DIE ANFÄNGE

Die frühe Geschichte Indiens liegt im Dunkeln. Zwar gab es zwischen 2600 und 1900 v. Chr. am Indus im heutigen Pakistan und in Nordwestindien eine Hochkultur, die technologisch denen in Mesopotamien und Ägypten in nichts nachstand, auch wenn man bis heute die Schrift nicht entziffern konnte und kaum Bildwerke gefunden hat. Anschließend wanderten indoeuropäische Stämme in den indischen Norden ein. Sie blieben lange Nomaden und hatten keine Schrift, doch ihre mündlichen Überlieferungen, die Veden, schufen die Grundlage für den Hinduismus und die hinduistische Gesellschaft. Um 600 v. Chr. entstanden dann mehrere kleine Königreiche, von denen das bedeutendste das Reich von Maghada war, das in etwa den heutigen Bundesstaat Bihar umfasste. Hier entstanden im 6. Jahrhundert v. Chr. der Buddhismus und der ähnliche, aber weniger bedeutende Jainismus als Protest gegen die hinduistische Kastengesellschaft und vor allem gegen die religiöse Dominanz der Priesterkaste.

DAS MAURYA-REICH

Ashokas Großvater Chandragupta Maurya (gest. um 297 v. Chr.) eroberte erst Maghada, dann den gesamten indischen Norden und stieß dann weiter nach Süden vor. Er unterhielt Kontakte mit dem Diadochen Seleukos, der ihm im Austausch für 500 Kampfelefanten Land westlich des Indus abtrat. Es gab auch einen kulturellen Austausch, der wohl zur Einführung der Schrift und des Geldwesens in Indien führte. Sein Sohn und später auch sein Enkel setzten die Eroberungen fort, aber dann bekehrte sich Ashoka nach einem extrem blutigen Krieg zum Buddhismus, verbot jegliche Gewaltanwendung, wozu auch Tieropfer, Zwangsarbeit und Jagd zählten, förderte die öffentliche Wohlfahrt und den Buddhismus, der sich bis Sri Lanka ausbreitete, ohne allerdings andere Religionen zu verbieten. Sein Reich erlebte eine kulturelle und wirtschaftliche Blüte, die auch auf die Nachbarstaaten ausstrahlte, scheint aber nicht nur ein Sozial-, sondern auch ein Polizeistaat gewesen zu sein. 185 v. Chr. zerfiel das Maurya-Reich dann wieder in zahlreiche Einzelstaaten. Die kulturellen Impulse, die von ihm ausgegangen waren, wirkten jedoch fort.

HERR DER TONARMEE

Die Terrakotta-Armee

Glaubt man der chinesischen Mythologie, dann hieß der erste Kaiser von China Huang Di (Gelber Kaiser) und regierte ungefähr 2696–2598 v. Chr. Hält man sich an die Historiker, dann war Huang Di ursprünglich ein Kriegsgott, der während der Zhou-Zeit (um 1122–256 v. Chr.) in eine historische Gestalt umgewandelt wurde. Zwar ist am Huang Ho (Gelben Fluss) ab etwa 2200 v. Chr. eine Hochkultur nachweisbar, doch die ersten Herrscher, deren Existenz wirklich gesichert ist, sind die Priesterfürsten der Shang, die ab dem 16. Jahrhundert v. Chr. regierten. Sie wurden um 1122 v. Chr. von den Zhou gestürzt, die zwar manchmal als chinesische Kaiser bezeichnet werden, aber sehr schnell die Kontrolle über ihr Reich verloren und sich die Macht mit ihren früheren Vasallen teilen mussten. Ab 475 v. Chr. spricht man sogar von der „Zeit der Streitenden Reiche". Als erster wirklicher chinesischer Kaiser gilt deshalb der Mann, der sein Grab durch die berühmt gewordene Terrakotta-Armee bewachen ließ: Fürst Ying Zheng (259–210 v. Chr.), der die anderen chinesischen Fürstentümer nach und nach eroberte und sich ab 221 v. Chr. Shihuangdi (Erster Gottkaiser) nannte.

DIE MAUER DER LEIDEN

Nach Shihuangdis ursprünglichem Fürstentum Qin bekam das ganze Land seinen Namen. Es umfasste damals den Osten des heutigen Chinas mit Ausnahme der Mandschurei und der Gegend nordöstlich von Hongkong. Shihuangdi gilt als äußerst brutaler Herrscher, der China zwar aus dem losen Verband von Fürstentümern in ein zentralistisch regiertes Reich mit mächtigem Beamtenapparat und perfekter Verwaltung verwandelte, aber dabei keinerlei Rücksichten walten ließ. Den Adel entmachtete er, indem er ihn umsiedeln ließ, Kleinbauern wurden zu Hunderttausenden zur Zwangsarbeit an der Chinesischen Mauer und an seinem Grabmal verpflichtet. Die Mauer ließ der Kaiser zum Schutz gegen Nomadeneinfälle aus dem Nordwesten anlegen. Die Qualen der Arbeiter beim Bau werden heute noch in chinesischen Volksliedern besungen. Da Shihuangdi sich als Begründer eines neuen Zeitalters sah, ließ er alle Bücher von Philosophen und Historikern – darunter auch die Schriften des Konfuzius (um 551–479 v. Chr.) – verbrennen und Hunderte von Gelehrten hinrichten. Im Jahr 202 v. Chr. wurde Shihuangdis Sohn dann durch die Dynastie der Han gestürzt, unter der das geschmähte kulturelle Erbe Chinas und vor allem Konfuzius wieder zu Ehren kamen, die aber auch die Machtbasis zu nutzen wusste, die Shihuangdi geschaffen hatte.

DAS WICHTIGSTE IN KÜRZE:
- **Im Jahr 221 v. Chr. vereinte der Fürst Ying Zheng von Qin die chinesischen Reiche.**
- **Dies wird als Beginn des chinesischen Kaiserreichs gesehen.**

Chinesische Mauer

SIEG ÜBER HANNIBAL

Die Ruinen von Karthago

Im Jahr 340 v. Chr. begehrten die anderen Stadtstaaten Latiums gegen die dominante Rolle auf, die Rom im sogenannten Latinerbund spielte. Das Ganze endete damit, dass Rom die früheren Bundesgenossen unterwarf. Dies war der Auftakt zu einer Expansionspolitik, die sich allmählich auf Süditalien ausdehnte. Dort aber stießen die Römer zwangsläufig mit der dominierenden Macht des westlichen Mittelmeers zusammen: Karthago.

DER ERSTE PUNISCHE KRIEG

Karthago war der Überlieferung nach im Jahr 814 v. Chr. von phönizischen Siedlern aus Tyros gegründet worden. Mitte des 6. Jahrhunderts v. Chr. übernahm es die Führung über die anderen phönizischen Kolonien im westlichen Mittelmeer und begann,

selbst neue Kolonien an der afrikanischen Küste, in Andalusien und auf den Mittelmeerinseln zu gründen. Im 5. Jahrhundert v. Chr. geriet es deshalb mit den älteren griechischen Kolonien in Konflikt, vor allem mit dem mächtigen Syrakus. Im Jahr 269 v. Chr. entschloss sich Karthago, der sizilianischen Stadt Messina gegen Syrakus beizustehen. Doch offenbar gab es Unstimmigkeiten zwischen den Verbündeten und Messina rief nun Rom zu Hilfe. Rom ging darauf ein, obwohl es möglicherweise gegen einen Vertrag verstieß, in dem es einige Jahrzehnte zuvor die Interessensphären mit Karthago abgesteckt hatte. Im Verlauf dieses Krieges erkannten die Römer, dass sie gegen die Karthager – die sie Punier (Phönizier) nannten – nur bestehen konnten, wenn sie sich ihnen auch auf hoher See stellten. Die Landmacht Rom legte sich also eine Flotte zu, entwickelte aber auch gleich eine ganz neue Kriegstaktik. Anstatt die Schiffe des Gegners mit einem Rammsporn zu versenken, stürmte sie sie über Enterbrükken und verwandelte so die Seeschlacht, von der sie nichts verstand, in einen Kampf Mann gegen Mann. Nach jahre-

Hannibals Elefanten

DAS WICHTIGSTE IN KÜRZE:
- **Im Jahr 202 v. Chr. gewann Rom den Zweiten Punischen Krieg.**
- **Damit begann der Aufstieg zur Weltmacht.**

langem Kampf konnte Rom Karthago am 10. März des Jahres 241 v. Chr. bei den Ägäischen Inseln an der Westküste Siziliens mit letzter Kraft besiegen und den Krieg endlich beenden.

Im Jahr 218 v. Chr. brach Rom dann einen neuen Krieg gegen Karthago vom Zaun. Es erklärte sich zur Schutzmacht der spanischen Stadt Sagunt und verlangte die Auslieferung des punischen Feldherrn Hannibal (um 247–183 v. Chr.), der diese erobert hatte. Als die Karthager sich weigerten, erklärte Rom den Krieg und rüstete zum Marsch nach Spanien. Hannibal wartete jedoch nicht ab, sondern landete seinen berühmten Coup: Mit einigen Zehntausend Soldaten, Reitern und Kriegselefanten überquerte er die Alpen und fiel in Italien ein. Dort blieb er 13 Jahre, in denen er Bündnisgenossen unter den italienischen Stämmen suchte und sich immer wieder Gefechte mit Rom lieferte. Doch selbst nach der Schlacht bei Cannae im Jahr 216 v. Chr., in der er die zahlenmäßig überlegene römische Armee einkesselte und über 50.000 Soldaten tötete, wagte er es nicht, Rom selbst anzugreifen, obwohl dort durchaus Angst vor „Hannibal ad portas" (Hannibal an den Türen) herrschte. Im Jahr 206 v. Chr. kehrte der römische Feldherr Scipio Africanus Major (236–183 v. Chr.) den Spieß dann um. Während Hannibal weiter in Italien agierte, fiel er in Nordafrika ein und brachte die Stadt Illipa schließlich so in Bedrängnis, dass Hannibal zurückgerufen wurde. Bei Zama im Norden von Tunesien kam es am 19. Oktober 202 v. Chr. schließlich zur Entscheidungsschlacht. Scipio hatte den Vorteil, dass er die numidischen Verbündeten der Karthager für sich hatte gewinnen können. Außerdem verfügte Hannibal über keine trainierten Kampfelefanten mehr und nur über wenig Kavallerie. Die Schlacht endete mit der Kapitulation Karthagos.

WENDUNG NACH OSTEN

Die Auseinandersetzung mit dem mächtigen Karthago und vor allem mit dem genialen Strategen Hannibal konnte Rom nur gewinnen, weil es sich auf militärischem Gebiet als extrem lernfähig erwies. Deshalb standen die Römer am Ende des Krieges nicht geschwächt und erschöpft da, sondern militärisch

Hannibal

erstarkt und gut organisiert. Der Erste, der dies zu spüren bekam, war Philipp V. (238–179 v. Chr.) von Makedonien. Bereits vor dem Punischen Krieg hatte Rom nämlich eine Strafexpe-

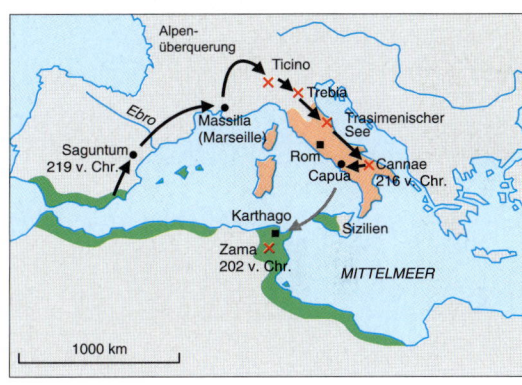

Hannibals Alpenüberquerung

dition gegen illyrische Piraten durchgeführt, die ihre Handelsinteressen geschädigt hatten. Dabei hatten sie die Städte an der dalmatinischen Küste unter ihren Schutz gestellt. Während Rom nun in den Punischen Krieg verstrickt war, nutzte Philipp V. dies aus, um die Städte zu erobern. Nach dem Sieg über Zama schlugen die Römer zurück und beendeten 197 v. Chr. die makedonische Hegemonie über Griechenland. Da sie aber nach dem Sieg die Interessen ihrer griechischen Verbündeten verteidigen mussten, wurden sie beinahe zwangsläufig selbst zur neuen Schutzmacht und stießen 192 v. Chr. mit einer anderen Großmacht zusammen, die den römisch-makedonischen Krieg für Eroberungen in Griechenland genutzt hatte: dem Reich der Seleukiden. Rom konnte sich auch gegen diesen Kontrahenten militärisch durchsetzen und begann ab 168 v. Chr., seine „Schutzgebiete" und Eroberungen als Provinzen an das Reich zu binden.

Philipp V.

BERÜHRUNG ZWISCHEN OST UND WEST

*Karawane auf der Sei-
denstraße*

„Die" Seidenstraße gibt es nicht. Sie besteht aus einer größeren Zahl alter Handelsrouten zwischen China und dem Nahen Osten. Auch von einer feierlichen Eröffnung wie etwa heute bei der Einweihung einer neu gebauten Autobahn konnte natürlich nicht die Rede sein. Einen Austausch von Handelsgütern und Know-how zwischen China, den zentralasiatischen Kulturen und dem Nahen Osten hatte es mindestens seit Beginn der Bronzezeit (um 2200 v. Chr.) gegeben. Aber er war nur sehr spärlich, indirekt und zufällig erfolgt. Niemand kann heute sagen, wie lange es dauerte, bis etwa chinesische Seide ihren Weg nach Ägypten fand.

> **DAS WICHTIGSTE IN KÜRZE:**
> - In den Jahren 138–125 v. Chr. knüpfte der chinesische Beamte Zhang Qian Kontakte mit den hellenistischen Kulturen Zentralasiens.
> - Anschließend schickte Kaiser Wudi Gesandtschaften nach Westen. Dies gilt als „Eröffnung" der Seidenstraße.

Das Perserreich reichte zwar im Osten bis ans Pamirgebirge, war jedoch immer noch durch das Tarimbecken mit der Wüste Taklamakan ziemlich gründlich von China getrennt, auch wenn durch Oasenbewohner, über die man bis heute kaum etwas weiß, ein geringer Austausch von Gütern und kulturellen Errungenschaften stattfand. Der chinesische Kaiser Wudi jedoch dehnte seine Herrschaft im Westen über das Tarimbecken hinaus bis zum Ferghanatal aus, das heute zwischen den Staaten Usbekistan, Kirgisistan und Tadschikistan geteilt ist. Dort aber hatte Alexander der Große 329 v. Chr. seine östlichste Stadt Alexandria Eschate gegründet.

DIE REISE DES ZHANG QIAN

Zu Zeiten des Wudi war das Alexanderreich im Osten jedoch schon auseinandergefallen. Die einst unterworfenen iranischen Völker hatten ihre Selbstständigkeit wiedererlangt, pflegten das hellenistische Erbe aber weiter. Im Jahr 138 v. Chr. schickte Kaiser Wudi eine Gesandtschaft mit dem Beamten Zhang Qian (195–114 v. Chr.) an der Spitze nach Westen, um mit einem dieser Völker, das den Chinesen unter dem Namen Yuezhi vom Hörensagen bekannt war, ein Bündnis gegen die Xiongnu (vermutlich: Hunnen) zu schließen. Zhang Qian wurde jedoch von den Hunnen gefangen genommen und lebte zehn Jahre lang bei ihnen. Danach reiste er weiter nach Westen. Das angestrebte Bündnis brachte er nicht zustande, aber er lernte die hellenistisch-iranischen Völker (Sogdier, Baktrier, Parther) kennen und erfuhr durch sie auch von Indien und Mesopotamien. Als er nach 13 Jahren endlich wieder nach China zurückkam, zeigte sich Kaiser Wudi sehr interessiert und beschloss, diplomatische und wirtschaftliche Beziehungen mit diesen Völkern aufzunehmen. Dank seiner Eroberungen und massiver polizeilicher Maßnahmen wurde der Handel auf dem chinesischen Teil der Seidenstraße auch sehr sicher. Aber nicht nur deshalb gilt Wudi als eine der wichtigsten Persönlichkeiten der chinesischen Geschichte. Er regierte ein Reich, das sogar größer als das der Römer war, und machte den Konfuzianismus im Jahr 135 v. Chr. zur Staatsdoktrin, was enorme Auswirkungen auf die chinesische Kultur hatte.

Kaiser Wudi

DIE PARTHER

Unter den Völkern, mit denen Wudi Kontakte aufnahm, waren die Parther das wichtigste. Sie waren ein vermutlich eng mit den Skythen verwandtes Reitervolk, das in der zweiten Hälfte des 3. Jahrhunderts v. Chr. begann, die iranischen Teile des Seleukidenreichs zu erobern. Im Jahr 141 v. Chr. nahm Mithridates I., der sich als Erster Schah-in-Schah (König der Könige) nennen ließ, auch Mesopotamien ein und verlegte seine Hauptstadt an den Tigris. Im 1. Jahrhundert v. Chr. wurden die Parther dann die großen Gegenspieler Roms im Osten. Teilweise einigte man sich, indem man den Euphrat als Interessensgrenze festlegte, doch es kam auch immer wieder zu Kriegen. Im Jahr 53 v. Chr. konnten die Parther den Römern in der Schlacht bei Carrhae eine verheerende Niederlage zufügen. In dieser Schlacht sollten den Römern auch die glänzenden Seidenbanner und die Seidenhemden der parthischen Soldaten aufgefallen

sein, deren Stoff nicht von Pfeilen zerrissen werden konnte. In der Folge entstand in Rom eine geradezu gierige Nachfrage nach chinesischer Seide. Als Kaiser Augustus (reg. 27 v. Chr.–14 n. Chr.) Frieden mit den Parthern schloss, wurde auch der westliche Teil der Seidenstraße sicherer. Außerdem hatten sowohl Römer als auch Parther und Chinesen, die sich nun die Oberhoheit über die Seidenstraße teilten, ein hohes Niveau, was Infrastruktur und Verwaltung betraf, was einen regelmäßigen Handel begünstigte. Unter der Herrschaft von Kaiser Augustus kam nach antiken Quellen die erste chinesische Gesandtschaft nach Rom. Die erste römische Gesandtschaft besuchte China wahrscheinlich im Jahr 166. Um diese Zeit gab es möglicherweise auch schon eine Seeverbindung von Ägypten aus in die Nähe des heutigen Hanoi in Vietnam. In der Regel lief der Kontakt aber über das Partherreich. Im Jahr 224 wurden die parthischen Könige zwar durch den persischen Fürsten Ardaschir I. (reg. um 224–240) gestürzt, der die Dynastie der Sassaniden begründete. Der Handel über die Seidenstraße und die Kontakte zu China einerseits sowie dem Westen andererseits bestanden aber auch im Sassanidenreich fort, bis es Mitte des 7. Jahrhunderts von den Arabern erobert wurde.

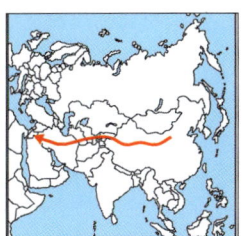

Verlauf der Seidenstraße

ÜBER DEN RUBIKON

Gaius Julius Cäsar

„Lange unterhielt Cäsar sich mit seinen Freunden, die ihn begleiteten. Er führte die Übel vor Augen, die die Überquerung des Flusses zur Folge haben könnte, und welches Urteil die Nachwelt über ihn fällen würde. Schließlich verwarf er voll Leidenschaft alle Berechnungen und überließ sich dem, was kommen würde. Dabei sprach er die Worte derer, die einem ungewissen und gefährlichen Schicksal entgegengehen: ‚Der Würfel soll geworfen werden.'" So schilderte der griechische Historiker Plutarch (um 45–125) den entscheidenden Moment im Leben des Gaius Julius Cäsar (100–44 v. Chr.). Cäsar wusste, dass er mit der Entscheidung, ein Heer über den norditalienischen Grenzfluss Rubikon zu führen, einen Bürgerkrieg in Rom auslösen würde, denn es war den Feldherren strengstens verboten, ihre Soldaten nach Italien zu bringen und so mit militärischer Macht, politische Entscheidungen herbeizuführen. Wie aber kam es, dass Cäsar diesen Schritt tat?

OPTIMATEN UND POPULAREN

Der rasante Aufstieg Roms zur Weltmacht im 2. Jahrhundert v. Chr. hatte zu gewaltigen inneren Problemen geführt. Während sowohl die Oberschicht als auch neureiche Heereslieferanten an den Kriegen profitierten, wurde der ständige Kriegsdienst für die einfache Bevölkerung zur unerträglichen Belastung. Zudem erwuchs ihnen erhebliche wirtschaftliche Konkurrenz aus den vielen Sklaven aus den eroberten Gebieten. Teile der Oberschicht Roms erkannten einen Reformbedarf (Popularen), während andere (Optimaten) jegliche Zugeständnisse an das Volk vehement ablehnten. Zu Beginn des 1. Jahrhunderts v. Chr. konnte der erfolgreiche Feldherr Marius (156–86 v. Chr.) dann tatsächlich Reformen durchsetzen. Die Optimaten jedoch schlugen im Jahr 88 v. Chr. mit einem Tabubruch zurück: Ihr Anführer Sulla (um 138–78 v. Chr.) marschierte erstmals mit einer Armee in Rom ein, verjagte seine Gegner und errichtete zusammen mit dem Feldherrn Pompeius

DAS WICHTIGSTE IN KÜRZE:
- Am 10. Januar des Jahr 49 v. Chr. führte Cäsar sein Heer nach Italien.
- Damit löste er bewusst einen Bürgerkrieg aus, der ihn zum Alleinherrscher Roms machte.

(106–48 v. Chr.) eine Diktatur. Sulla ging es noch um politische Inhalte: Nachdem er durchgesetzt hatte, was er für richtig hielt, trat er im Jahr 79 v. Chr. zurück. Pompeius dagegen dachte nicht daran, die Macht wieder abzugeben. Er verbündete sich mit dem reichen Crassus (um 115–53 v. Chr.), um den Senat unter Druck zu setzen. Hier zeigte sich ein weiteres internes Problem Roms: Die Kontrolle über das Militär und die eroberten Provinzen ließ seine Heerführer und Spitzenpolitiker zu reich und zu mächtig werden, vor allem jene, die skrupellos genug waren, ihre Position nach Kräften auszunutzen. Seit der Diktatur des Sulla lebte Rom in Angst vor dem nächsten Feldherrn, der seine Armee im Machtpoker einsetzen würde. Um politische Zielsetzungen ging es dabei längst nicht mehr. Das wurde spätestens im Jahr 60 v. Chr. deutlich, als die Optimaten Pompeius und Crassus einen Popularen in ihr Bündnis aufnahmen.

DER GALLISCHE KRIEG

Der Mann, mit dem Pompeius und Crassus ihr Triumvirat (Dreimännerbund) bildeten, war Gaius Julius Cäsar. Das Bündnis brachte ihm zunächst einen außerordentlich attraktiven Posten: der Senat ließ sich nötigen, ihn für außergewöhnlich lange Zeit, nämlich zehn Jahre, zum Statthalter von Illyrien und Gallien (damals Oberitalien, Schweiz und Südfrankreich) zu machen. Hier hätte er sich ein ruhiges Leben machen und seine Provinzen ausbeuten können, doch Cäsar wollte eine Machtbasis erringen und dafür musste er ein Heer aufstellen und Kriege führen. Ein Hilfegesuch der keltischen Häduer diente ihm als Vorwand, ganz Gallien zu erobern. Damit wurde er für seine Verbündeten zu mächtig. Pompeius koalierte mit dem Senat, um Cäsar politisch auszubooten. Als dessen Amts-

Pompeius

zeit in Gallien zu Ende ging, wurde er aufgefordert, seine Legionen aufzulösen, wohingegen Pompeius zu keinerlei Abrüstung verpflichtet wurde. In dieser Situation entschloss Cäsar sich, in Italien einzumarschieren und die militärische Auseinandersetzung mit Pompeius zu suchen.

DER KAMPF GEGEN POMPEIUS

Dieser konnte Cäsars Armee auf die Schnelle nichts entgegensetzen, weil seine Soldaten in Spanien oder Griechenland stationiert waren, und floh deshalb nach Griechenland. Cäsar konnte die Macht in Rom übernehmen, wo er sich durch volksfreundliche Maßnahmen Popularität verschaffte. Der Kampf gegen Pompeius fand unterdessen in den Provinzen statt. Am 9. August des Jahres 48 v. Chr. gewann Cäsar dann die entscheidende Schlacht im nordgriechischen Pharsalos, obwohl die Streitkräfte des Pompeius weit überlegen waren. Cäsar verfügte jedoch über in den Gallischen Kriegen besonders erprobte und loyale Einheiten und war zudem der bessere Stratege. Pompeius floh nach der Niederlage nach Ägypten, wo ihn Pharao Ptolemaios XIII. (61–47 v. Chr.) ermorden ließ. Dieser glaubte, sich so bei Cäsar einschmeicheln zu können. Doch Cäsar verbündete sich mit Ptolemaios' Schwester Kleopatra (um 69–30 v. Chr.) und gewann auch die Kontrolle über Ägypten. De facto war er nun Alleinherrscher in Rom – was am 15. März 44 v. Chr. zu seiner Ermordung führte.

Kleopatra

SIEG ÜBER KLEOPATRA

Die ägyptische Königin Kleopatra

DAS WICHTIGSTE IN KÜRZE:
- Am 2. September des Jahres 31 v. Chr. besiegte Gaius Octavius Marcus Antonius und Kleopatra in der Seeschlacht bei Actium.
- Darauf bestätigte ihn der Senat als Alleinherrscher, was als Beginn der Kaiserzeit gilt.

Augustus

Die Niederlage bei Actium bedeutete das Ende der ägyptischen Königin Kleopatra. Ihr Land verlor seine Selbstständigkeit und wurde römische Provinz, ihr Geliebter Marcus Antonius (um 83–30 v. Chr.) brachte sich um, ihr und Cäsars Sohn wurde von Gaius Octavius (63 v. Chr.–14 n. Chr.) ermordet, sie selbst sollte im Triumphzug nach Rom gebracht werden. Am 12. August des Jahres 30 v. Chr. nahm sie sich das Leben, ob durch einen Schlangenbiss, wie es gerne dargestellt wird, ist ungeklärt. Doch eigentlich war sie nur eine Randfigur. Denn es ging nicht um sie, sondern um den Zweikampf zwischen Gaius Octavius und Marcus Antonius, nicht um Ägypten, sondern um Rom.

DIE ERMORDUNG CÄSARS

Die Senatoren, die Gaius Julius Cäsar am 15. März des Jahres 44 v. Chr. ermordeten, hofften, durch ihre Tat die Republik zu retten und dafür gefeiert zu werden. Doch Cäsars Freund und Bündnisgenosse Marcus Antonius gelang es in den fünf Tagen zwischen der Ermordung und der Einäscherung des Leichnams, die Volksmassen gegen die Mörder aufzustacheln, sodass diese vor der Pogromstimmung flohen. In Rom errichtete Antonius mit Cäsars Großneffen und Adoptivsohn Octavius eine Diktatur und besiegte die Cäsar-Mörder im Herbst des Jahres 42 v. Chr. militärisch im griechischen Philippi. Damit war der Versuch, die Republik zu retten, endgültig gescheitert. Es ging nur noch darum, wer sich in Rom als Machthaber durchsetzen würde. Zunächst einigten sich Antonius' und Octavius gütlich. Octavius bekam den Westen, Antonius den Osten des Reiches. Doch es kam schnell zu Spannungen: politisch, indem z. B. Antonius' Bruder gegen Octavius intrigierte, aber auch privat, als Antonius seine Frau, Octavius' Schwester, wegen Kleopatra verstieß. Antonius' entscheidender Fehler war, dass er Kleopatra und ihre Kinder zu Königen römischer Provinzen ernannte. Daraufhin konnte Octavius den Senat dazu bewegen, Kleopatra zur Staatsfeindin und Ägypten den Krieg zu erklären. Um diesen Krieg zu führen, erteilte ihm der Senat umfassende Vollmachten. Nach dem Sieg behauptete Octavius, die Ordnung der Republik wiederhergestellt zu haben, war aber de facto Alleinherrscher. Am 13. Januar des Jahres 27 v. Chr. übertrugen ihm die – größtenteils von ihm selbst eingesetzten – Senatoren alle wichtigen Ämter Roms und verliehen ihm den Titel Augustus (der Erhabene). Dies gilt als Beginn der römischen Kaiserzeit – auch wenn es die Rangbezeichnung Kaiser damals nicht gab und die Republik nie offiziell abgeschafft wurde.

ARMINIUS GEGEN ROM

Im Jahr 9 galt Germanien den Römern als befriedete Provinz. Drusus (38–9 v. Chr.) und Tiberius (42 v. Chr.–37 n. Chr.), die Stiefsöhne des Augustus, hatten weite Teile des Landes unterworfen. Im Jahr 4 oder 5 hatten sich die Cherusker freiwillig unterworfen, im Jahr 6 schlossen sie Frieden mit ihrem letzten Gegner, dem Markomannenherzog Marbod (um 30 v. Chr.–37 n. Chr.). Junge Adlige, wie der cheruskische Häuptlingssohn, den die Römer Arminius (um 17 v. Chr.–21 n. Chr.) nannten, dienten als Befehlshaber germanischer Hilfstruppen in der römischen Armee. Doch im Herbst des Jahres 9 machte Arminius dann plötzlich den römischen Statthalter Quinctilius Varus mit drei römischen Legionen nieder und vertrieb damit die Römer vollständig aus Germanien.

DIE VARUSSCHLACHT

Die antiken römischen Quellen geben Varus die Schuld, der sich arrogant und dumm verhalten haben soll. Möglicherweise tat er das auch, aber das eigentliche Problem dürfte gewesen sein, dass für die Römer eine Unterwerfung eine totale Kapitulation bedeutete, während die Germanen eher eine Art erzwungenes Bündnis darin sahen. Dass sie Rom nun Hilfstruppen für seine Kriege stellen mussten, fanden sie sogar ausgesprochen attraktiv, schließlich winkten Ruhm und Beute. Anderen Dingen, z. B. dem Zahlen von Steuern oder entehrenden Strafen, wollten sie sich aber nicht unterwerfen. Varus war aber zu keinem Entgegenkommen bereit, konnte es wohl auch gar nicht, schließlich musste er ja römische Gesetze befolgen. In dieser Situation entschloss sich Arminius zum Aufstand. Er schmiedete heimlich ein Bündnis, lockte Varus, der ihm vertraute, in ein sumpfiges Waldgebiet (wohl bei Kalkriese im Landkreis Bramsche, das nicht im heutigen Teutoburger Wald liegt) und rieb dessen Armee in tagelangem Kampf beinahe vollständig auf.

Gemma Augustea: Augustus empfängt seinen siegreichen Sohn Tiberius

GERMANIEN BLEIBT FREI

In der deutschen Geschichtsschreibung der Vergangenheit ist diese Schlacht oft glorifiziert worden. Ihre wahre Bedeutung ist schwer einzuschätzen. Tatsächlich blieben die germanischen Stämme frei, da Kaiser Tiberius keinen Sinn darin sah, für ein armes Land mit zerstrittenen Häuptlingen große militärische Opfer zu bringen. Das spätere Deutschland hätte sich wohl anders entwickelt, wäre es römische Provinz gewesen; aber wie, das ist unmöglich zu sagen. Das Römische Reich jedoch wäre wohl trotzdem im 5. Jahrhundert an seiner inneren Schwäche zerbrochen, auch wenn es keine Angriffe freier Germanen gegeben hätte.

> **DAS WICHTIGSTE IN KÜRZE:**
> - **Im Jahre 9 besiegte der germanische Heerführer Arminius den römischen Statthalter Varus in der Schlacht im Teutoburger Wald.**
> - **Damit konnte er verhindern, dass Germanien Teil des Römischen Reiches wurde.**

Varus

TOD AM KREUZ

Kreuzigung Christi. Isenheimer Altar von Matthias Grünewald

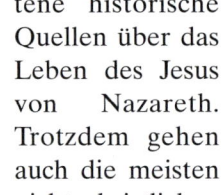

DAS WICHTIGSTE IN KÜRZE:
- **Um das Jahr 30 wurde Jesus von Nazareth in Jerusalem gekreuzigt.**
- **Unmittelbar nach seinem Tod setzte sich bei seinen Anhängern die Überzeugung durch, er sei wiederauferstanden, was zur Gründung des Christentums führte.**

Die Wandlung des Saulus zum Paulus von Caravaggio

Außer der Bibel gibt es nur winzige und zudem nicht unumstrittene historische Quellen über das Leben des Jesus von Nazareth. Trotzdem gehen auch die meisten nicht christlichen Historiker davon aus, dass er wirklich gelebt hat. Vermutlich wurde er irgendwann zwischen den Jahren 7 und 4 v. Chr. geboren und begann etwa um 28, als Wanderprediger zunächst im abgeschiedenen Galiläa, dann in Jerusalem zu wirken. Wanderprediger aber muss es damals im heutigen Israel und Palästina in Hülle und Fülle gegeben haben und vielen wurden auch Wunder zugeschrieben. Auch Kreuzigungen waren an der Tagesordnung, da man im Römischen Reich auf diese Art Staatsfeinde bestrafte und in den besetzten jüdischen Gebieten Religion und Widerstand gegen die römische Herrschaft Hand in Hand gingen. Es ist also kein Wunder, dass die nicht christlichen Historiker dieser Zeit Jesus einfach übersahen. Das junge Christentum dagegen machte schnell von sich reden.

APOSTEL PAULUS

Wie das Christentum entstand, lässt sich nicht erklären. Entweder man ist selbst Christ und glaubt an die Auferstehung Jesu oder man kann sich nur darüber wundern, wie ein paar jüdische Fischer es schafften, aus ihrer persönlichen Überzeugung von der göttlichen Sendung ihres religiösen Mentors eine Weltreligion zu machen. Zumindest bleibt die Sache rätselhaft, bis Paulus (Saul) von Tarsus auf den Plan trat. Dieser gebildete Mann, Jude und römischer Bürger, wurde nach eigener Aussage etwa drei Jahre nach dem Tod Jesu durch eine Vision vom Gegner der Christen zu ihrem eifrigsten Missionar und Vordenker bekehrt. Dieser Paulus organisierte daraufhin mit großer Schaffenskraft die Gründung von Gemeinden in Syrien, Anatolien, Griechenland, Zypern und schließlich sogar in Rom. In seinen Briefen entwickelte er eine christliche Theologie, die nicht unbedingt mit der von Jesus deckungsgleich war. Während Jesus vor allem Gewaltlosigkeit und ein moralisch einwandfreies Leben forderte, um im Jenseits Gnade vor Gott zu finden, stand für Paulus der Tod Jesu im Mittelpunkt des neuen Glaubens: Jesus sei für die sündige Menschheit gestorben und wer an ihn glaube, werde gerettet. Vor allem die Gemeinde in Rom geriet schnell ins Visier der Kaiser. Im Jahr 49 verfügte Claudius (10 v. Chr.–54 n. Chr.) wahrscheinlich eine Ausweisung der Christen. Im Jahr 64 machte sein Nachfolger Nero (37–68) sie nach dem großen Brand Roms zum Sündenbock und ließ viele hinrichten, darunter wahrscheinlich auch Paulus.

VERTREIBUNG AUS ISRAEL

Was im Jahr 132 zum Bar-Kochba-Aufstand führte, ist umstritten. Es könnte ein Verbot der rituellen jüdischen Beschneidung durch Kaiser Hadrian (76–138) gewesen sein, aber auch sein Plan, Jerusalem in eine römische Kolonie umzuwandeln und anstelle des zerstörten jüdi-

Rekonstruktion des salomonischen Tempels

schen Tempels einen Jupitertempel zu bauen. Auf jeden Fall zettelte ein gewisser Simon Bar Kochba einen Aufstand gegen die römische Besatzung an. Dieser wurde nach drei Jahren niedergeschlagen und kostete nach antiken Berichten 580.000 Juden das Leben. Vor allem aber reagierte Kaiser Hadrian mit der Zerschlagung des gesamten jüdischen Lebens. Er ließ die Städte und Dörfer zerstören, viele Bewohner in die Sklaverei verkaufen und die überlebenden Aufständischen hinrichten. Aus Jerusalem machte er die römische Kolonie Aelia Capitolina. Er benannte Israel nach den einstigen Feinden der Juden, den Philistern, in Palästina um und verbot den Juden, in Jerusalem zu leben. Viele wurden an den Rhein oder nach Spanien verfrachtet, andere verließen Israel freiwillig, da Hadrian elementare Bestandteile ihrer Religion verbieten ließ.

DIE ZERSTÖRUNG DES TEMPELS

Der Aufstand des Bar Kochba hatte jedoch eine lange Vorgeschichte. Die alten orientalischen Kulturen waren auf religiösem Gebiet tolerant gewesen. Die Zerstörung Jerusalems durch den babylonischen König Nebukadnezar II. im Jahr 586 v. Chr. hatte politische und keine religiösen Gründe gehabt. Dies begann sich zu ändern, als Israel nach der Eroberung durch Alexander den Großen (356–323 v. Chr.) und den Diadochenkriegen Teil des Seleukidenreiches wurde. Im Jahr 167 v. Chr. griff König Antiochus IV. (um 215–164 v. Chr.) in schwere Konflikte zwischen Juden und Griechen zugunsten der Griechen ein, befahl den Juden Opfer für den Herrscher, weihte den jüdischen Tempel dem Zeus und plünderte den Tempelschatz. Dies hatte den Aufstand der Makkabäer zur Folge, der 161 v. Chr. zur Unabhängigkeit führte. 63 v. Chr. eroberte dann Pompeius (106–48 v. Chr.) Israel für Rom. Es kam immer wieder zu Aufständen gegen die Besatzung. Aus diesem Grund ersetzten die Römer das einheimische Königshaus durch einen römischen Statthalter ab dem Jahr 6. Als dieser im Jahr 66 Teile des Tempelschatzes einforderte, kam es zum offenen Krieg. Dieser endete im Jahr 70 mit der Zerstörung Jerusalems und des Tempels.

Hadrian

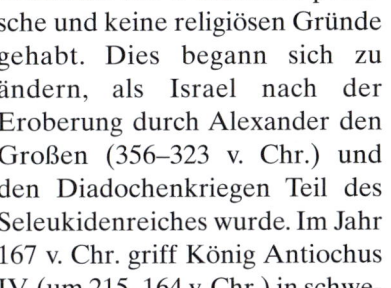

DAS WICHTIGSTE IN KÜRZE:
- Nach dem Bar-Kochba-Aufstand ließ Kaiser Hadrian im Jahr 135 das jüdische Leben in Israel komplett zerstören.
- Damit begann für das jüdische Volk die Zeit in der Diaspora.

GRÜNES LICHT FÜR DIE CHRISTEN

Konstantinbogen in Rom

Als Kaiser Konstantin im Jahr 312 gegen Rom marschierte, um dort seinen Rivalen Maxentius zu bekämpfen, soll er plötzlich in den Wolken ein leuchtendes Kreuz und die griechischen Worte „In diesem Zeichen wirst du siegen" gesehen haben. Dies berichtet jedenfalls der Geschichtsschreiber Eusebius von Caesarea (um 260–340), der angibt, von Konstantin selbst über diese Episode informiert

worden zu sein. In der Schlacht gegen Maxentius an der Milvischen Brücke in Rom habe Konstantin dann das Christuszeichen Chi-Rho (die beiden griechischen Anfangsbuchstaben von Christos, die wie X und P aussehen) auf seinen Feldzeichen getragen und sei nach dem Sieg, so die Legende, zum Christentum konvertiert.

Ob Konstantin wirklich unter dem Christusmonogramm gegen Maxentius gekämpft hat, weiß man nicht, und Christ ist er höchstens auf dem Sterbebett geworden, wahrscheinlich jedoch nie. Er und sein Mitkaiser Licinius (um 250–325), der gerne unterschlagen wird, erklärten aber nach dem Sieg im Toleranzedikt von Mailand Religionsfreiheit, die auch für das Christentum galt. Konstantin begann zudem, das Christentum in besonderer Weise zu fördern. Er beschenkte die christliche Kirche mit Ländereien, gab wertvolle Bibelabschriften in Auftrag und ließ mehrere große Kirchen erbauen, darunter die Grabeskirche in Jerusalem und die erste Peterskirche in Rom. Außerdem berief er viele Christen in hohe Ämter und ließ seine Söhne christlich erziehen. Die heidnischen Kulte durften daneben zwar weiter bestehen, verloren aber an Bedeutung. Die Änderungen für das

Büste von Kaiser Konstantin

DAS WICHTIGSTE IN KÜRZE:
- Mit dem Toleranzedikt von Nikomedia beendete Kaiser Galerius die Christenverfolgungen im Römischen Reich.
- Unter seinem Nachfolger Konstantin begann der Weg zur Staatskirche.

Christentum waren derart massiv, dass Kirchenhistoriker gerne von der konstantinischen Wende sprechen. Dabei gerät meist in Vergessenheit, dass schon Konstantins Vorgänger Galerius (um 250–311) auf seinem Sterbebett am 30. April 311 mit dem Toleranzedikt von Nikomedia den Christenverfolgungen ein Ende gemacht und die christliche Religion legitimiert hatte.

DIE CHRISTENVERFOLGUNGEN

Im Grunde war das Römische Reich ein in religiösen Dingen toleranter Staat. Heidnische Kulte waren erlaubt und wurden gerne auch von Römern übernommen. Verboten wurde lediglich, was die Herrscher als staatsgefährdend ansahen, und dies war in Bezug auf das Christentum immer wieder der Fall. Im Gegenzug für die Duldung anderer Religionen forderten die Römer nämlich eine Teilnahme am römischen Staatskult, was während der Kaiserzeit vor allem die Verehrung des Herrschers bedeutete. Für Menschen, die von der Existenz eines einzigen Gottes überzeugt waren, wie Juden und Christen, war dies jedoch ein fundamentales Problem. Im Falle der Juden ließen die römischen Machthaber meistens Gnade walten, von der anfangs auch die Christen profitierten. Das begann sich zu ändern, als Rom feststellen musste, dass die Christen im Gegensatz zu den Juden missionierten – und das mit beträchtlichem Erfolg. Einen wachsenden Anteil von Untertanen im ganzen Reich, die sich dem Staatskult verweigerten, wollten sie nicht akzeptieren. Allerdings handhaben es die meisten frühen Kaiser so, dass sie zwar Christen, die angezeigt wurden und sich dann hartnäckig weigerten, den Staatskult zu vollziehen, hinrichten ließen, aber nicht von sich aus aktiv wurden. Gezielte staatliche Verfolgungen setzten erst unter dem Kaiser Septimius Severus (reg. 193–211) ein und steigerten sich bis zu den Verfolgungen des Diokletian (reg. 284–305), der im Zuge einer umfassenden Reichsreform versuchte, das störende Christentum auszurotten. Er erkannte den Christen zentrale Bürgerrechte ab, erließ ein Versammlungsverbot und begann eine massive Verfolgung ihrer Führer. Sein Nachfolger Galerius führte diese Politik zunächst fort, erklärte sie auf seinem Totenbett aber für gescheitert und verfügte, dass die Christen künftig ihre Religion ausüben dürften, soweit sie die öffentliche Ordnung nicht störten. Er forderte die Christen im Gegenzug aber auf, bei ihrem Gott für die Sicherheit der römischen Republik zu beten.

DIE WENDE

Historiker schätzen, dass es zur Zeit der konstantinischen Wende etwa 10 Prozent Christen im Römischen Reich gab, die meisten davon im griechischsprachigen Ostteil. Mit der Legalisierung wurden es rasch mehr, vor allem aber bekam die vorher als staatsfeindlich angesehene Religion einen ausgesprochen staatstragenden Charakter, der sich nur teilweise mit Aussagen des Apostels Paulus und kaum mit denen von Jesus rechtfertigen ließ. Die Kaiser, die bis auf Julian II. (reg. 361–363) alle Christen waren, setzten das Christentum an die Stelle des bisherigen Staatskultes und forderten damit auch den christlichen Segen für alle Staatsakte ein, egal ob diese mit den Evangelien vereinbar waren oder nicht. Außerdem mischten sie sich in die Kirchenpolitik und damit in die weitere Ausgestaltung des Glaubens ein. So berief etwa Konstantin im Jahr 325 das Kirchenkonzil von Nizäa ein. Im Jahr 391 verbot Kaiser Theodosius I. (reg. 379–395) dann alle heidnischen Kulte und machte das Christentum zur Staatsreligion.

Statue von Konstantin

Diokletian

ANGRIFF DER HUNNEN

König Attila

Wer die Hunnen waren, die in der Spätantike Europa überfielen, und woher sie kamen, weiß man bis heute nicht so genau. Sie waren ein kriegerisches Reitervolk und stammten wohl überwiegend aus den Gebieten zwischen Ostkasachstan und der Mongolei. Möglicherweise kam es dort im 4. Jahrhundert zu Klimaverschlechterungen, denn während die Schwarzen Hunnen sich nach Westen wandten und Europa heimsuchten, griffen die Roten Hunnen im Jahr 350 das Perserreich an und eroberten Baktrien. Auf jeden Fall waren die Hunnen nicht nur ein Volk, sondern vielmehr ein Zusammenschluss verschiedener asiatischer Nomadenvölker. In Europa wurde man zum ersten Mal im Jahr 374 auf sie aufmerksam, als sie die Alanen, ein iranisches Reitervolk an der Wolga, überfielen. Ein Jahr später mussten die Ostgoten dran glauben, die am Schwarzen Meer siedelten.

> **DAS WICHTIGSTE IN KÜRZE:**
> * Im Jahr 375 überfielen die Hunnen die Siedlungsgebiete der Goten.
> * Die Flucht der Goten löste eine Völkerwanderung aus.

Anhänger mit dem Bildnis Theodosius' I.

DIE GROSSE FLUCHT

Die Goten waren ihrerseits im 2. Jahrhundert vermutlich auch aus klimatischen Gründen aus dem Weichselgebiet in die Krimregion übergesiedelt, hatten damit Überfälle der verdrängten Markomannen und Langobarden auf die römische Grenze an der Donau ausgelöst. Sie selbst unternahmen von ihrer neuen Heimat aus immer wieder Angriffe auf römisches Gebiet. Sie waren erfahrene Krieger, die größtenteils zu Pferd in Erscheinung traten. Dem Angriff der Hunnen aber hatten sie nichts entgegenzusetzen, da ihnen jene technisch überlegen waren. Die Hunnen überfielen ihre Feinde im Galopp, feuerten dabei aus relativ großer Entfernung einen Pfeilhagel ab und verschwanden wieder. Der eine Teil der Goten unterwarf sich, der andere ergriff die Flucht nach Westen. Als Nächstes mussten die Westgoten im heutigen Rumänien vor den Hunnen fliehen und schlossen einen Bündnisvertrag mit den Römern. Im Austausch für militärische Hilfe durften sie sich südlich der Donau im heutigen Bulgarien ansiedeln. Die römische Verwaltung war jedoch völlig überfordert mit der großen Zahl von Flüchtlingen, sodass es zu einer Hungersnot unter den Goten kam. Deshalb fühlten sie sich nicht mehr an ihre Friedenszusagen gebunden, erhoben sich und töteten in der Schlacht von Adrianopel (Edirne) am 9. August 378 den römischen Kaiser Valens und ungefähr 20.000

Johann Nepomuk Geiger: Die Hunnen im Kampf mit den Alanen

römische Elitesoldaten. Der neue Kaiser Theodosius I. (reg. 379–394) konnte die Situation noch einmal entschärfen, indem er die Goten erneut als Bündnisgenossen verpflichtete. Nach seinem Tod fiel das Reich an seine beiden noch recht jungen Söhne Arcadius (um 377–408; Ostrom) und Honorius (384–423; Westrom). Arcadius gelang keine tragfähige neue Vereinbarung mit den Westgoten, woraufhin diese unter ihrem Führer Alarich (370–410) plündernd durch Griechenland und den Balkan zogen. Honorius profitierte anfangs von der klugen Politik seines halbgermanischen Heermeisters Stilicho (um 365–408), verdächtigte diesen jedoch einer Verschwörung mit Alarich und ließ ihn – wie auch eine große Zahl germanischer Söldner – umbringen. Daraufhin fiel Alarich in Italien ein, gewann viele der überlebenden germanischen Soldaten für sich, belagerte Rom und nahm es 410 ein. Aber eigentlich war Rom für die Goten nicht entscheidend. Viel wichtiger war ihnen das Erringen von Siedlungsland. Also ließen sie sich von Honorius gegen einen Usurpator in Gallien anwerben und konnten schließlich in Südfrankreich und Spanien ein Reich gründen. Unterdessen waren in der Silvesternacht 406 die germanischen Stämme der Vandalen, Burgunden und Sueben sowie die iranischen Alanen auf der Flucht vor den Hunnen bei Mainz über den Rhein gezogen und versuchten, sich in Gallien niederzulassen. Während es Ostrom inzwischen gelungen war, seine germanischen „Immigranten" zu Bundesgenossen zu machen und als Truppen gegen die Hunnen einzusetzen, herrschte im Westteil des Reiches nun das blanke Chaos, was viele römische Heerführer ausnutzten, um selbst die Macht zu ergreifen. Gegen diese Usurpatoren, aber auch gegen andere Germanen warb Honorius immer wieder germanische Gruppen an. Außer-

dem wurden römische Truppen vom Niederrhein und aus Britannien abgezogen. Es entstand ein Machtvakuum, das die Franken am Rhein und die Angeln und Sachsen in Britannien zu nutzen wussten.

KÖNIG ATTILA

Während die Hunnen anfangs noch wenig zielgerichtet und ohne einheitliche Führung vor sich hin wüteten, setzte sich ab dem Jahr 434 Attila als König durch. Er residierte an der Theiß im heutigen Ungarn und dehnte sein Reich im Süden bis an die Donau und im Westen bis etwa zur Linie Regensburg-Magdeburg aus. Die unterworfenen Einwohner verpflichtete er zu militärischer Hilfe. Mit Westrom schloss er anfangs ein Bündnis, überfiel Ostrom aber immer wieder und plünderte den Balkan. 450 wandte er sich auch gegen den Westen, wurde aber ein Jahr später in der Schlacht auf den Katalaunischen Feldern im heutigen Frankreich geschlagen. Daraufhin zog er sich plündernd nach Italien zurück. 453 starb er, woraufhin sein Reich innerhalb von zehn Jahren zerfiel. Ein Teil der Hunnen zog an die Wolga ab, wo sie sich später mit anderen Turkvölkern (u. a. den Bulgaren) vereinigten, andere gingen in der südosteuropäischen Bevölkerung auf.

Hunnenkrieger

Attilas Feldzüge

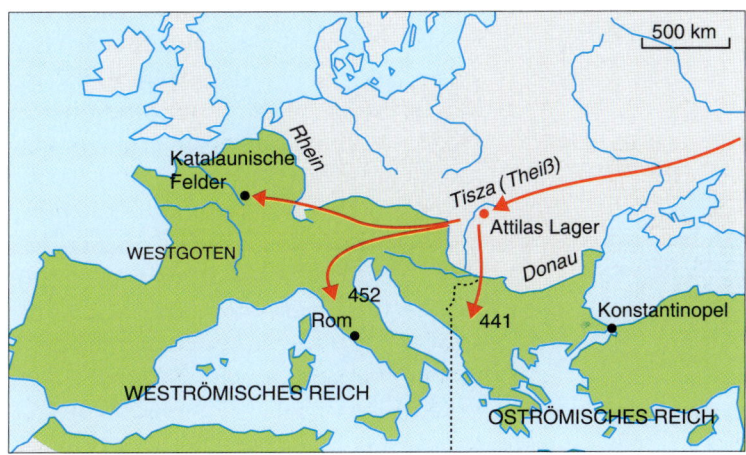

DAS ENDE ROMS

Mausoleum Kaiser Theoderichs in Ravenna

DAS WICHTIGSTE IN KÜRZE:
- Im Jahr 476 setzte der germanische Heerführer Odoaker den römischen Kaiser Romulus Augustulus ab.
- Dies bedeutete das Ende des Weströmischen Reiches.

Theoderich der Große

Schon seit 330 war Rom nicht mehr Rom. Mit der Gründung der neuen Hauptstadt Konstantinopel (Istanbul) durch Kaiser Konstantin hatte sich der Schwerpunkt des Römischen Reiches nach Osten verlagert. Seit 395 gab es dann faktisch zwei Reiche, die zusehends weniger miteinander zu tun hatten. Während Ostrom sich nach dem Ende von Attilas Hunnenreich (453) allmählich wieder stabilisierte, ließ der weströmische Kaiser Valentinian III. (419–455) seinen Heermeister Flavius Aetius (um 390–454) umbringen, weil er dessen Einfluss fürchtete. Aetius aber war es gewesen, der Attila auf den Katalaunischen Feldern besiegt und mit teils abenteuerlichen Bündnissen das schwache Kaiserreich am Leben erhalten hatte. Valentinian wurde dann von Anhängern des Aetius ermordet und seine Witwe Eudoxia zur Ehe mit dem Militärführer Petronius Maximus (396–455) gezwungen. Eudoxia (422–462) rief daher die Vandalen zu Hilfe, die Maximus besiegten und Rom plünderten – woher übrigens der Begriff „Vandalismus" stammt –, obgleich sie weit weniger schlimm hausten als viele andere Eroberer. Danach übernahm der germanische Heerführer Ricimer (um 405–472) die Macht. Er ernannte schwache Kaiser und setzte sie bei Bedarf auch wieder ab. Unterdessen gingen Gallien, Spanien und Nordafrika verloren. Nach Ricimers Tod kam es zu Machtkämpfen, die schließlich in einer Rebellion des Heeres endeten. Odoaker (um 433–493), der Anführer der rebellierenden Truppen, setzte im Jahr 476 den minderjährigen Marionettenkaiser Romulus Augustulus (um 460–511) ab.

THEODERICH DER GROSSE

Für Westrom änderte sich zunächst gar nicht so viel. Odoaker nannte sich König von Italien und ließ sich vom oströmischen Kaiser Zenon (reg. 474–491) als dessen Statthalter anerkennen. Faktisch kümmerte er sich aber nicht um Zenons Wünsche, weshalb dieser 489 seinen ostgotischen Heermeister Theoderich (um 454–526) nach Italien schickte, um Odoaker zu entmachten. Dieser tat wie geheißen, scherte sich aber ebenfalls nicht um Zenon und gründete das Ostgotenreich von Ravenna. Zwar konnte Kaiser Justinian I. (reg. 527–565) Italien noch einmal zurückerobern, doch dies blieb eine Episode. Im Westen war ein Machtvakuum entstanden, das unter anderem die Päpste füllten. Mit Byzanz, dem griechischen, autoritär regierten Oströmischen Reich, hatten sie kaum noch etwas zu schaffen.

NEUES AM NIEDERRHEIN

Taufe Chlodwigs I.

Das Reich der Vandalen in Nordafrika hatte bis 535 Bestand, das der Ostgoten in Italien bis 552 und das der Westgoten in Spanien bis 711. Damit blieben sie Episode. Weit größere Auswirkungen auf die Geschichte hatte eine Reichsgründung, die sich abseits von den Wirren der Völkerwanderungszeit abspielte. Am Niederrhein, der römisch-germanischen Grenze, hatten sich mehrere Stämme zusammengeschlossen und plünderten immer wieder römisches Gebiet. Die Römer, die sie als Franken (die Frechen) bezeichneten, machten sie notgedrungen zu Verbündeten und verpflichteten sie damit, ihre Raubzüge künftig auf germanisches Territorium zu beschränken. Childerich I. (gest. 481) war König des größten Teilstammes, der Salfranken, und römischer Verwalter der Provinz Belgica II. Er führte rechts des Rheines Eroberungen bis in die Rhön durch, verteidigte links davon aber die Reste des römischen Galliens gegen Westgoten und Sachsen. Sein Sohn Chlodwig (466–511) machte dieser Doppelrolle ein Ende.

DAS MEROWINGERREICH

Chlodwig folgte seinem Vater 481 als König der Salfranken. Nachdem er seine Macht gefestigt hatte, griff er Syagrius, den letzten römischen Heermeister in Gallien, an und eroberte dessen Gebiet rund um Soissons im heutigen Nordfrankreich. Rache aus Rom hatte er deswegen nicht zu befürchten, denn Syagrius war gar kein offizieller Repräsentant Roms mehr. Sein Vater Aegidius (gest. um 464) hatte 461 gegen den römischen Regenten Ricimer (um 405–472) rebelliert und seitdem wurde quasi unabhängig regiert. Nach Syagrius schaltete Chlodwig alle fränkischen Rivalen aus und unterwarf die Alemannen. Er legte jedoch nicht nur durch seine Eroberungen die Basis für den Aufstieg des Frankenreiches. Für den Westteil übernahm er die übrig gebliebenen römischen Verwaltungsstrukturen, die dem neu gebildeten Reich Stabilität verliehen. Außerdem verschaffte er sich und seinen Nachfolgern höchste internationale Anerkennung. Um das Jahr 497 ließ er sich nämlich römisch-katholisch taufen, während die meisten anderen Germanen Arianer waren und damit einem Glauben anhingen, der von der römischen Kirche auf dem Konzil von Nizäa im Jahre 325 als Ketzerei verurteilt worden war. Mit dem Bekenntnis zur römisch-katholischen Kirche heimste sich Chlodwig die Sympathie des oströmischen Kaisers, aber auch des Papstes ein und stieg von einem dubiosen, halbbarbarischen Eroberer zu einem geschätzten Bündnispartner auf.

Merowingischer Helm

DAS WICHTIGSTE IN KÜRZE:
- **Im Jahr 486 eroberte der fränkische König Chlodwig I. die letzten Reste des Römischen Reiches in Gallien.**
- **Damit begann der Aufstieg des Frankenreiches.**

Merowingische Brosche mit Edelsteinen

DSCHIHAD FÜR ALLAH

Der Erzengel Gabriel erscheint Mohammed

Das Jahr 622 gilt den Muslimen als Anfang ihrer Zeitrechnung. In diesem Jahr verließ ihr Prophet Mohammed seine Heimatstadt Mekka mit seinen Anhängern und floh in das 320 Kilometer entfernte Yathrib, das später Medina genannt wurde. Mekka war damals eine reiche Kaufmannsstadt, da sie an der Weihrauchstraße lag, die vom Mittelmeer in den Jemen führte. Abseits der Weihrauchstraße war die arabische Halbinsel jedoch vor allem von Nomaden bewohnt und auch in den Städten bestimmte die Stammeszugehörigkeit immer noch das soziale Gefüge. Von Zeit zu Zeit mischten arabische Stämme als Verbündete in den Kriegen zwischen Rom und dem Perserreich mit und gründeten immer wieder größere eigene Reiche, die jedoch schnell wieder zerfielen. Über ihren Glauben weiß man relativ wenig. Ursprünglich scheinen heilige Plätze und heilige Steine, die bei Wallfahrten umrundet wurden, eine große Rolle gespielt zu haben. Das größte arabische Heiligtum war die Kaaba, in der Hubal, der Stadtgott von Mekka, und ein schwarzer Stein verehrt wurden. Auch Allah war schon bekannt und vermutlich wie der El der Kanaaniter ein etwas nebelhafter Hauptgott, der als Schöpfer und Vater der anderen Götter angesehen wurde, aber weniger aktiv als seine Nachkommen war. Der Kaufmann Mohammed ibn Abd Allah (um 570–632) jedoch war überzeugt, dass dieser Allah der einzige und ursprüngliche Gott sei und alle anderen Götter nur spätere menschliche Erfindungen. Damit erregte er den Zorn der Stadtväter Mekkas.

KRIEG GEGEN MEKKA

Ab seinem 40. Lebensjahr, so Mohammed, habe der Erzengel Gabriel ihm die Suren des Korans diktiert. Mohammed begann, in seiner Umgebung zu missionieren, und rumpelte wohl 614 erstmals mit der herrschenden Elite von Mekka zusammen. Er musste im Haus eines Freundes Schutz suchen, seine Anhänger zum Teil auswandern. Der Prophet blieb aber aktiv und bereitete die Aufnahme der Muslime in Yathrib vor. Dort hatte er bereits einflussreiche Anhänger. Außerdem waren viele Bewohner Juden, mit denen Mohammed zunächst eine Umma (Gemeinschaft) der Monotheisten gegen die Polytheisten bildete. Als Rache für ihre Vertreibung überfielen die Muslime

DAS WICHTIGSTE IN KÜRZE:
- **Im Jahr 630 nahmen Mohammed und seine Anhänger die Stadt Mekka ein.**
- **Damit begann die Ausbreitung des Islam.**

Die Kaaba bei Nacht

Karawanen aus Mekka. Daraus entwickelte sich ein langjähriger Krieg, in dem Mohammed seine Stellung in Medina ausbauen konnte, obwohl es zum Bruch mit seinen früheren jüdischen Partnern kam und er diese teils vertrieb, teils tötete. 628 handelten die Mekkaner dann einen Waffenstillstand aus. Zwei Jahre später brach Mohammed mit seiner Armee nach Mekka auf, wo er inzwischen weitere Anhänger gewonnen hatte. Da er jedem, der sich ergab, Amnestie gewährte, konnte er die Stadt fast kampflos einnehmen. Er entfernte die Götterstatuen aus der Kaaba, zerstörte Heiligtümer anderer Götter und unterwarf die Beduinenstämme der Umgebung. Damit hatte er sich endgültig eine starke Machtbasis geschaffen.

DIE AUSBREITUNG DES ISLAM

Wie bei vielen Nomadenkulturen waren auch auf der arabischen Halbinsel zur Zeit Mohammeds Beutezüge gegen Nachbarstämme üblich. Mohammed jedoch verbot jede Gewalt zwischen Muslimen kategorisch und organisierte stattdessen Kriegsaktionen gegen Nichtmuslime. Als er starb, war fast die ganze arabische Halbinsel muslimisch. Unter seinen Nachfolgern, den Kalifen, wurden

diese Eroberungsfeldzüge fortgesetzt. Dabei kam den Muslimen die Schwäche des persischen und des Oströmischen Reiches zugute, die einander bis an den Rand der Erschöpfung bekriegt hatten. Als im Jahr 656 der dritte Kalif, Osman ibn Affan, starb, war fast der gesamte Nahe Osten, der heutige Iran, Ägypten und Libyen in der Hand der Muslime. Nun aber brach ein Streit um die Nachfolge zwischen Mohammeds Schwiegersohn Ali ibn Abi Talib (um 598–661) und Muawiya ibn Abu Sufyan (603–680) aus. Vorerst konnte eine Spaltung vermieden werden. Ali wurde der vierte, Muawiya der fünfte Kalif. Nach dessen Tod aber kam es zwischen der Partei (Schia) von Alis Sohn Hussein (627–680) und der von Muawiyas Sohn Yazid (644–683) zum Krieg, den Yazid gewann. Er begründete die Dynastie der Omaijaden, was eine Abwendung von der ursprünglichen Haltung der Muslime bedeutete, die mehrheitlich ein erbliches Kalifenamt abgelehnt hatten. Bis Mitte des 8. Jahrhunderts eroberten die Omaijaden das westliche Nordafrika, Spanien und den Osten des ehemaligen Perserreiches. Die Schiiten dagegen spielten militärisch zunächst keine Rolle. Sie konzentrierten sich vorwiegend im Süden des heutigen Irak. 750 war es dann auch bei den Sunniten mit der Einheit vorbei, wobei die Spaltung nur politische und keine religiösen Gründe hatte. Die Nachkommen von Mohammeds Onkel Abbas, die Abbasiden, stürzten die Omaijaden. Dabei stützten sie sich vor allem auf nicht arabische Muslime, denen die Dominanz der Araber ein Dorn im Auge war. Unter den Abbasiden erlebte die mittelalterliche islamische Kultur ihre Blütezeit. In Spanien regierten jedoch die Omaijaden weiter. Nordafrika wurde mehr oder weniger selbstständig, genau wie mehrere kleine Fürstentümer im Osten Persiens.

Reiter bewachen den Kalifenpalast

Abbasiden: Moschee in Bagdad

KAISER KARL

Papst Leo III. krönt Karl den Großen

Die Reichskrone Ottos I.

Laut seiner Biografen behauptete Karl der Große (747–814) später, er wäre am Weihnachtstag des Jahres 800 gar nicht in den Gottesdienst gegangen, hätte er geahnt, dass ihn Papst Leo III. (reg. 795–816) während der Messe zum Kaiser krönen würde. Die Historiker nehmen ihm das größtenteils nicht ab. Sie glauben, dass die Erneuerung des Weströmischen Kaiserreichs ein Plan war, den der fränkische König und der Papst gemeinsam geschmiedet hatten. Allenfalls können sie sich noch vorstellen, dass Karl eine andere Art der Krönung vorgeschwebt war, in der er selbst eine aktivere Rolle hätte spielen sollen. Aber wie war es überhaupt zu dieser Allianz zwischen den fränkischen Königen und den Päpsten gekommen?

DER AUFSTIEG DER KAROLINGER

Karls Vorfahren waren Hausmeier, d. h. eine Art Kanzler der fränkischen Könige gewesen. Mit der Zeit hatten sie einen erblichen Anspruch auf dieses Amt durchgesetzt. Die eigentlichen Könige aus dem Haus der Merowinger, das Chlodwig I. begründet hatte, waren bis zur Unsichtbarkeit in den Hintergrund getreten. Im Jahr 751 sah Hausmeier Pippin der Jüngere (714–768) die Zeit gekommen, diesem Zustand ein Ende zu bereiten, und ließ sich selbst zum König krönen. Sicherheitshalber wandte er sich an Papst Zacharias (679–752) und ließ sich von diesem bestätigen, dass es gut und richtig sei, dass der, der die Macht habe, auch die Krone trage. Die Päpste waren durch viele Schenkungen zu den größten Grundbesitzern in Süd- und Mittelitalien aufgestiegen. Doch sie verfügten über keine adäquate militärische Macht, diesen Besitz zu verteidigen, als er im Jahr 753 von den Langobarden bedroht wurde, die gegen Ende der Völkerwanderungszeit ein Reich in Norditalien gegründet hatten. Da ihm der oströmische Kaiser keine Hilfe zukommen ließ, wandte sich Zacharias' Nachfolger Stephan II. (reg. 752–757) an Pippin, den er nochmals zum König salbte. Pippin eroberte Teile des Langobardenreichs und schenkte diese dem Papst, obwohl auch die byzantinischen Kaiser, die sich weiterhin als Herrscher des gesamten Römischen Reiches begriffen, Anspruch auf Italien erhoben. Die Pippinische

Schenkung bedeutete den Anfang des Kirchenstaates. 774 wurde der nächste Papst, Hadrian I. (reg. 772–795), von den Langobarden bedrängt. Er rief Pippins Sohn Karl zu Hilfe, der das Langobardenreich eroberte und die Allianz mit dem Papst erneuerte. Der nächste Papst, der die Karolinger brauchte, war dann Leo III. Im Herbst 800 suchte er Karls Beistand gegen die Bevölkerung von Rom, mit der er im Streit lag. Karl hatte sich unterdessen ein Reich erobert, das von der Elbmündung bis zu den Abruzzen, von Saragossa bis Budapest reichte. Er hatte es zudem verstanden, diesem Reich eine solide Struktur zu verleihen und eine kulturelle Renaissance herbeizuführen.

HERR DER CHRISTLICHEN WELT

Wie Karl und Leo auf die Idee kamen, das römische Kaisertum wiederzubeleben, weiß man nicht. Auch nicht, von wem der Plan genau stammte. Seine Wurzeln jedoch hatte er in einem theologischen Wunschbild: Eine einige Christenheit sollte von einem kirchlichen Oberhaupt gelenkt und von einem christlichen Herrscher regiert werden. Mit der Kaiserkrönung nahmen Leo und Karl für sich in Anspruch, diese beiden Oberhäupter der Christenheit zu sein. Dabei ignorierten sie vor allem den oströmischen Kaiser und den Patriarchen von Konstantinopel, der dem Papst (Patriarch von Rom) rechtlich gleichgestellt war. Das Kaiserreich, das mit der Krönung von 800 begründet wurde, war also mehr ein Anspruch als ein tatsächliches Machtgebilde. Karl aber hatte durchaus vor, diesen Anspruch erblich zu machen. Im Jahr 813 krönte er seinen Sohn Ludwig den Frommen (778–840) zum Mitkaiser. Ludwig ließ dann seinen ältesten Sohn Lothar I. (795–855) – nun wieder vom Papst – zum Kaiser krönen

und machte seine übrigen Söhne zu Königen mit eigenen Teilreichen, die dem Kaiser unterstanden. Aber die Sache funktionierte nicht: Die Söhne bekriegten sich gegenseitig und die Päpste fingen an, Günstlingen, die sich als Könige von Italien wünschten, die Kaiserkrone zu verleihen. Erst der deutsche König Otto I. (912–973) belebte die Idee eines universalen Kaisertums neu. 960 rief ihn Papst Johannes XII. (um 937–964) gegen den italienischen König Berengar II. von Ivrea (um 900–966) zu Hilfe. Als Gegenleistung beanspruchte Otto die Kaiserkrone, die er dann 962 auch erhielt. Danach bildete sich ein Schema heraus: Die Kaiserkrone wurde vom Papst verliehen. Einziger möglicher Kandidat war der jeweils amtierende deutsche König. Mit dem Anspruch auf die Kaiserkrone verbanden die deutschen Herrscher auch den Anspruch auf die italienische Königskrone, den sie sich jedoch oft blutig erkämpfen mussten. Doch auch dann konnten sie die Herrschaft nur teilweise durchsetzen, was beispielsweise den Aufstieg der oberitalienischen Städte begünstigte, die oft recht unabhängig agieren konnten. Außerdem versuchten die Kaiser, anfangs noch heidnische Gebiete in Nord- und Osteuropa zu erobern, aber nie ihren universalen Machtanspruch gegenüber den starken, christlichen Reichen Frankreich oder Byzanz durchzusetzen.

Karl der Große

Inneres der Pfalzkapelle Karls des Großen in Aachen

DIE ERSTEN TÜRKEN

Mamelucken kämpfen in Madrid. Gemälde von Goya

Berittener Mameluck

Etwa ab 840 gewannen die Mamelucken (ursprünglich türkische Militärsklaven) der Leibgarde des Kalifen so viel Macht, dass sie die Politik des Abbasidenreiches bestimmten. 962 stürzte der Mamelucken-Führer Alp Tigin die Emire von Buchara (Usbekistan). Seine Nachfolger, die Ghaznawiden, eroberten ein Reich, das in etwa von Teheran bis Delhi reichte. Ab 1030 mussten sie jedoch den westlichen Teil den ebenfalls türkischen Seldschuken überlassen, die in der Folge Persien und 1055 Bagdad eroberten. Sie übernahmen als Sultane die politische Macht im Kalifenreich, während der amtierende Kalif al-Qaim (reg. 1031–75) nur noch für religiöse Belange zuständig war. 1071 raubten die Seldschuken dem Byzantinischen Reich große Teile von Anatolien und Syrien und drängten in Palästina den Einfluss der in Ägypten residierenden schiitischen Fatimiden zurück. Woher aber kamen die Türken?

DAS WICHTIGSTE IN KÜRZE:
- Im Jahr 745 brach das zweite Reich der Göktürken in Zentralasien zusammen.
- Bildung und Zerfall dieses Reiches sorgten bis ins 11. Jahrhundert hinein für Wanderbewegungen und Umwälzungen in Asien und Europa.

DAS REICH DER GÖKTÜRKEN

Die turksprachigen Völker stammen vermutlich aus denselben Gebieten wie die Hunnen. Vermutlich waren sie sogar teilweise mit ihnen identisch. Der Name „Türken" taucht aber erstmals mit dem Reich der Göktürken auf, das 552 entstand und in etwa vom Aralsee bis in die Mandschurei reichte. Durch seine Gründung wurden andere asiatische Nomaden wie die Awaren nach Westen verdrängt. Die Awaren gründeten dann im 6. Jahrhundert im heutigen Ungarn ein Reich, machten slawische Stämme bis zur Ostsee und zur Wolga tributpflichtig, drängten andere auf den Balkan ab und konnten erst von Karl dem Großen (748–814) besiegt werden. Im Westen kollabierte das Göktürkenreich bereits um 660. Danach bildete sich im Kaukasus und den südrussischen Steppengebieten das Khanat der ebenfalls turksprachigen Chasaren. Dadurch wurden erst die Bulgaren und dann die Ungarn nach Europa verdrängt. Andererseits bekämpfte das Chasaren-Khanat aber erfolgreich eine Ausbreitung des islamischen Kalifenreichs über den Kaukasus in Richtung Europa, bis es im 10. Jahrhundert von der Kiewer Rus erobert wurde. Im Osten dagegen brach das Reich der Göktürken erst 745 sowohl durch innere Aufstände als auch durch die Einmischung der chinesischen Kaiser zusammen. Stattdessen übernahmen die Uiguren, ein anderes Turkvolk, die Macht in Zentralasien. Die Verlierer dieser Umwälzung wichen nach Süden aus, wo sie dann teils von innen heraus wie die Mamelucken, teils durch Eroberung wie die Seldschuken die Macht im Kalifenreich übernahmen.

KAROLINGISCHE TRENNUNG

Hätte Karl der Große mehr als einen überlebenden ehelichen Sohn gehabt, wäre vermutlich auch er der alten fränkischen Tradition gefolgt, das Reich unter den Söhnen aufzuteilen. So bekam aber erst sein Sohn Ludwig der Fromme (778–840) wieder die Schattenseiten dieses Brauchs zu spüren, und das besonders gründlich. Weil er einen nachgeborenen Sohn in die ursprüngliche Erbregelung mit aufnehmen wollte, revoltierten seine Söhne aus erster Ehe und zwangen ihn nach der militärischen Niederlage auf dem „Lügenfeld" bei Colmar am 30. Juni 833 sogar zur Abdankung. Danach gerieten sich die Söhne jedoch untereinander in die Haare und Ludwig wurde 834 wieder auf den Thron gesetzt. Nach seinem Tod ging der Krieg weiter. 843 einigten sich Lothar I. (795–855), Ludwig der Deutsche (um 806–876) und Karl der Kahle (823–877) im Vertrag von Verdun auf eine Teilung der Erbmasse.

ENTSCHEIDUNG GEGEN DIE EINHEIT

Dieser Vertrag wird oft als die endgültige Teilung des Karolingerreiches bezeichnet, doch das stimmt nicht. 855 wurde schon wieder neu aufgeteilt. Nominell hielt man allerdings an der Einheit des Frankenreiches fest. Die wurde 884 sogar noch einmal hergestellt. Der westfränkische König Karlmann war kinderlos gestorben und die westfränkischen Adligen wählten, da Karlmanns jüngerer Bruder erst fünf Jahre alt war, den ostfränkischen Herrscher Karl den Dicken (839–888) zu ihrem König. Als 911 die ostfränkische Linie ausstarb, wäre es nun logisch gewesen, dass das Reich an ein westfränkisches Familienmitglied gefallen wäre. Doch die relativ schwache Herrschaft der späten Karolinger hatte dazu geführt, dass sich im Ostteil des Reiches – in oft sehr blutigen Kämpfen –

Ludwig der Fromme

Lothar I.

Herzogtümer herausbildeten, die von starken Adelssippen regiert wurden: Sachsen, Bayern, Schwaben, Franken (Mainfranken) und Lothringen. Diese Herzöge wählten am 10. November 911 in Forchheim einen der Ihren zum neuen König: Herzog Konrad von Franken. Damit war das Karolingerreich endgültig zerfallen – und damit auch die Möglichkeit auf ein europäisches Superreich unter einem wirklichen Kaiser. Deutschland wurde Wahlmonarchie, was faktisch bedeutet, dass die regierenden Könige große Zugeständnisse machen mussten, wenn sie wollten, dass ihnen ihre Söhne auf den Thron folgten. Dies führte zu einer Stärkung des sowieso schon mächtigen Adels, was wiederum die Wurzel für den starken deutschen Föderalismus war.

DAS WICHTIGSTE IN KÜRZE:

- Im Jahr 911 wählten die ostfränkischen Herzöge Konrad von Franken zu ihrem neuen König.
- Damit vollzog sich der endgültige Bruch zwischen dem ostfränkischen und dem westfränkischen Teil des Karolingerreiches.

Das Reich Karls des Großen und die Einzelreiche nach der Teilung

KAMPF UM JERUSALEM

Kampf um Jerusalem

Jerusalem ist auch für die Muslime eine heilige Stadt, denn ihr Prophet Mohammed (um 570–632) soll wenige Tage vor seiner Flucht nach Medina zusammen mit dem Erzengel Gabriel eine nächtliche Reise dorthin gemacht haben und von der Stelle, wo heute der Felsendom steht, in den Himmel aufgefahren sein, wo er Allah begegnete. Jedenfalls versuchten die muslimischen Araber bereits ein Jahr nach Mohammeds Tod Palästina, das zum Oströmischen Reich gehörte, zu erobern. 638 kapitulierte Jerusalem schließlich. Die Christen wurden im Kalifenreich geduldet und durften ihre Religion frei ausüben. In der Praxis scheint es zwar zu Drangsalierungen gekommen zu sein, aber es ist sicher, dass der oströmische Kaiser Alexios I. Komnenos (1048–1118) maßlos übertrieb, als er Berichte über Gräueltaten der Muslime an Christen und eine Entweihung der heiligen Stätten nach Westeuropa meldete. Denn viel mehr als den Christen in Jerusalem setzten die neuen islamischen Machthaber, die Seldschuken, dem Oströmischen Reich zu. Da Alexios aufgrund der traditionell schlechten Beziehungen zwischen Byzanz und der lateinischen Christenheit nicht auf Hilfe zur Rettung seiner Macht hoffen konnte, schob er den gemeinsamen Glauben vor. Dem Papst warf er noch einen Köder zu: Alexios bot eine Versöhnung zwischen der römisch-katholischen und der griechisch-orthodoxen Kirche unter der Oberhoheit der Päpste an.

„GOTT WILL ES"

Ob der byzantinische Kaiser dieses Versprechen ernst meinte und ob der Papst ihm glaubte, weiß man nicht. Jedenfalls gefiel Urban II. (um 1042–99) die Kreuzzugsidee. Im Rahmen einer kirchlichen Synode im französischen Clermont überzeugte Urban am 27. November 1095 am Osttor der Stadt in einem flammenden Appell eine mehrere Tausend Köpfe zählende Zuhörerschaft von dem Leid der palästinensischen Christen und der Notwendigkeit, die heiligen Stätten zu be-

> **DAS WICHTIGSTE IN KÜRZE:**
> • Im Jahr 1096 rief Papst Urban II. dazu auf, das Heilige Land mit Waffengewalt aus der Hand der Araber zu befreien.
> • Damit begann die Ära der Kreuzzüge.

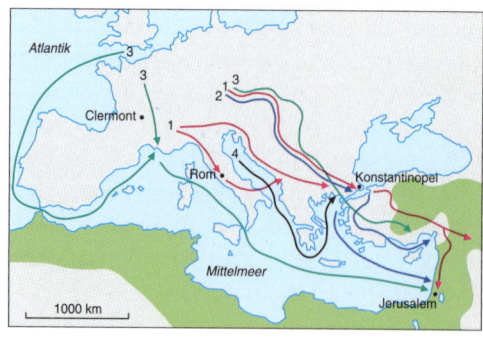

Die vier Kreuzzüge

freien. Bischof Adhemar von Le Puy (gest. 1098) fiel vor dem Papst auf die Knie und bat ihn, das Kreuz nehmen zu dürfen. Viele taten es ihm nach, hefteten sich ein Kreuz aus zerrissenem Stoff an die Kleidung und schrien „Deus lo vult" (Gott will es). Dieser Erste Kreuzzug war dann gleichermaßen Desaster und Erfolg. Zwar eroberte das Kreuzfahrerheer zwischen 1097 und 1099 die vorderasiatischen Küstengebiete und gründete vier Staaten: das Königreich Jerusalem, das Fürstentum Antiochia und die Grafschaften Tripolis und Edessa. Der Preis war aber hoch. Der Kreuzzug war äußerst verlustreich und das Vorgehen der Kreuzfahrer selbst für die damalige Zeit extrem grausam. Ein weiteres Desaster war der Kreuzzug der Armen; bereits vor den Rittern machten sich im Frühjahr 1096 ca. 100.000 Menschen, darunter auch viele Frauen, Kinder und Alte, auf den Weg ins Heilige Land. Sie kamen hauptsächlich aus Gegenden, in denen kurz vorher Hungersnöte geherrscht hatten, und wurden wohl durch das päpstliche Versprechen, vollständigen Ablass aller Sünden zu erlangen, angelockt. Um sich auf ihrem Zug zu versorgen, plünderten sie viele Städte. Ein Teil erging sich in gezielten Pogromen gegen Juden, die man der Kumpanei mit den Muslimen verdächtigte. In Anatolien wurden die Armenheere dann von den Seldschuken vernichtet und die Überlebenden in die Sklaverei verkauft.

KREUZZUG GEGEN WENDEN UND GRIECHEN

1144 eroberten die Türken die Grafschaft Edessa zurück. Dies war der Anlass zum Zweiten Kreuzzug, der jedoch scheiterte. 1188 besiegte dann der neue Machthaber im Nahen Osten, Sultan Saladin (um 1137–93), auch die übrigen Kreuzfahrerstaaten. Es folgte der

Dritte Kreuzzug, der Kaiser Friedrich Barbarossa (1122–90) das Leben kostete. Das Resultat waren zwei neue Kreuzfahrerstaaten um Akkon und auf Zypern. Jerusalem aber blieb muslimisch. Dies war auch schon der letzte „klassische" Kreuzzug, der eine Eroberung Jerusalems zum Ziel hatte. Schon parallel dazu hatte der „Wendenkreuzzug" stattgefunden. Einige deutsche Adlige, angeführt von Heinrich dem Löwen (1129–95), die keine Lust auf den richtigen Kreuzzug hatten, hatten den Papst genötigt, ihnen seinen Segen zu einem Kreuzzug gegen die Wenden, die größtenteils noch heidnischen Slawen östlich der Elbe, zu geben. Die soge-

Die Einnahme Jerusalems 1099

nannten Kreuzfahrer nutzten das als Auftakt, die Gebiete zu erobern und gewinnbringend zu kolonisieren. Den Vierten Kreuzzug (1202–04) missbrauchte Enrico Dandolo (1107–1205), der greise Doge von Venedig, um eine private Rechnung mit Byzanz zu begleichen. Die Kreuzfahrer nahmen Konstantinopel ein, plünderten die Stadt und gründeten das Lateinische Kaiserreich, das bis 1261 Bestand hatte. Wie viele Kreuzzüge es insgesamt gegeben hat, kann man nicht sagen, denn es hängt davon ab, was man als Kreuzzug gelten lässt. Bis etwa 1400 wurden alle gewaltsamen Aktionen gegen Muslime, Juden, orthodoxe Griechen, heidnische Slawen oder christliche Ketzer als Kreuzzüge bezeichnet. Eingebracht haben sie einige kulturelle Errungenschaften aus dem Osten, den Beginn des Judenhasses in Westeuropa und einen moralischen Makel für die christlich-abendländische Kultur, der bis heute fortbesteht.

Büste von Friedrich Barbarossa

DSCHINGIS KHAN

Dschingis Khan

mächtige Feinde, die ihn vernichten wollten. Trotzdem gelang es ihm, Verbündete zu finden und seine Feinde einen nach dem anderen auszuschalten. Im Jahr 1206 berief er dann eine Versammlung aller mongolischen Fürsten ein, die ihn zu ihrem Oberhaupt wählte und ihm den Titel Dschingis Khan (ozeangleicher Herrscher) verlieh.

DIE EROBERUNG DER WELT

Dschingis Khans Erfolgsrezept scheint schon während seines Aufstiegs zum obersten Mongolen-Khan Folgendes gewesen zu sein: absolute Härte, absolute Disziplin und die Aussicht auf reiche Belohnung. Er ließ die mongolischen Gesetze aufzeichnen, um Willkür zu verhindern, verlangte unbedingten Gehorsam, bestrafte jedes Vergehen rigoros und entschied allein über die Verteilung der Beute und den sozialen Aufstieg. Anstatt alter Hierarchien und Clanzugehörigkeit zählte nur noch, wie gut sich jemand im Krieg bewährte. Um dieses System aber aufrechterhalten zu können, musste er zwangsläufig ständig Kriege führen und Beute machen. Im Jahr 1206 umfasste sein Herrschaftsgebiet in etwa die heutige Mongolei und die Gegend um den Baikalsee. Als Erstes unterwarf er andere asiatische Nomadenstämme und vergrößerte so seine Streitmacht. Im Jahr 1211 griff er das chinesische Nordreich an und unterwarf es. Korea wurde tributpflichtig. 1220 eroberte er das persische Choresm-Reich. Wie schon über 800 Jahre zuvor die Hunnen setzten auch die Mongolen vor allem auf schnelle Reiterangriffe mit hervorragenden Bogenschützen. Darü-

Glaubt man der *Geheimen Geschichte der Mongolen*, die während der Herrschaft von Dschingis Khans Söhnen aufgezeichnet wurde, dann brachte es Temudschin (um 1160–1227), wie der eigentliche Name des Khans lautete, vom absoluten Außenseiter zum Herrscher eines Weltreiches. Als er etwa neun Jahre alt war, wurde sein Vater von Tataren vergiftet. Da es keinen erwachsenen Anführer mehr gab, zerfiel die Gefolgschaft seines Vaters und Temudschin blieb mit seiner Mutter und seinen jüngeren Geschwistern in Armut zurück. Da er aber aus einer der bedeutendsten Familien stammte – sein Urgroßvater Kabul Khan hatte um 1130 schon einmal eine kurzfristige Oberherrschaft über die mongolischen Stämme errungen –, hatte er jedoch auch

DAS WICHTIGSTE IN KÜRZE:
- Im Jahr 1206 wurde Dschingis Khan zum Großkhan aller Mongolen gewählt.
- Die Mongolen eroberten das größte Reich, das es bis dahin in der Geschichte gegeben hatte.

ber hinaus operierte Dschingis Khan ebenso taktisch geschickt wie erbarmungslos. Städte wurden ausgehungert, Transportwege abgeschnitten, fliehende Feinde verfolgt und bis zum letzten Mann niedergemacht. Demonstrationen rücksichtsloser Grausamkeit sollten die Feinde einschüchtern und zur schnelleren Aufgabe bewegen. Dabei kam ihm allerdings auch zugute, dass weder China noch Persien sich damals in einem besonders stabilen Zustand befanden. Von den unterworfenen Völkern forderte Dschingis Khan nur Tribut und Gehorsam, ihre Kultur tastete er nicht an. Stattdessen griff er auf ihre Beamten zurück, um sein immer größer werdendes Reich zu verwalten, und ließ ab 1220 auch Künstler in seine neue Hauptstadt Karakorum in der westlichen Mongolei kommen. Als er starb, reichte Dschingis Khans Reich vom Kaspischen bis zum Chinesischen Meer.

DIE ERBEN

Nachfolger als Großkhan wurde sein Sohn Ögedei (um 1186–1241), während die anderen Söhne und Enkel Teilkhanate erhielten. Als militärisch besonders erfolgreich erwies sich Dschingis Khans Enkel Batu (1205–55), der die russischen Fürstentümer eroberte und dort das Khanat der Goldenen Horde gründete. 1241 eroberte er den Süden Polens und schlug am 9. April 1241 ein deutsch-polnisches Heer unter Führung des polnischen Herzogs Heinrich II. von Schlesien (um 1200–41), drang anschließend nach Böhmen und Mähren ein, schlug schon zwei Tage später den ungarischen König Bela IV. (1206–70) und stieß weiter bis zur Adria vor. Am 11. Dezember 1241 jedoch starb der Großkhan Ögedei und Batu kehrte im nächsten Frühjahr nach Karakorum zurück, um bei der Fürstenversammlung anwesend zu sein, die den

nächsten Herrscher bestimmte. Danach widmete er sich der Sicherung seiner Herrschaft in Südrussland. Dschingis Khans zweiter bedeutender Erbe war Batus Cousin Kublai (1215–94). Der sehr gebildete Enkel Dschingis Khans tat sich in seiner Jugend weniger als Eroberer denn als Verwalter Nordchinas hervor. 1260 jedoch machte er sich selbst zum neuen Großkhan und setzte sich militärisch gegen seinen eigenen Bruder und die konservativen Fürsten durch, die die Annäherung an die chinesische Kultur und die Sesshaftwerdung ablehnten und sich stattdessen weiter Eroberungszüge à la Dschingis Khan wünschten. 1264 verlegte Kublai seine Hauptstadt nach Peking, 1267 startete er die Eroberung des chinesischen Südreichs und ab 1271 nannte er sich selbst Kaiser von China. Er konnte die Eroberung von ganz China erfolgreich abschließen und auch alle Revolten gegen seine Person niederwerfen, scheiterte aber zweimal an der Eroberung Japans. Doch auch so reichte sein Reich von Ungarn bis nach Korea und war über 30 Millionen Quadratkilometer groß.

Dschingis Khan

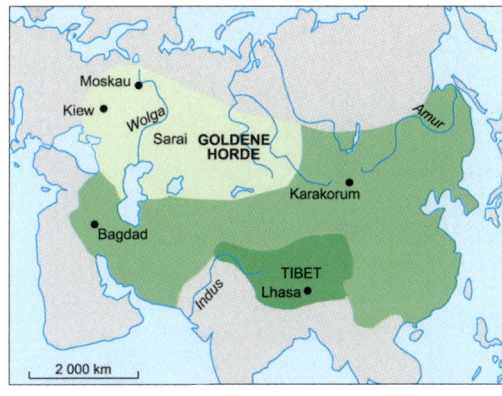

Die Goldene Horde

Dschingis Khan

DAS ENDE DER STAUFER

Kaiser Friedrich II.

Heinrich IV. in Canossa mit Abt Hugo von Cluny und Mathilde von Tuszien

---

DAS WICHTIGSTE IN KÜRZE:
- Im Jahr 1250 starb Kaiser Friedrich II. von Hohenstaufen.
- Dies markierte das Ende der Vorrangstellung des mittelalterlichen Kaiserreiches.

Die Kyffhäuser-Legende erzählt, dass im Inneren dieses Berges Kaiser Friedrich sitze und schlafe. Eines Tages jedoch werde er wiederkommen und mit ihm auch wieder „des Reiches Herrlichkeit." Im 19. Jahrhundert hat man diese Sage auf den populäreren Kaiser Friedrich Barbarossa bezogen. Ursprünglich jedoch galt sie seinem Enkel Friedrich II. (1194–1250). Denn dessen Tod markierte tatsächlich das Ende des alten Kaiserreichs.

KAMPF MIT DEM PAPST

Die besondere Stellung des römisch-deutschen Kaiserreichs war durch die Allianz mit den Päpsten zustande gekommen. Die jedoch war in der Zeit von Heinrich IV. (1050–1106) zerbrochen und auch durch dessen legendären Bittgang nach Canossa (1076/77) nicht wirklich gekittet worden. Stattdessen neigten die Päpste sich mehr und mehr Frankreich zu. Daneben waren im 11. Jahrhundert andere starke europäische Königreiche entstanden: England, Kastilien, Dänemark, Polen, Böhmen und Ungarn. Die mächtigen und charismatischen Stauferkaiser konnten sich zwar

behaupten, doch als der Freigeist Friedrich II. am 13. Dezember 1250 – wohl an Typhus oder Ruhr – starb, hinterließ er seinen Nachkommen ein tödliches Erbe: den Hass der Päpste.

Diese und ihr neuer starker Arm Karl I. von Anjou (1226–85), der Bruder des französischen Königs, führten einen Vernichtungsfeldzug, dem Friedrichs uneheliche Söhne und sein Enkel Konradin (1252–68) zum Opfer fielen und der Karl Neapel und Sizilien einbrachte. Friedrichs ehelicher Sohn Konrad IV. (1228–54) kämpfte bis zu seinem frühen Tod ohne großen Erfolg gegen die deutsche Adelsopposition. Danach wählte eine Minderheit der Fürsten Könige wie Wilhelm von Holland, Richard von Cornwall und Alfons von Kastilien, die sich kaum oder nie in Deutschland blicken ließen. Während dieser Jahre, die auch als Interregnum bezeichnet werden, setzten sieben Kurfürsten – wohl mit päpstlicher Hilfe – das Recht durch, künftig alleine die Könige wählen zu dürfen. 1273 einigten sie sich auf Rudolf von Habsburg (1218–91). Der sorgte zwar wieder für halbwegs geordnete Verhältnisse, stand aber vor dem Problem, dass es kaum noch königliche Rechte gab, die Macht und Einkommen garantierten. Also wurde es zum Hauptaugenmerk von Rudolf und seinen Nachfolgern, sich eine Hausmacht zu sichern. Damit hatte das Kaisertum sowohl innen- als auch außenpolitisch seinen Glanz und einen Großteil seiner Bedeutung eingebüßt. Außer den Kurfürsten gab es aber noch einen anderen Gewinner: das städtische Bürgertum, das im chaotischen Kaiserreich wohlhabender und bedeutender als in den zentral regierten Nachbarländern wurde.

SCHIESSPULVER UND KANONEN

Der Legende nach soll das Schieß- oder Schwarzpulver im Jahr 1353 von einem Freiburger Franziskanermönch namens Berthold Schwarz erfunden worden sein. Er zerstampfte bei alchimistischen Experimenten Salpeter, Schwefel und Kohle in einem Mörser und erhitzte das Gemisch dann, woraufhin es explodierte. Ob dieser Berthold Schwarz je gelebt hat, weiß man nicht. Ganz sicher aber kam das erste Schwarzpulver schon früher zum Einsatz. Am 3. September 1260 erlitten die Mongolen bei Ain Djalut in der heutigen palästinensischen Westbank gegen das ägyptische Mamelukenreich ihre erste große Niederlage. Dabei verwendeten die Mamelucken kleine Handkanonen, die in erster Linie dazu dienten, die Pferde der Mongolen zu erschrecken, und nicht dazu, jemanden zu töten. Entscheidend für den Sieg waren wohl auch nicht die Kanonen, sondern die bessere Taktik der gut gepanzerten Mamelucken, die es schafften, der leicht bewaffneten mongolischen Reiterei einen Nahkampf aufzuzwingen. Wenige Jahre später eroberten die Mongolen China, kamen so selbst in den Besitz von Schießpulver und verwendeten 1279 ihrerseits Kanonen bei ihrem – missglückten – Invasionsversuch in Japan.

NEUE WAFFEN FÜR EUROPA

Die meisten Historiker gehen davon aus, dass die Chinesen die Ersten waren, die entdeckten, dass sich mithilfe von Salpeter explosive Mischungen herstellen lassen. Ein erstes Rezept findet sich in einem Buch aus dem 11. Jahrhundert, aber es ist möglich, dass die Chinesen schon in früheren Schlachten „Feuerlanzen" einsetzten, Bambusrohre, die mit einer Salpetermischung gefüllt waren und explodierten, aber noch keine Projektile verschossen. Wahrscheinlich übernahmen arabische Alchimisten das Geheimnis im 12. Jahrhundert von den Chinesen, entdeckten aber Mittel und Wege, reineren Salpeter herzustellen, was die Sprengkraft wesentlich erhöhte.

Berthold Schwarz

In Europa beschrieb der britische Gelehrte Roger Bacon (um 1214–94) kurz vor der Schlacht von Ain Djalut das erste Mal Schießpulver und seine einzelnen Bestandteile. Möglicherweise war es eine sehr kurzfristige Allianz zwischen dem Kreuzfahrerstaat Antiochia und den Mongolen gegen die Muslime im Jahr 1259, über die das erste Schießpulver nach Europa kam. Mit Beginn des 14. Jahrhunderts hielten Gewehre und Kanonen dann Einzug in die europäischen und asiatischen Armeen. Um 1350 war der Einsatz von Kanonen in europäischen Schlachten üblich. Gerade der Hundertjährige Krieg zwischen England und Frankreich (1337–1453) führte zu einer massiven Weiterentwicklung der neuen Waffen.

DAS WICHTIGSTE IN KÜRZE:
- **Spätestens in der Schlacht von Ain Djalut im Jahr 1260 kamen zum ersten Mal Kanonen zum Einsatz.**
- **Damit hatte das Zeitalter der Feuerwaffen begonnen.**

Pulverherstellung im Beisein von Dämonen. Am Tiegel der Benediktinermönch Berthold Schwarz

DER SCHWARZE TOD

Siegesritt des Todes. Wandmalerei aus dem Dom von Palermo

Als die Mongolen der Goldenen Horde im Jahr 1346 die genuesische Handelsmetropole Kaffa (heute Feodossija) auf der Krim belagerten, brach in ihren Reihen plötzlich eine rätselhafte Seuche aus. Um sich der Toten zu entledigen und ein weiteres Umgreifen der Krankheit zu vermeiden, verfielen die Belagerer auf eine perfide Idee. Sie katapultierten die Leichname in die Stadt. Obwohl die Einwohner von Kaffa die Toten sofort ins Meer warfen, steckten sie sich an. Im nächsten Jahr kamen die ersten Schiffe mit erkrankten Matrosen nach Genua, Venedig, Marseille und Barcelona, aber auch nach Kairo und Konstantinopel. Obwohl die Verwaltungen der Hafenstädte ankommende Schiffe sehr schnell unter Quarantäne stellten und die Mannschaft erst an Land gehen ließen, wenn sicher war, dass keine Pestkranken an Bord waren, breitete sich die Krankheit rasend schnell aus – womöglich über Ratten, die über die Schiffstaue an Land kamen.

RÄTSELHAFTE SEUCHE

Man weiß heute, dass die Seuche etwa um 1330 in China oder in der Mongolei ausbrach und sich über viel benutzte Handelswege wie die Seidenstraße nach Westen verbreitete. Wahrscheinlich war die Belagerung von Kaffa nicht die einzige Gelegenheit, bei der europäische Händler sich ansteckten, sondern nur die spektakulärste. Über die Opferzahlen in Asien und Nordafrika weiß man wenig. Schätzungen gehen aber von mindestens 50 Millionen aus. Ob es sich aber wirklich um die Pest – hervorgerufen durch das Pestbakterium Yersinia pestis – handelte, ist in der Fachwelt heute umstritten. Es wird auch über Virenerkrankungen, ähnlich dem berüchtigten Ebolavirus, diskutiert. Von den Hafenstädten des Mittelmeers aus breitete sich die Seuche über ganz Europa aus und erreichte 1352 schließlich sogar den äußersten Norden. Manches daran war logisch, etwa dass Städte, in denen die Menschen auf engstem Raum lebten, weitaus stärker betrof-

> **DAS WICHTIGSTE IN KÜRZE:**
> - Im Jahr 1347 brachten genuesische Handelsschiffe die Pest nach Europa.
> - Sie raffte innerhalb von fünf Jahren etwa ein Drittel der Bevölkerung dahin.

fen waren als ländliche Gebiete. Anderes war völlig rätselhaft: Zwischen Magdeburg und der Westukraine gab es einen großen Landstrich, der kaum betroffen war. Ebenso verschonte die Pest die Städte Mailand und Brügge. In Florenz dagegen überlebte nur jeder Fünfte. Die meisten Toten forderte die Seuche in Italien und Frankreich, aber auch in England, während Deutschland relativ glimpflich davonkam. Man schätzt, dass hier nur etwa 10 Prozent der Bevölkerung starben, während es in ganz Europa etwa 20 bis 25 Millionen waren, was einem Drittel aller Einwohner entsprach. Möglicherweise traf die Pest vielerorts auch auf eine geschwächte Bevölkerung, denn zu Beginn des 14. Jahrhunderts hatte es zahlreiche Missernten gegeben, die Folge war der „Große Hunger", der zwischen 1315 und 1317 in Nordeuropa mindestens 10 Prozent der Bevölkerung tötete.

GEISSLERZÜGE UND POGROME

Die Ärzte im damaligen Europa standen der Krankheit völlig hilflos gegenüber. Am besten bewährte sich wohl noch der Rat, sich durch Rauch zu schützen – vermutlich weil dieser die Rattenflöhe abhielt, die die Krankheit übertrugen. In vielen Städten wie London, Paris, Lübeck, aber auch dem gar nicht betroffenen Brügge kam es zu Aufständen. Außerdem machte sich das Gerücht breit, die Juden seien für den Ausbruch der Krankheit verantwortlich, weil sie die Brunnen vergiftet hätten. Dies führte gerade in Städten, die noch nicht betroffen waren, zu Pogromen, weil man hoffte, durch die Ermordung und Vertreibung der örtlichen Juden ein Brunnenvergiften und damit die Krankheit noch verhindern zu können. Zwar rief Papst Clemens VI. (um 1290–1352) alle Landesherren auf, die Juden zu schützen, doch

in den meisten Gegenden wurde dies nicht umgesetzt. Ein leuchtendes Gegenbeispiel war der polnische König Kasimir der Große (1310–70), der zahlreichen vertriebenen Juden aus Deutschland Exil gewährte. Viele Menschen sahen die Pest aber auch als Strafe Gottes und suchten ihr Heil in Wallfahrten und Bußübungen. Vor allem extreme Sekten wie die Flagellanten, die sich selbst geißelnd durch die Städte zogen, hatten großen Zulauf. Andere dagegen versuchten wohl, ihr Leben vor dem sicher scheinenden Tod noch möglichst intensiv zu genießen. In der Fortführung eines normalen Arbeitslebens sah jedenfalls kaum mehr einer einen Sinn, was Wirtschafts- und Sozialleben zusammenbrechen ließ. Doch so schnell die Seuche gekommen war, so schnell ging sie auch vorüber. Wer eine Welle überlebt hatte, war immun geworden. Wie aber lebte eine Gesellschaft weiter, die ein Drittel ihrer Mitglieder verloren hatte? Erstaunlich gut, lautet das Resümee der Wissenschaftler. Der massenhafte Tod bot auch eine Chance für die Überlebenden, die nun bessere Berufe ergreifen oder mehr Land bearbeiten konnten. Die Zünfte mussten sich zwangsläufig für neue Mitglieder öffnen und die bessere Versorgungslage führte auch dazu, dass mehr Kinder überlebten und der Aderlass allmählich wieder ausgeglichen werden konnte. Das Vertrauen in Obrigkeit und Kirche, aber auch in alte Denkweisen war stark erschüttert, was einerseits zu einer Offenheit für neue Ideen, andererseits aber auch zu einem Gefühl der Entwurzelung und damit zu einer Anfälligkeit für Intoleranz führte.

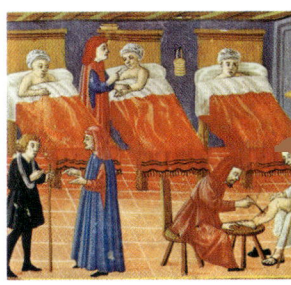
Behandlung einer Pestwunde

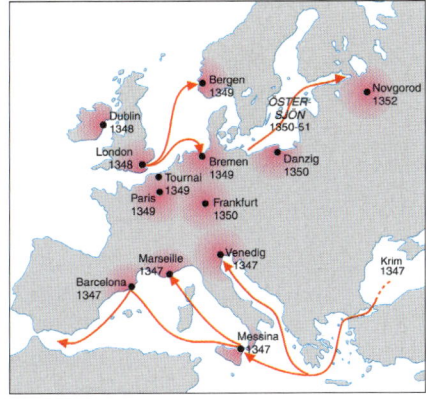
Die Ausbreitung der Pest

Flagellanten

DER STAAT DER MING

Kaiser Hongwu

Der Gelbe Fluss war schuld. Dieser gewaltige, fast 5000 Kilometer lange Strom bringt nicht nur Wasser, sondern auch große Mengen von Sedimenten aus dem Hochland von Tibet in die ostchinesische Tiefebene. Damit baut er sich selbst Dämme, die jedoch auch immer wieder einbrechen können, was zu ständigen Überschwemmungen und Verlagerungen des Flussbettes führt. 1324 war das wieder einmal der Fall, was Millionen von Menschen den Hungertod kostete. Gleichzeitig erhöhten die mongolischen Kaiser die Steuern, um ihr instabiler werdendes Reich zusammenzuhalten. Als sie 1351 auch noch Hunderttausende Zwangsarbeiter rekrutierten, um einen neuen Kanal bauen zu lassen, kam es zu einem Volksaufstand, der von der sozialreligiösen Gruppe der Roten Turbane initiiert wurde. Ihrem Leiter, dem Bauernsohn und Mönch Zhu Yuanzhang (1328–98), ging es jedoch weniger um soziale oder religiöse Reformen als um die Macht. Er setzte sich unter den Rebellenführern durch und schlug Kaiser Toghan Timur (1320–70) in die Flucht. Unter dem Namen Hongwu machte er sich 1368 selbst zum neuen Kaiser von China.

> **DAS WICHTIGSTE IN KÜRZE:**
> • Im Jahr 1368 wurden die mongolischen Herrscher Chinas gestürzt.
> • Danach schufen die Ming-Kaiser einen Staat, dessen wesentliche Strukturen sich bis 1911 kaum änderten.

DER WEG IN DIE ISOLATION

Hongwu war ein tatkräftiger Mensch und ein exzellenter Organisator, aber auch extrem misstrauisch. Er änderte die wirtschaftspolitische Ausrichtung, indem er die Landwirtschaft und nicht den Handel wie die Mongolen förderte. Dies kam der breiten Masse der Bevölkerung zugute, führte unter seinen Nachfolgern aber zu einer Finanzkrise. Er schuf einen gut durchorganisierten Verwaltungsapparat und eine ständische Gesellschaft, in der jeder in seine berufliche Kaste hineingeboren wurde. Politisch regierte er absolutistisch und war wie später Ludwig XIV. von Frankreich „sein eigener Kanzler", was unter schwachen Nachfolgern dazu führte, dass hohe Beamte, Günstlinge oder Haremsfrauen um die wahre Macht intrigierten. Zu seinem Staatsapparat gehörte eine starke Geheimpolizei, die immer wieder Säuberungen durchführte. Außenpolitisch ging er offensiv vor, unterwarf Korea und nahm Einfluss in Vietnam und Japan. Sein Sohn Yongle (1360–1424) organisierte große Entdeckungsexpeditionen im gesamten Pazifik. Diese waren aber enorm kostspielig und als es 1430 zu einer Serie von Dürren, Hungerkatastrophen und Pestepidemien kam, stellte Yongles Urenkel die chinesische Seefahrt nahezu ein. China begann sich fast vollständig von seiner Außenwelt abzuschotten.

Kaiser Yongle

DAS ERBE DSCHINGIS KHANS

Am 18. Februar 1294 starb in Peking Kaiser Shizu, besser bekannt unter dem Namen Kublai Khan. Sein Reich, so wurde später erzählt, sei so sicher gewesen, dass es eine Jungfrau mit einem Beutel voll Gold hätte durchqueren können, ohne belästigt zu werden. Obwohl dies wohl ziemlich übertrieben ist, sprechen auch seriöse Wissenschaftler von einer Pax Mongolica (mongolischer Frieden), einer – aufgezwungenen – Friedensordnung, die Fehden und Kriege unterdrückte und deshalb für Stabilität und Aufschwung sorgte. Unter Kublai Khan erlebte die Seidenstraße ihre Blütezeit und lockte u. a. auch Marco Polo (um 1254–1324) nach China. Nach Kublais Tod konnten sich die Mongolen jedoch auf keinen Großkhan mehr einigen. Während seine Nachkommen noch bis 1368 in China herrschten, wurden sowohl das Khanat der Goldenen Horde in Russland als auch das Ilkhanat (Persien und Naher Osten) sowie das Tschagatai-Khanat (Zentralasien) selbstständig. Mitte des 14. Jahrhunderts begannen diese Khanate zu zerfallen. Im Tschagatai-Khanat setzte sich ein turkmongolischer Kleinadliger durch: Timur Leng, auch Tamerlan genannt.

SCHÄDELTÜRME UND VERBRANNTE ERDE

Timur (1336–1405) wurde im heutigen Usbekistan geboren, trat zunächst in die Dienste eines lokalen Emirs und kämpfte sich in zahlreichen Bürgerkriegen und Clanfehden hoch, bis er sich schließlich zum Emir von Transoxanien (Zentralasien zwischen Kaspischem Meer und Pamirgebirge) ausrief. Timur, der wegen einer Verwachsung am rechten Bein und der rechten Schulter „der Lahme" (Leng) genannt wurde, hatte eine Nachfahrin von Dschingis Khan (um 1160–1227) geheiratet und sah sich als dessen Erbe. Seine Eroberungszüge erstreckten sich auf ein Gebiet zwischen Delhi und Ankara. Seine Opfer, aus deren Schädeln er oft Pyramiden bauen ließ, werden auf bis zu 17 Millionen geschätzt. Handwerker und Künstler jedoch verschleppte er in seine Hauptstadt Samarkand, die er prachtvoll ausbauen ließ. Bevor er auch das chinesische Kaiserreich angreifen konnte, starb er nach einem Alkoholexzess. Usbekistan erlebte während seiner Herrschaft eine Blütezeit, weite Teile des Nahen und Mittleren Ostens verwüstete Timur aber derart, dass viele Forscher hierin eine der Ursachen sehen, dass Asien in dieser Zeit seinen kulturellen Vorsprung gegenüber Europa verlor. Auch militärisch profitierte Europa, da Timurs Kämpfe gegen die Osmanen Byzanz entlasteten und die Goldene Horde schwächten, sodass sich Russland 1480 von der Herrschaft der Mongolen und Tataren befreien konnte.

Kublai Khan

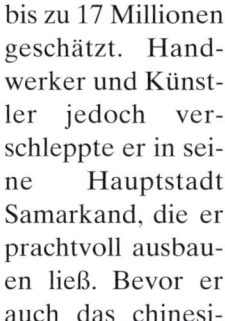

DAS WICHTIGSTE IN KÜRZE:
- **Am 10. April 1370 rief sich Timur Leng zum Herrscher von Transoxanien aus.**
- **Anschließend zerstörte er große Teile Asiens.**

Timur Leng reitet in seine Residenzstadt Samarkand

DER FALL KONSTANTINOPELS

Belagerung Konstantinopels durch die Türken 1453

Während Timur Leng (1336–1405) Asien verwüstete, wurde das Osmanenreich zur stärksten islamischen Macht. Konstantinopel jedoch war mehr als eine Stadt. Kaiser Konstantin (um 280–337) hatte seine neue Hauptstadt einst hierher verlegt, weil die Lage strategisch ideal war. Konstantinopel kontrollierte den Bosporus, die Durchfahrt vom Schwarzen Meer ins Mittelmeer. Es war immer noch eine Handelsmetropole und der Garant für den Austausch von Waren und Kultur zwischen Europa und Asien. Geschützt war es durch eine dreifache Reihe von Mauern und Wällen – die wahrscheinlich stärkste Befestigung seiner Zeit. Viele Eroberer hatten schon versucht, es einzunehmen, doch gelungen war dies nur einmal: im Jahr 1204, und zwar den Rittern des Vierten Kreuzzuges.

DIE BELAGERUNG

Da sie aus dem Westen keine Hilfe bekamen, versuchten die oströmischen Kaiser, sich aus der Umklammerung der Türken zu befreien, indem sie sich in deren innere Angelegenheiten mischten. Kurz vor seinem Tod hatte Timur Leng auch den Osmanen noch eine schwere Niederlage zugefügt. Als kurz danach auch noch deren Sultan starb, kam es zu einem Bruderkrieg, in dem die Byzantiner Mehmed I. (1389–1421) unterstützten, der ihnen das mit einem Bündnis dankte. Sein Nachfolger Murad II. (um 1403–51) dachte jedoch gar nicht daran, es fortzuführen. Also unterstützten die Byzantiner Revolten gegen ihn, die jedoch schei-

Im Jahr 1453 war vom Oströmischen Reich fast nur noch die Stadt Konstantinopel übrig. Anatolien und große Teile des Balkans waren bereits in der Hand der Türken oder genauer gesagt der Osmanen. Nach der Schwächung des Seldschukenreichs durch die Mongolen hatte sich der Stammesführer Osman 1299 zum eigenständigen Sultan erklärt und nach und nach begonnen, Anatolien zu unterwerfen.

DAS WICHTIGSTE IN KÜRZE:
- Am 29. Mai 1453 nahmen die Türken Konstantinopel ein.
- Dies bedeutete das Ende des Byzantinischen Reiches, während das Osmanische Reich zu einem Sperrriegel zwischen Europa und Asien wurde.

terten. Für Murads Sohn Mehmed II. (1430–81) war die Eroberung Konstantinopels deshalb das wichtigste politische und persönliche Ziel. Am 2. April 1453 – dem Ostermontag – begann Mehmed seinen Angriff auf die Stadt zunächst von der Landseite her mit Kanonen. Diese aber waren zu jener Zeit noch nicht von besonders guter Qualität. Nach jedem Schuss mussten die Rohre abkühlen, was den Belagerten Gelegenheit gab, die Schäden zu reparieren. Also ließ Mehmed eine „Landbrücke" bauen, auf denen er seine Schiffe über Land in die von der See her nicht einnehmbare, als Hafen genutzte Bucht nördlich der Stadt, das Goldene Horn, transportieren ließ. Nun konnte er Schiffe, die die Stadt mit Nahrungsmitteln versorgten, am Auslaufen hindern. Außerdem versuchte er, die Mauern zu untertunneln, was die Verteidiger jedoch entdeckten und verhinderten. Am 23. Mai erfuhr Kaiser Konstantin XI. (1404–53), dass die versprochene venezianische Flotte nicht in Sicht war. Am 28. Mai ließ Mehmed II. seine Soldaten verschnaufen und beten, am 29. startete er einen konzentrierten Angriff, der eine große Bresche in die Mauern schlug. Aber laut der griechischen Geschichtsschreibung konnte diese verteidigt werden und Konstantinopel fiel, weil ein kleines Nebentor unverschlossen war und die Türken den Verteidigern in den Rücken fielen. Angeblich soll ein griechischsprachiger Türke bei der Stürmung „Eis ten polin" (Hinein in die Stadt) gerufen haben, was Konstantinopel seinen heutigen Namen Istanbul beschert haben soll. Wirklich geklärt ist die Herkunft des Namens aber nicht.

TRENNUNG VON ASIEN UND EUROPA

Mehmed II. machte Konstantinopel zu seiner neuen Hauptstadt und eroberte von hier aus den Rest Südosteuropas und die Krim. Damit war die traditionelle Verbindung zwischen Europa und Asien endgültig gekappt. Der ungebrochene Expeditionsdrang der osmanischen Herrscher schuf eine über mehr als 200 Jahre ständig umkämpfte Grenze zwischen ihrem Reich und den europäischen Anrainerstaaten. Dass sich die europäischen Länder nur wenig später Seehandelswege zu anderen Kontinenten erschlossen, lag nicht nur im Ehrgeiz aufstrebender Mächte wie Portugal, England und Spanien begründet und schon gar nicht in bloßem Entdeckerstreben, sondern ganz entscheidend auch im Verlust der alten Handelswege. Für das Osmanische Reich dagegen bedeutete die Einnahme Konstantinopels eine Sicherung seiner Macht und einen Meilenstein auf dem Weg zu weiteren Eroberungen. Es konnte seinen Einfluss auch nach Osten ausdehnen und im 16. Jahrhundert Nordafrika, den Nahen Osten und die Küsten der Arabischen Halbinsel einnehmen. Damit herrschten die Osmanen nun auch über die heiligen Städte des Islam. In der Geschichtswissenschaft wird der Fall Konstantinopels gerne als Wendepunkt zwischen Mittelalter und Neuzeit gesehen. In Europa sorgte die Renaissance – nicht zuletzt bereichert durch griechische Flüchtlinge aus Byzanz – für ein neues pluralistisches Weltbild, das letztendlich zu so unterschiedlichen Ereignissen wie der Reformation, der Entdeckung Amerikas und der Hinwendung zu den Naturwissenschaften führte: ein Weg, der in Asien nicht in dieser Weise mitvollzogen wurde.

Mehmed II.

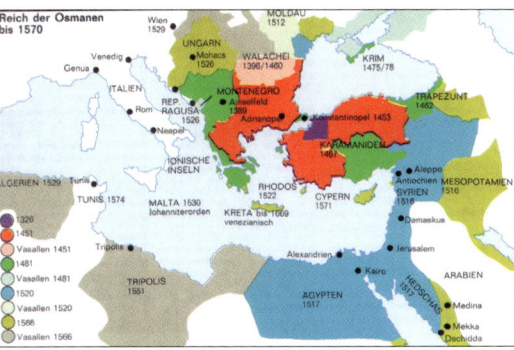

Die Ausdehnung des Osmanischen Reichs bis 1570

DER SIEG DER JUNGFRAU

Verbrennung der Jeanne d'Arc

Gefangennahme der Jeanne d'Arc

Im Januar 1429 sprach ein 17-jähriges Landmädchen in der nordostfranzösischen Festung Vaucouleurs vor. Als der Kommandant die hartnäckige Bittstellerin endlich empfing, erklärte sie, sie habe Visionen, in denen ihr die Heiligen Katharina, Margareta und Michael befohlen hätten, Frankreich von den Engländern zu befreien. Jeanne d'Arc (ca. 1412–31) trat derart überzeugend auf, dass der Kommandant sie mit einer Eskorte zum französischen Thronfolger Karl (1403–61) schickte. Dieser ließ Jeanne von Geistlichen prüfen, fertigte ihr dann eine Rüstung an und schickte sie mit einem Proviantzug in das von den Engländern besetzte Orleans. Dort angekommen, veranlasste Jeanne einen Ausfall, der zu einem Abzug der Engländer führte. Es folgten weitere Siege mit ihrer aktiven Beteiligung, die dazu führten, dass der Dauphin am 17. Juli in Reims zum König Karl VII. gekrönt werden konnte. Danach wurde ihr Einfluss durch eine Opposition am Hof und einen missglückten Versuch, Paris zu befreien, geschmälert. Im Mai 1430 wurde Jeanne von den Burgundern gefangen, an die Engländer verkauft und nach einem Ketzerprozess am 30. Mai 1431 verbrannt. Der Siegeszug der Franzosen jedoch

hielt an. 1453 endete der Krieg mit der Vertreibung der Engländer vom Kontinent (mit Ausnahme von Calais).

FRANKREICH AUF DEM TIEFPUNKT

Begonnen hatte der Krieg 1337. Der englische König Edward III. (1312–77) erhob als nächster Verwandter des verstorbenen französischen Königs Ansprüche auf den Thron, die der französische Kandidat mit der Annexion des englischen Besitzes in Frankreich (Aquitanien, Gascogne) beantwortete. Das Kriegsglück wechselte mehrmals. 1420 jedoch schien Frankreich geschlagen. Nach einigen glanzvollen Siegen des englischen Königs Heinrich V. (1387–1422) erklärte die französische Königin Isabella von Bayern (1371–1435) ihren eigenen Sohn für illegitim und Heinrich zum Thronfolger. Karl und seine Getreuen mussten sich in den Süden zurückziehen, während die Engländer den Norden in Besitz nahmen und hofften, mit dem Fall von Orleans den Durchbruch nach Süden zu schaffen. Ob den Franzosen und ihrem als sehr zögerlich beschriebenen Prinzen die Wende auch ohne Jeanne d'Arc gelungen wäre, darüber kann man nur spekulieren. Ein zweiter entscheidender Beitrag zum Sieg war sicher der Seitenwechsel des mächtigen Herzogs von Burgund vier Jahre nach Jeannes Tod. Frankreich kämpfte in diesem Krieg um seine Existenz und ging am Ende gestärkt daraus hervor, während England vom Kontinent vertrieben wurde. Ein anderer Kriegsverlauf hätte zu völlig anderen Machtverhältnissen in Europa führen können.

> **DAS WICHTIGSTE IN KÜRZE:**
> • Am 7. Mai 1429 befreite Jeanne d'Arc Orleans.
> • Dies brachte die notwendige Wende im Hundertjährigen Krieg, der 1453 mit dem Sieg Frankreichs endete.

DIE SCHWARZE KUNST

Jahrhundertelang waren die meisten Menschen in Europa ganz gut ohne Schriftstücke ausgekommen. Das änderte sich im Spätmittelalter. Das Zusammenbrechen alter Werte und Vorstellungen sowie der geistige Aufbruch der Renaissance führten dazu, dass die einen nach Orientierung suchten, die anderen nach neuen Ideen. Beides aber musste verbreitet werden. Bereits im 13. Jahrhundert gewann der Berufsstand der Kopisten an Bedeutung, der schneller, einfacher und billiger Texte und Grafiken herstellte als die Mönche in den Klöstern. Außerdem entstanden die ersten europäischen Papiermühlen außerhalb des islamischen Spaniens. Ab etwa 1400 verbreiteten sich Einblattdrucke, die mithilfe von Holzschnitten oder Metalldruckplatten hergestellt wurden. Am Anfang dominierten Bilddarstellungen, zu denen jedoch im Laufe der Zeit immer mehr Text dazukam. Auch ein paar gedruckte Bücher gab es, deren Seiten jeweils einzeln mühsam in Holztafeln geschnitten werden mussten.

GUTENBERG

Man weiß ziemlich wenig Gesichertes über jenen Johannes Gensfleisch (um 1400–68), der unter dem Namen Gutenberg bekannt geworden ist. Er arbeitete wohl zunächst als Goldschmied, Edelsteinpolierer und Spiegelmacher. 1439 muss er dann begonnen haben, sich mit dem Bau einer Druckerpresse zu beschäftigen. Einen Ausschlag könnte der Besuch einer Wallfahrt gegeben haben, wo Drucke mit religiösen Texten ein Verkaufsrenner waren. Kern seiner neuen Technik war das Verwenden einzelner aus Metall gegossener Lettern, die in Rahmen zu Druckstöcken zusammengefügt und nach dem Druck wieder auseinandergenommen wurden. Dergleichen hatte es zwar auch schon in China und Korea gegeben, doch dort hatte

Blick in eine Druckerwerkstatt

sich die Methode, wahrscheinlich wegen der Fülle komplizierter Schriftzeichen, nicht durchsetzen können. Für sein System musste Gutenberg jedoch auch Instrumente und Verfahren zum Gießen der Lettern, eine Druckerpresse und eine geeignete Druckerfarbe entwickeln. Um 1450 scheint er seine neue Technik vollendet und die ersten Drucke hergestellt zu haben. 1453 ging er das „Unternehmen Bibeldruck" an. Wenige Jahre später fanden sich schon in anderen Städten Drucker, die nach Gutenbergs Verfahren arbeiteten. Reformation und Bauernkrieg führten dann zu einem regelrechten Boom an Schrifterzeugnissen. 1521, vier Jahre nach Luthers erstem öffentlichem Auftreten, war schätzungsweise eine halbe Million Exemplare seiner Schriften im Umlauf. Die massenhafte Verbreitung von Schriftstücken löste bei größeren Bevölkerungsschichten das Bedürfnis aus, Lesen und Schreiben zu lernen, und förderte damit die Schulbildung.

> **DAS WICHTIGSTE IN KÜRZE:**
> - **Zwischen 1452 und 1454 druckte Johannes Gutenberg seine erste Bibel.**
> - **Die von ihm entwickelte Druckkunst führte schnell zu einem Boom an Druckwerken.**

Johannes Gutenberg

Luther-Bibel

DIE FATALE HEIRAT

Kaiser Maximilian I. mit seinem Sohn Philipp dem Schönen, seiner Gattin Maria von Burgund, seinen Enkeln Ferdinand I., Karl V. und Eleonore von Österreich

Am 18. August 1477 fand in der belgischen Stadt Gent eine Traumhochzeit statt. Maria, die zwanzigjährige, bildschöne Erbin von Burgund, heiratete Maximilian von Habsburg, den Sohn des römisch-deutschen Kaisers, zwei Jahre jünger als sie, überaus gebildet und später „der letzte Ritter" genannt. Das berühmte Bonmot „Lass andere Kriege führen. Du, glückliches Österreich, heirate!" soll angesichts dieser Hochzeit verfasst worden sein. Und zu allem Überfluss wurde aus der politisch arrangierten Heirat auch noch eine echte Liebesehe, der zwei bildschöne Kinder entsprangen: Philipp, der den Beinamen „der Schöne" trug, und Margarete, die später eine umsichtig und klug regierende Statthalterin der Niederlande wurde. Privat war diese Eheschließung also ein Volltreffer, politisch jedoch hochbrisant.

DAS WICHTIGSTE IN KÜRZE:

- **1477 heiratete Maximilian von Habsburg Maria von Burgund.**
- **Die Folge war eine jahrhundertelang andauernde Feindschaft zwischen Frankreich und dem Deutschen Reich.**

UMKÄMPFTES ERBE

Die Herzöge von Burgund hatten ihr Glück während des Hundertjährigen Krieges (1337–1453) gemacht. Durch Heirat, Kauf und Eroberungen hatten sie einen Besitz an sich gebracht, der außer Burgund auch noch die Grafschaft Luxemburg, das heutige Nordfrankreich sowie große Teile Belgiens und der Niederlande umfasste und teils französi-

sches, teils deutsches Lehnsgebiet war. Eigentlich waren die Burgunder Verwandte der französischen Könige, unterstützten aber zeitweise England, um sich von Frankreich unabhängig zu machen. Marias Vater Karl der Kühne (1433–77) spielte dann mit dem Gedanken, sich von Kaiser Friedrich III. (1415–93) zum König machen zu lassen – und damit den französischen Königen ebenbürtig zu werden. Im Gegenzug versprach er Friedrich die Hand seiner Erbtochter Maria (1457–82) für dessen Sohn Maximilian (1459–1519). Doch am 5. Januar 1477 fiel er in der Schlacht von Nancy. Der französische König Ludwig XI. (1423–83) sah seine Stunde gekommen und wollte Maria nötigen, seinen erst siebenjährigen Sohn Karl zu heiraten. Maria jedoch zog die von ihrem Vater arrangierte Heirat und damit den Konflikt mit Frankreich vor. Zwar eroberte Ludwig einige Provinzen, vor allem Burgund und die Picardie, aber Maria und Maximilian konnten die Niederlande und insbesondere die reichen belgischen Provinzen Flandern und Brabant verteidigen. Als dann 1496 ihr Sohn Philipp die spanische Erbin heiratete, wurde es ein primäres Ziel der französischen Politik, sich aus der habsburgischen Umklammerung zu befreien. Die ständigen Kriege zwischen beiden Mächten zogen den Großteil Europas jahrhundertelang in Mitleidenschaft.

Maria von Burgund

Maximilian I.

UMS KAP DER GUTEN HOFFNUNG

Den Anfang machte ein portugiesischer Prinz, den man später Heinrich den Seefahrer (1394–1460) nannte, obwohl er nie selbst an einer See-Expedition teilgenommen hatte. Er hatte zwei Visionen. Zum einen malte er sich aus, einen direkten Zugang zu den Schätzen Afrikas zu bekommen, die über Transsahara-Karawanen und nordafrikanische Händler nur spärlich nach Europa flossen. Zum anderen wollte er das Reich des legendären Priesterkönigs Johannes finden, das sich irgendwo im Inneren Afrikas befinden sollte. Das Reich des Johannes fand er nicht, aber die von ihm ausgerüsteten Schiffe entdeckten Madeira, die Azoren sowie die Kapverden und richteten entlang der afrikanischen Küste bis zur heutigen Sierra Leone Handelsposten ein. Unter Heinrichs Schirmherrschaft wurde mit der Karavelle ein neuer, den Entdeckungsreisen ideal angepasster Schiffstyp entwickelt. Außerdem gründete er eine Seefahrtsakademie, die die Erfahrungen aller Reisen auswertete und die nautischen Möglichkeiten weiterentwickelte. 1487 waren Fahrten entlang der afrikanischen Westküste schon längst zur Routine für die Portugiesen geworden. Bis Namibia war man inzwischen gekommen. Doch als Bartolomeu Diaz (um 1450–1500) im August mit drei Schiffen in See stach, hatte er einen höchst geheimen Auftrag des portugiesischen Königs Johann II. (1455–95): Er sollte versuchen, die Südspitze des Kontinents zu umfahren und einen Seeweg nach Indien und damit einen Zugang zu den lukrativen Gewürzmärkten finden.

◼ DER WEG NACH INDIEN

Als Diaz das heutige Südafrika erreichte, verlor er plötzlich die Küste aus den Augen. Starke Nordwinde trieben ihn tagelang nach Süden, ohne dass er Land sah. Außerdem wurde es immer kälter. Als Diaz dann endlich wieder gen Osten segeln konnte, konnte er die Küste jedoch auch nicht finden. Er probierte es mit der nördlichen Richtung und gelangte an die südafrikanische Ostküste. Er hatte Afrika umrundet, wenn auch in weitem Bogen. Den zweiten Teil seines Auftrags konnte er dann nicht mehr erfüllen. Seine Mannschaft litt so sehr an Skorbut, dass Diaz umdrehen musste. Nun segelte er am afrikanischen Südkap vorbei, das er Kap der Stürme nannte, das von seinem König aber in Kap der Guten Hoffnung umgetauft wurde. Elf Jahre später gelang es dann Vasco da Gama (um 1469–1524), die Route nach Indien zu finden. Weitere Expeditionen brachten die portugiesischen Seefahrer nach Indonesien, China und Japan, wo sie Handelsposten errichteten. Europa hatte sich einen direkten Zugang nach Ostasien geschaffen.

Bartolomeu Diaz

DAS WICHTIGSTE IN KÜRZE:
- **Im Jahr 1488 gelang es Bartolomeu Diaz, die Südspitze Afrikas zu umsegeln.**
- **Damit war der Wettlauf um einen Seeweg nach Indien eröffnet.**

Kap der Guten Hoffnung

DIE ENTDECKUNG AMERIKAS

Kolumbus landet in Amerika

Christoph Kolumbus

Die Portugiesen haben früher mehr Entdeckungsfahrten als die Spanier unternommen und auch mehr zur Entwicklung der europäischen Hochseeschifffahrt beigetragen. Trotzdem stehen sie im Schatten ihrer spanischen Nachbarn, da diese durch einen Zufall Amerika entdeckten. Dabei hat man am portugiesischen Hof vom damaligen Standpunkt her alles richtig gemacht, als man um das Jahr 1484 einem genuesischen Abenteurer namens Cristoforo Colombo einen Korb gab. Dieser schlug vor, nicht um Afrika herum zu segeln, um Indien zu erreichen, sondern einen Westweg zu suchen. Dass die Erde eine Kugel ist und es demzufolge möglich sein müsste, westwärts nach Indien zu kommen, war auch den portugiesischen Wissenschaftlern klar. Aber sie hatten realistische Vorstellungen vom Umfang dieser Kugel und waren sich klar, dass zwischen Westeuropa und Asien mindestens 20.000 Kilometer liegen mussten – viel zu viel, um genug Vorräte für die Mannschaft zu transportieren. Christoph Kolumbus (1451–1506) dagegen ging von weniger als 5000 Kilometern aus. Es gab also keinen Grund für die Portugiesen, ihre Suche nach der Ostroute aufzugeben. Außerdem hatten sie genug eigene erfahrene Seeleute und waren nicht auf einen Fremden angewiesen, auch wenn dieser der Schwiegersohn eines portugiesischen Seefahrers war. Also probierte es Kolumbus im Nachbarland.

FAHRT NACH WESTINDIEN

Zunächst biss er auch in Spanien auf Granit. Die katholischen Könige Ferdinand von Aragon (1452–1516) und Isabella von Kastilien (1451–1504), durch deren Heirat ein vereinigtes spanisches Königreich entstanden war, waren vollauf mit ihrem Krieg gegen das Sultanat Granada beschäftigt. Sie sahen es als ihre Mission an, die Reconquista, die christliche Wiedereroberung der Iberischen Halbinsel, zu vollenden und ihr Land von allen Nichtkatholiken zu reinigen. Kolumbus war schon auf dem Weg nach Frankreich, als Granada am 2. Januar 1492 nach zehn Jahren Krieg kapitulierte. Dank einflussreicher Fürsprecher, die er sich am Hof erworben hatte, konnte Kolumbus dann aber nicht nur eine Indienexpedition durchsetzen, sondern auch seine Forderungen nach dem Rang eines Vizekönigs und 10 Prozent der Einnahmen. Am 3. August 1492 stach er mit seinen Schiffen Santa Maria, Nina und Pinta in See. Am 12. Oktober erreichte er die Bahamas. Außerdem entdeckte er noch Kuba und Hispaniola, bevor er am 16. Januar 1493 die Heimreise nach Spanien antrat, wo er begeistert empfangen wurde.

Dass er einen neuen Kontinent entdeckt hatte, realisierte er jedoch Zeit seines Lebens nicht. Er glaubte, auf Inseln vor der indischen Küste gelandet zu sein, weshalb sich der Name Westindien einbürgerte. In drei weiteren Reisen versuchte er, eine Passage nach Indien zu finden, und betrat 1502 im heutigen Honduras erstmals amerikanisches Festland. Gegen die indianischen Ureinwohner ging er auf seinen späteren Fahrten äußerst brutal vor, tötete und versklavte sie in großer Anzahl, obwohl die spanischen Könige eine freundliche Missionierung forderten. Berichte über chaotische Zustände in seiner Kolonie auf Hispaniola sowie der Verlust einiger Schiffe sorgten dafür, dass der einstige Held später in Ungnade fiel.

DIE EROBERUNG AMERIKAS

Mit der Landung des Christoph Kolumbus auf den Bahamas beginnt die gemeinsame Geschichte Amerikas mit der „Alten Welt". Zwar waren wohl zuvor schon die Wikinger (um 1000) in Amerika gelandet, doch dies hat nur minimale Spuren hinterlassen, während die Entdeckung von 1492 zu gewaltigen Umwälzungen führte. Spanien und Portugal ließen sich 1494 vom Papst im Vertrag von Tordesillas ihre Einflusssphären bestätigen. Im Zuge dessen wurde Spa-

nien Amerika mit Ausnahme von Brasilien und Portugal wurden die heidnischen Gebiete östlich davon zugesprochen. Sowohl in Amerika als auch in Südostasien und Afrika stießen die Europäer im 16. Jahrhundert auf Kulturen, die ihnen in keiner Weise gewachsen waren und die sie deshalb gnadenlos wirtschaftlich ausbeuteten und die sie dabei auch weitgehend zerstörten. Teilweise versuchten die christlichen Missionare vergeblich, einen humaneren Weg der Kolonialisierung einzuschlagen, teilweise waren es jedoch auch sie, die die „heidnischen" Kulturgüter besonders radikal zerstörten.

Nordamerika wurde 1497 von Giovanni Caboto im Auftrag der britischen Krone gefunden, war aber anfangs für die Europäer mit Ausnahme der Fischgründe vor Neufundland relativ uninteressant. Bis 1585 interessierten sich nur ein paar französische Felljäger für das Land. Erst dann begannen britische Aussiedler mit der Gründung der ersten Kolonien. Berühmt wurden vor allem die Pilgrim Fathers, die England aus religiösen Gründen verließen und 1620 mit ihrem Schiff Mayflower an der Küste von Massachusetts landeten. Diese ersten Siedler suchten noch freundliche Beziehungen zu den Indianern und überlebten wohl nur mit deren Hilfe, während schon einige Jahrzehnte später mit der steigenden Zahl der Einwanderer auch hier die Bekämpfung und Verdrängung der Ureinwohner begann.

Die „Santa Maria" von Christoph Kolumbus

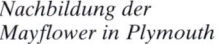

Nachbildung der Mayflower in Plymouth

EISZEIT UND UNRUHEN

Menschen auf einem zugefrorenen Kanal in den Niederlanden im Winter 1607/08

Aktuell sieht sich die Menschheit mit einer Aufheizung des Klimas und deren möglicherweise fatalen Folgen konfrontiert. In der Vergangenheit waren es eher die Kältezeiten, die Unglück über die Menschen brachten, während sich die wärmeren Perioden positiv auswirkten. Im frühen Mittelalter ab etwa 800 war es z. B. durchschnittlich um etwa 1 Grad wärmer als heute. Damals baute man in Norddeutschland Wein und fast bis zum Polarkreis Getreide an. Wann genau die Temperaturen zu sinken begannen, ist umstritten. Im 14. Jahrhundert starben die Wikinger auf Grönland vermutlich aus, weil sie mit der größer werdenden Kälte nicht mehr zurechtkamen. Spätestens ab 1500 sprechen die Forscher dann von einer Kleinen Eiszeit. Den Kälteeinbruch gab es auf allen Kontinenten, aber in Europa ist er besonders gut dokumentiert. Damals herrschten sehr lange, strenge Winter und relativ kühle, niederschlagsreiche Sommer. Charakteristisch waren aber auch starke Schwankungen zwischen den Jahren, die es den Menschen schwerer machten, sich auf das Wetter einzustellen. Dies alles führte immer wieder zu Missernten, die Hungersnöte und soziale Unruhen nach sich zogen. 1570 begann die kälteste Phase.

> **DAS WICHTIGSTE IN KÜRZE:**
> - Spätestens ab etwa 1500 kam es zu einer Klimaverschlechterung, die „Kleine Eiszeit" genannt wird.
> - Sie brachte wiederholte Missernten, Hungersnöte und damit auch Unruhen mit sich.

HUNGER UND HEXENWAHN

Im Winter 1607/08 fand der erste bekannte Jahrmarkt auf der vereisten Themse statt, 1622 fror sogar das Goldene Horn in Konstantinopel zu. In Deutschland waren die Löhne der einfachen Menschen während des gesamten 16. Jahrhunderts sowieso schon stetig gesunken. Nach 1570 verschärfte sich die Lage dann, da mehrere Missernten die Getreidepreise in kaum noch erschwingliche Höhen trieben. Ab etwa 1590 begann die hysterischste Phase der Hexenverfolgungen. Sicherlich waren der Hunger und die soziale Unsicherheit nicht der einzige Grund dafür, vielleicht nicht einmal der wichtigste. Immerhin war es die Obrigkeit, die die Prozesse durchführte. Doch vielfach reagierten die Fürsten und Stadtväter auch auf Stimmungen und Denunziationen aus dem Volk, wo man nach Schuldigen für die Misere suchte. Man kann sicher davon ausgehen, dass die extreme Kälte und die daraus resultierenden existenziellen Nöte die von Haus aus schon problembeladene, unsichere Lage im deutschen Reich noch weiter verschärften. Ab 1630 war dieser klimatische Tiefpunkt dann überstanden. Ein zweiter, nicht ganz so schlimmer folgte um 1700. Insgesamt dauerte die Kleine Eiszeit jedoch bis etwa 1850.

Hexen auf ihren Besen

SKLAVEN FÜR AMERIKA

Sklaven auf einer Baumwollplantage in Amerika

Am 30. Februar 1502 verließ eine gewaltige Flotte Spanien. 30 Schiffe machten sich auf den Weg in das neu entdeckte Westindien – mit an Bord der neu ernannte spanische Gouverneur Nicolas de Ovando (1451–1511). Dieser war ein ebenso tatkräftiger wie brutaler Mann. Er ließ Goldgruben und Zuckerrohrplantagen anlegen und europäische Nutztiere importieren. Die Siedler, die mit ihm gekommen waren, erhielten riesige Landgüter und das Recht, die dort lebenden Eingebornen zur Arbeit heranzuziehen. Die fromme spanische Königin Isabella (1451–1504) stellte sich eine Art europäisches Lehenssystem verbunden mit christlicher Mission vor. In der Praxis ließ Ovando erst einmal alle aufständischen Indianer niedermetzeln, die anderen starben derart schnell an Misshandlungen und eingeschleppten Krankheiten wie den Pocken, dass Ovando bereits wenige Jahre nach seinem Amtsantritt auf Hispaniola keine Arbeitskräfte mehr fand und deshalb Tausende von Kariben von den Bahamas und die ersten afrikanischen Sklaven nach Westindien bringen ließ. Vor Kolumbus hatte dort schätzungsweise eine halbe Million Menschen gelebt.

DER MENSCH ALS WARE

Sklavenhandel hatte es in Afrika schon zu Zeiten der Römer gegeben. Sowohl in Nordafrika als auch an der afrikanischen Ostküste gab es arabische und auch indische Sklavenmärkte. Auch die Europäer gingen nur in wenigen Fällen auf „Sklavenjagd", sondern kauften den Küstenstämmen Gefangene ab. Den Anfang machten die Portugiesen, die im 15. Jahrhundert Plantagen mit afrikanischen Arbeitssklaven in Madeira anlegten. Mit dem Aufschwung des transatlantischen Sklavenhandels verschob sich aber das ganze soziale Gefüge Afrikas. Plötzlich prosperierten die vorher nur dünn besiedelten Küstenregionen rund um die europäischen Handelsstützpunkte. Der wirtschaftliche Druck durch die Europäer führte dazu, dass den Afrikanern meist nur die Wahl blieb, Sklavenjäger oder Opfer zu werden. Die Forscher schätzen, dass mindestens 10 Millionen Menschen nach Amerika gebracht wurden. Möglicherweise starb noch einmal die gleiche Anzahl bei der Gefangennahme und auf den Transporten. Seinen Höhepunkt erreichte der Sklavenhandel im 18. Jahrhundert, bevor er zuerst in Dänemark (1792) und 1807 in Großbritannien verboten wurde. Um keine wirtschaftlichen Nachteile zu haben, übten die Briten massiven Druck auf die anderen Nationen aus, sodass der Handel Mitte des 19. Jahrhunderts endlich zum Erliegen kam.

> **DAS WICHTIGSTE IN KÜRZE:**
> - Um 1505 werden die ersten afrikanischen Sklaven nach Hispaniola gebracht.
> - Es ist der Auftakt der Verschleppung von etwa 10 Millionen Afrikanern in die Neue Welt.

AUFRUHR IN WITTENBERG

Luther auf dem Reichstag von Worms

Man stellt sich gerne vor, dass entscheidende geschichtliche Umwälzungen mit einem Paukenschlag beginnen. Kein Wunder also, dass die Geschichte, Martin Luther (1483–1546) habe am 31. Oktober 1517 seine 95 Thesen voller Zorn an die Tür der Schlosskirche von Wittenberg genagelt, auf so weite Verbreitung stieß. Ob sie stimmt, weiß man jedoch nicht.

Martin Luther

Sicher scheint aber, dass Luther damals nicht auf öffentlichen Aufruhr, sondern auf eine theologische Disputation unter Gelehrten aus war. Er war zu diesem Zeitpunkt 33 Jahre alt, Mitglied im Orden der Augustiner-Eremiten und seit fünf Jahren Doktor der Theologie an der Universität von Wittenberg. Außerdem hatte er bereits zwei einschneidende religiöse Erlebnisse hinter sich. Mit 22 hatte ein schweres Gewitter den Jurastu-

denten dazu gebracht, gegen den Willen seines Vaters Mönch zu werden. Doch im Kloster schlug er sich mit schweren Glaubenszweifeln herum. Es ging ihm um die Vergebung der Sünden durch Gott und damit um das ewige Seelenheil. Wer seine Sünden aufrichtig bereue, so die Kirche, dem werde von Gott vergeben. Wie aber, fragte sich Martin Luther, könne er sicher sein, dass er seine Schuld wirklich aufrichtig, also nicht nur aus Angst vor einer möglichen Verdammung im Jenseits, bereue? Irgendwann in seinen ersten Jahren in Wittenberg überfiel ihn dann die Erkenntnis: Kein Mensch kann sich ein Anrecht auf Gottes Vergebung erwerben. Erlösung gibt es grundsätzlich nur als Gnade und damit als Geschenk Gottes.

DER KUHHANDEL MIT DEM FEGEFEUER

Vor diesem Hintergrund ist es kein Wunder, dass Luther mit der damals gängigen Ablasspraxis der katholischen Kirche aneinandergeriet. Denn die hatte gerade einen neuen, perversen Höhepunkt erreicht. Aktueller Papst war Leo X. (1475–1521) aus der Bankiersfamilie der Medici, der für den Bau des Petersdomes Geld brauchte. Dafür organisierte er den Verkauf von Ablassbriefen in großem Stil. Ablasshandel war an und für sich nichts Neues. Etwa seit dem 11. Jahrhundert gibt es Zeugnisse, die belegen, dass die Kirche den Gläubigen gegen „tätige Reue" wie Spenden oder Wallfahrten eine Reduzierung ihrer Buße im Jenseits (Fegefeuer) versprach. Bei den Ablasspredigern des Jahres 1517 war jedoch von Reue überhaupt keine Rede mehr.

DAS WICHTIGSTE IN KÜRZE:
- 1517 veröffentlichte Martin Luther seine 95 kirchenkritischen Thesen.
- Dies war der Auftakt zur Reformation.

Mit Sprüchen wie „Wenn die Münze im Kasten klingt, die Seele in den Himmel springt" wurde ganz offen für ein „Freikaufen" geworben. Man konnte sogar Ablassbriefe für bereits Verstorbene erwerben. In seinen 95 Thesen verdammte Luther den Ablass nicht in Bausch und Bogen. Er bezeichnete es jedoch als Betrug, zu behaupten, dadurch würden Strafen im Jenseits reduziert. Ein Exemplar der Thesen schickte er an den Magdeburger Erzbischof Albrecht von Brandenburg (1490–1545). Möglicherweise ließ er andere in Wittenberg verteilen und auch an den Kirchentüren aufhängen. Doch Albrecht von Brandenburg verweigerte sich einer Diskussion und zeigte Luther in Rom an. Beim Volk blieb aber vor allem eines hängen: Der Papst betrügt uns. Rom erhob Anklage wegen Ketzerei und verlangte Luthers Auslieferung. Der jedoch setzte mithilfe seines Landesherrn Friedrich des Weisen von Sachsen (1463–1525) eine Anhörung auf dem Reichstag in Augsburg durch. Dort verlangte er, aus der Bibel widerlegt zu werden. Der päpstliche Gesandte ging nicht darauf ein und forderte eine Auslieferung wegen erwiesener Ketzerei. Luther floh.

Leo X.

DIE AUSBREITUNG DER REFORMATION

Unterdessen griff die Zustimmung zu seinen Thesen lauffeuerartig um sich. Auch Luther blieb nicht bei der Frage des Ablasshandels stehen, sondern griff immer mehr Praktiken der katholischen Kirche an, die durch die Bibel nicht gedeckt waren. Am 3. Januar 1521 wurde er von der Kirche gebannt, am 26. Mai auf dem Reichstag von Worms vom Kaiser für vogelfrei erklärt. Friedrich der Weise brachte Luther daraufhin auf der Wartburg in Sicherheit. Damit wurde der Streit zwischen Luther und dem Papst zu

einem zwischen Kaiser Karl V. (1500–58) und den deutschen Fürsten. Teils aus persönlichen, teils aus politischen Gründen stellten sich etliche von ihnen hinter Luther und begannen, reformierte Landeskirchen aufzubauen, die ihnen selbst und nicht dem Papst unterstanden – etwas, das Luther nicht geplant hatte, aber auch nicht mehr verhindern konnte. Ebenso wenig wie die Tatsache, dass sich Bilderstürmer, Wiedertäufer und 1525 die aufständischen Bauern im Bauernkrieg seiner Kirchenkritik bedienten. Der revolutionäre Funke, den Luther mit seinen Thesen entfacht hatte, brachte auch das soziale Dynamit im Land zum Explodieren. Doch während der Krieg der Bauern und alle anderen Aufstände blutig niedergeworfen wurden, gedieh der neue Glaube im Schutz der protestantisch gewordenen Landesfürsten. Karl V. wäre gerne gegen sie vorgegangen, wagte es aber nicht, da er ihren Beistand für seine Kriege gegen den französischen König und gegen die Türken brauchte. 1555 stimmte er dem Augsburger Religionsfrieden zu, der es den deutschen Territorialfürsten überließ, zu bestimmen, ob ihre Länder evangelisch oder katholisch sein sollten. Inzwischen war der Funke aber auch schon auf die anderen Länder Europas übergesprungen.

Karl V.

DER KAMPF DER NIEDERLANDE

Niederländische Flotte. Gemälde von Willem van de Velde (1633–1707)

Im Jahr 1556 geschah etwas noch nie Dagewesenes: Ein Kaiser dankte freiwillig ab. Karl V., der Herrscher, in dessen „Reich die Sonne nicht untergeht", zog sich frustriert zurück und teilte sein kaum regierbares Riesenreich unter seinem Bruder und seinem Sohn auf. Die reichen Niederlande fielen an den Sohn: Philipp II. von Spanien (1527–98). Doch Herrscher und Land passten einigermaßen schlecht zusammen. Die Niederlande waren bereits damals reiche, dynamische und selbstbewusste Provinzen. 1477 hatten sie ihrer Herzogin Maria von Burgund, die ihre Unterstützung gegen Frankreich gebraucht hatte, das Privileg weitgehender Selbstverwaltung abgetrotzt. Die Ideen der Reformation stießen hier auf großen Widerhall. Philipp dagegen war ein fanatisch katholischer, autokratischer Herrscher, der bestrebt war, die absolute Kontrolle über seine Länder zu haben. In der Konsequenz nahmen die Unruhen in den Niederlanden zu, die es schon unter seinem Vater gegeben hatte. 1567 entsandte Philipp deshalb eine Strafexpedition unter Fernando Alvarez de Toledo, dem berüchtigten Herzog von Alba (1507–82). Dieser griff hart durch und ließ über 6000 Aufständische hinrichten. Damit brachte er das ganze Land in Aufruhr.

DAS WICHTIGSTE IN KÜRZE:

- **1581 erklärten die nördlichen Niederlande ihre Unabhängigkeit von Spanien.**
- **Noch während des Unabhängigkeitskampfes entstand der damals modernste europäische Staat.**

Philipp II. von Spanien

DAS GOLDENE ZEITALTER

1579 konnte Spanien die südlichen, katholischen Niederlande, das spätere Belgien, durch politische Zugeständnisse für sich gewinnen. Die sieben protestantischen, nördlichen Länder aber gaben nicht auf. Am 26. Juli 1581 sagten sie sich in Den Haag von Philipp los und erklärten sich zur Republik der Sieben Vereinigten Niederlande. Mit englischer Unterstützung setzten sie den Kampf fort, nötigten Spanien 1609 einen Waffenstillstand ab und erlangten 1648 die Anerkennung ihrer Souveränität. Das Bemerkenswerteste jedoch ist, dass die Niederlande schon während des Krieges ihr „Goldenes Zeitalter" erlebten und dem Rest Europas demonstrierten, dass bürgerliche Freiheit nicht zu Chaos führen muss, sondern eine ungeheure wirtschaftliche, wissenschaftliche und kulturelle Dynamik freisetzen kann. Die niederländischen Universitäten waren damals die modernsten der Welt, Amsterdam die Finanzmetropole Europas. Die niederländischen Kaufleute verdrängten das schwach gewordene Portugal aus Südostasien. Als führende Seemacht wurden die Niederlande aber ab 1665 von dem Land abgelöst, das am meisten aus ihrem Aufstieg gelernt hatte: England.

DER UNTERGANG DER ARMADA

Es dauerte drei Tage, bis die 130 Schiffe der spanischen Armada Ende Mai 1588 den Hafen von Lissabon verlassen hatten. Ihr Ziel war die Eroberung Englands. Der spanische König Philipp II. (1527–98) wollte seine ehemalige Schwägerin und erbitterte Feindin Elizabeth I. (1533–1603) stürzen und eine sowohl spanienfreundliche als auch katholische Regierung in England etablieren. Die Feindschaft zwischen beiden Herrschern hatte sowohl wirtschaftliche, politische und religiöse als auch persönliche Gründe. Philipp sah den Protestantismus als Ketzerei an, die es zu beseitigen galt. Trotzdem hatte er nach dem Tod seiner englischen Frau Maria deren Halbschwester Elizabeth heiraten und vermutlich bekehren wollen, war aber abgewiesen worden. Elizabeth ihrerseits setzte die Politik ihres Vaters Heinrich VIII. (1491–1547) fort, Englands Gewicht in der Welt vor allem durch den Aufbau einer starken Flotte zu vergrößern und im aufkommenden Überseehandel mitzumischen. Doch Philipp, der 1580 auch die portugiesische Krone geerbt hatte, betrachtete den Handel mit den von Spanien und Portugal entdeckten Ländern als sein Monopol. Er bekämpfte die englischen Händler, die mit der Zeit zu Piraten wurden. Ausgestattet mit Kaperbriefen ihrer Königin, überfielen Männer wie Francis Drake (1540–96) und John Hawkins (1543–95) die spanischen Schiffe und raubten sie aus. Außerdem unterstützte Elizabeth auch noch den Krieg der protestantischen Niederlande gegen Spanien. Der Angriff der Armada sollte all dem ein Ende bereiten.

DER SIEG DER FREIBEUTER

„Auf keinen Fall die Schlachtformation aufgeben", hatte König Philipp seinem Befehlshaber eingeschärft. Doch als die spanische Flotte am 8. August 1588 in Calais vor Anker lag, schickten die Engländer ihr brennende, führerlose Schiffe entgegen. Die Spanier mussten den Hafen verlassen – natürlich ohne jede Ordnung. Diese konnten sie auch in der anschließenden Schlacht nicht wiederfinden. Beide Seiten erlitten beträchtliche Schäden, doch als unmittelbar nach der Schlacht schwere Unwetter aufzogen, konnten sich die Engländer in ihre Häfen retten, wohingegen die Spanier mit ihren beschädigten Schiffen nach

Die Schlacht zwischen der spanischen Armada und der englischen Flotte

DAS WICHTIGSTE IN KÜRZE:
- **1588 besiegte England die spanische Armada.**
- **Dies war der Beginn von Englands Dominanz zur See.**

Osten abtrieben und ihren Rückweg schließlich um Schottland herum nehmen mussten. Mit einer um die Hälfte dezimierten Flotte sahen sie dann von einem weiteren Invasionsversuch ab und kehrten nach Spanien zurück. England war von einer Invasion verschont worden und konnte seinen konsequenten Weg hin zur führenden Seemacht und schließlich zur Errichtung des englischen Empires fortsetzen.

Francis Drake

DER PRAGER FENSTERSTURZ

Der Prager Fenstersturz, zeitgenössisches Flugblatt

Albrecht von Wallenstein

DAS WICHTIGSTE IN KÜRZE:
- Im Jahr 1618 warfen Vertreter der böhmischen Stände die kaiserlichen Statthalter aus dem Fenster der Prager Burg.
- Dies gilt als Auftakt des Dreißigjährigen Krieges.

Am Anfang versuchten sie es noch im Guten. Als Erzherzog Ferdinand (1578–1637), seit 1617 König von Böhmen, eine evangelische Kirche in Braunau schließen ließ, verfassten die böhmischen Stände im März 1618 eine Protestnote an Kaiser Matthias (1557–1619). Denn Matthias' Vorgänger Rudolf II. (1552–1612) hatte Böhmen in einem Majestätsbrief im Jahr 1609 Religionsfreiheit zugestanden und Ferdinand hatte dieses Recht vor seiner Krönung zum böhmischen König bestätigt. Nun aber machte er Anstalten, sowohl die Rechte der Protestanten als auch die der böhmischen Stände (Vertreter des Adels, der Ritter und der Städte) zu beschneiden. Der damals schon schwer kranke Kaiser machte aber keine Anstalten, seinen Cousin Ferdinand zurückzupfeifen, sondern verbot den böhmischen Ständen, sich zu versammeln. Trotzdem trafen diese sich am 21. Mai in Prag, um zu beraten, wie sie weiter vorgehen sollten. Es kam jedoch bald zu Brandreden und tumultartigen Szenen und am 23. Mai drangen 200 Standesvertreter, angeführt von Graf Heinrich Matthias von Thurn (1567–1640), in die Prager Burg ein, bemächtigten sich der beiden kaiserlichen Statthalter, inszenierten ein Gerichtstribunal und warfen die beiden und deren Schreiber anschließend zum Fenster hinaus. Die drei fielen etwa 17 Meter tief, überlebten aber und konnten fliehen. Aber die Tat war natürlich eine Kriegserklärung an König Ferdinand.

DIE SCHLACHT AM WEISSEN BERG

Ferdinand war jedoch gerade damit beschäftigt, sich die Nachfolge des kranken Kaisers zu sichern. Unterdessen wählten die aufständischen Standesvertreter eine provisorische Regierung, warben bei den protestantischen deutschen Staaten, in England und in den Niederlanden um Unterstützung und versuchten, ihre Stellung beim böhmischen Volk zu festigen. Bereits in dieser Phase der Auseinandersetzung spielten Söldnerführer eine große Rolle. Der böhmische Adlige Albrecht von Wallenstein (1583–1634) etwa stellte auf eigene Rechnung Söldnerheere gegen die Rebellen auf und ließ sich dafür vom Kaiser das Anrecht auf protestantische Güter nach dem Sieg zusichern. Am 20. März 1619 starb Kaiser Matthias. Die Rebellen erklärten nun Ferdinand als böhmischen König für abgesetzt, gaben sich eine Verfassung und hielten nach einem neuen Kandidaten für ihren Thron Ausschau. Nachdem mehrere protestantische Fürsten dieses Himmelfahrtskommando klugerweise abgelehnt hatten, konnten die böhmischen Rebellen am 26. August Friedrich V. von der Pfalz (1596–1632) zu ihrem neuen König wählen. Zwei Tage später fanden die Kaiserwahlen in Frankfurt statt, die erwartungsgemäß Ferdinand an die Macht brachten. Der begann nun, gegen Böhmen zu rüsten. Vor allem verbündete er sich mit dem mächtigen Herzog Maximilian von Bayern (1573–1651), dem Anführer der katholischen deutschen Fürsten (Katholische Liga), dem er als Gegenleistung die pfälzische Kurfürstenwürde versprach. Außerdem schloss er Abkommen mit seinen spanischen Verwandten, die ihm militärische Hilfe leisteten, und dem protestantischen sächsischen Kurfürsten, dem er Gebietserweiterungen auf Kosten Böhmens zusagte. Im Sommer 1620 marschierte das kaiserliche Heer in Böhmen ein, am 8. November errang es in der Schlacht am Weißen Berg bei Prag in nur zwei Stunden den entscheidenden Sieg über die Rebellen, die nur sehr wenig ausländische Unterstützung bekommen hatten. Ferdinand übernahm wieder die Macht in Böhmen, ließ die Rebellen hinrichten, verbot alle Religionen außer dem Katholizismus, setzte eine absolutistische Verfassung durch und machte die einstige Wahlmonarchie zu habsburgischem Erbland.

DER BEGINN DES GROSSEN KRIEGES

Mit Böhmen war der Kaiser fertig, nicht jedoch mit Friedrich V. von der Pfalz –

Kaiser Ferdinand II.

schon allein, weil er dessen Kurfürstenhut Maximilian von Bayern versprochen hatte. Also zogen die kaiserlich-bayerischen Truppen, angeführt von Johann t'Serclaes von Tilly (1559–1632), weiter in die Pfalz, wo sie Friedrich im Februar 1623 entmachten konnten. Der protestantische Söldnerführer Christian von Halberstadt (1599–1626) floh daraufhin nach Norden und versuchte dort, neue Unterstützung zu bekommen bzw. sich in den wieder aufgeflammten Kampf der Niederlande gegen Spanien einzumischen. Tilly zog ihm nach und besiegte ihn am 6. August bei Stadtlohn an der deutsch-niederländischen Grenze. Danach blieb das katholische Heer in Niedersachsen und versuchte dort im Auftrag der Katholischen Liga, eine Rekatholisierung protestantischer Bistümer und Klöster durchzusetzen, was zu einem Kleinkrieg mit den niedersächsischen Städten und Kreisen führte. Inzwischen wurde das Ausland hellhörig. Dort fürchtete man – zu Recht –, dass Kaiser Ferdinand II. die Gelegenheit nutzen wollte, aus dem römisch-deutschen Kaiserreich einen zentralistisch regierten und rein katholischen Staat zu machen. Damit drohte das Haus Habsburg zur dominierenden Macht Europas zu werden. Also griffen erst Dänemark, dann Schweden und schließlich Frankreich zugunsten der deutschen Protestanten in den Kampf ein, was den böhmischen Aufstand zum 30 Jahre lang andauernden, verheerenden Krieg machte.

Graf von Tilly

ENDLICH FRIEDE

Westfälischer Friede

Am 24. Oktober 1648 wurden in Münster die Urkunden des Westfälischen Friedens unterzeichnet. Ihr Inhalt interessierte damals die meisten Menschen vermutlich kaum. Die wichtigste Wende, die dieser Friedensschluss mit sich brachte, war das Ende des großen Religions- und Bürgerkriegs nach 30 Jahren. Kein geschichtliches Ereignis hatte Deutschland bisher schlimmer getroffen. Insgesamt starb ungefähr ein Viertel der Bevölkerung, die meisten Menschen nicht durch direkte Kriegshandlungen, sondern durch Hungersnöte, Seuchen und die Ausschreitungen der Landsknechte. Die riesigen Heere hatten dort, wo sie durchgezogen waren, alles geplündert, egal ob sie sich nominell in Freundes- oder Feindesland befanden. Je länger der Krieg dauerte, desto mehr nahmen die Übergriffe der Soldaten, die selbst kaum noch etwas zu essen fanden, zu. Mit legendären Grausamkeiten, wie etwa dem Schwedentrunk, dem Einflößen von Jauche, versuchten sie, die Bauern dazu zu zwingen, ihnen eventuell

> **DAS WICHTIGSTE IN KÜRZE:**
> - **1648 beendete der Westfälische Friede den Dreißigjährigen Krieg.**
> - **Der Wiederaufbau förderte Absolutismus und Kleinstaaterei.**

noch vorhandene, versteckte Vorräte preiszugeben. Die Erlebnisse hinterließen tiefe Traumata bei der Bevölkerung, deren Spuren sich in Volksliedern, Abzählversen und Sagen bis heute finden. Nur wenige schwer zugängliche Mittelgebirge blieben von den Kriegsgräueln verschont, die meisten Gegenden Deutschlands wurden sogar mehrmals heimgesucht. Am schlimmsten hatte es die Pfalz erwischt, wo wahrscheinlich nur etwa ein Viertel der Menschen überlebte.

DER WESTFÄLISCHE FRIEDE

Demgegenüber nehmen sich die Bestimmungen des Friedensvertrags banal aus, denn im Grunde änderte sich zunächst nicht allzu viel. Es gab einige Gebietsveränderungen innerhalb Deutschlands. Vorpommern fiel an Schweden, Teile des Elsass an Frankreich. Die Bestimmungen des Augsburger Religionsfriedens wurden modifiziert. Vor allem mussten sich die Untertanen nicht mehr dem Glauben ihrer Herren anpassen. Über all das hatten die Kriegsparteien 1637 zu reden begonnen, sich bis 1641 über Tagungsorte und Rahmenbedingungen geeinigt und 1645 mit den wirklichen Verhandlungen begonnen. Jede kleine Änderung des Kriegsglückes aber – große Schlach-

Kurfürst Friedrich Wilhelm I.

ten wurden schon seit 1634 nicht mehr geschlagen – brachte die beteiligten Parteien dazu, auf günstigere Ergebnisse zu pokern.

Obwohl die vertraglichen Änderungen nicht sehr groß waren, brachte der Friede aber trotzdem einschneidende politische Veränderungen mit sich. Der Einfluss des Kaisertums war weiter geschwunden. Deutschland war eine politisch nur noch lose verbundene Ansammlung von mittleren, kleinen und kleinsten Staaten geworden, die außenpolitisch nicht geschlossen auftrat. In beinahe allen europäischen Konflikten des 17. und vor allem des 18. Jahrhunderts verbündeten sich deutsche Staaten mit europäischen Nachbarmächten, kämpften auf verschiedenen Seiten und wurden oft genug auch gegeneinander ausgespielt. In dieser Zeit wurden die Grundlagen für das Gefühl gelegt, gegenüber den europäischen Nachbarn etwas verpasst zu haben, das dann im 19. Jahrhundert eine große Rolle spielen sollte. Die Kaiser agierten weitgehend nur als Inhaber der Habsburger Erblande. Auch das Bürgertum und die Stände waren durch den Krieg geschwächt worden. Die wirtschaftlich einflussreichen freien Reichsstädte und ihre kaufmännische Oberschicht wie beispielsweise die Augsburger Fugger existierten in dieser Form nicht mehr. Die einzige wirkliche Macht, die verblieben war, waren die Landesfürsten. Diese begannen, ihre Staaten nach dem Vorbild des französischen Absolutismus wieder aufzubauen. Dies taten sie zum Teil mit beachtlichem Erfolg. Dabei orientierten sie sich auch wirtschaftlich an Frankreich, das mit einer staatlich gelenkten Wirtschaftspolitik (Merkantilismus) zu einem der dynamischsten Staaten Europas geworden war. Doch neben weise handelnden Landesvätern kamen auch Despoten und unfähige Popanze an die Macht. Erst im 18. Jahrhundert sorgte dann die Wettbewerbssituation, in der die Fürsten miteinander standen, für ein Erstarken des Bürgertums und eine kulturelle Blüte.

BRANDENBURG–PREUSSEN

Den größten Wandel machte Brandenburg durch. Kurfürst Friedrich Wilhelm I. (1620–88), der 1640 an die Macht kam, hatte vier Jahre in den Niederlanden verbracht und dort unter anderem an der

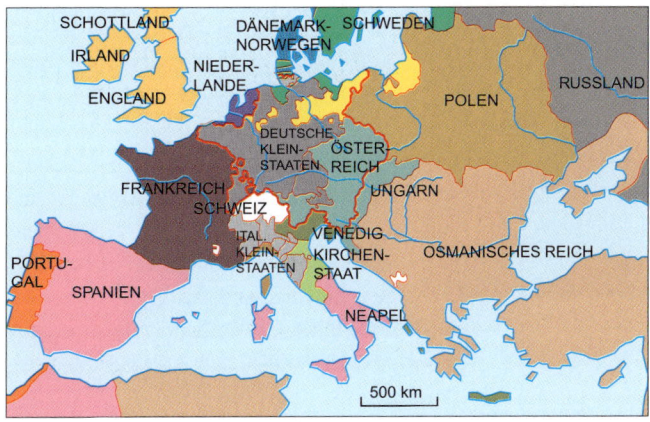

Europa nach dem Dreißigjährigen Krieg 1948

Universität Leiden studiert und moderne Staatsökonomie gelernt. Er reformierte Verwaltung, Wirtschaft und Militär des rückständigen Brandenburgs und holte 20.000 französische Hugenotten für den Wiederaufbau in sein Land. Bürgerliche Freiheiten wie in den Niederlanden gewährte er allerdings nicht und die Brandenburger Adligen hielt er aus der Politik fern, indem er ihnen im Gegenzug weitgehend freie Hand auf ihren Gütern und gegenüber ihren Leibeigenen ließ. Seine Nachfolger setzten die Förderung von Industrie und Militär fort, sodass Brandenburg-Preußen Mitte des 18. Jahrhunderts die modernste Armee Europas hatte. Dieser Aufstieg Brandenburgs zu einer europäischen Großmacht brachte einen Konflikt mit Österreich mit sich, der bis zum deutsch-österreichischen Krieg 1861 andauerte.

DIE TÜRKEN VOR WIEN

Jan III. Sobieski

Als „goldenen Apfel", als besonders verlockende Beute, bezeichneten die Osmanen die österreichische Hauptstadt Wien. 1529 hatten sie schon einmal versucht, die Stadt zu erobern, waren aber gescheitert. Heftige Regenfälle und vollkommen aufgeweichte, kaum noch passierbare Straßen hatten dafür gesorgt, dass das Heer Wien erst Ende September und ohne schwere Geschütze erreichte. Als dann auch die Versorgung knapp wurde, weil der Nachschub ebenfalls auf den schlammigen Straßen Ungarns stecken blieb, und der Wintereinbruch drohte, brach Sultan Suleiman der Prächtige (um 1494–1566) die Belagerung am 14. Oktober erfolglos ab. Unter Suleimans Nachfolgern wurde das Osmanische Reich dann von inneren Krisen geschüttelt, sodass es keine weitere Expansion gab. Erst ab 1656 sorgten die Reformen des Großwesirs Mehmet Köprülü Pascha (um 1580–1661) für neue Stabilität. Im März 1683 startete Sultan Mehmed IV. (1642–93) deshalb eine zweite Offensive gegen Wien.

DAS WICHTIGSTE IN KÜRZE:

- Im Jahr 1683 schlugen die europäischen Mächte die Türken bei Wien.
- Dies markierte das Ende der osmanischen Expansionsbestrebungen.

▮ DIE BELAGERUNG

Der handelte dabei in Absprache mit Ludwig XIV. von Frankreich (1638–1715). Dieser war allgemein an einer Schwächung Österreichs interessiert und im Speziellen daran, seinem Reich deutsche und belgische Grenzgebiete einzuverleiben. Während Kaiser Leopold I. (1640–1705) versuchte, eine europäische Allianz gegen die heranrückenden Türken zu organisieren, besetzte Ludwig Luxemburg und verbot jedem Franzosen, sich der Allianz anzuschließen. Am 4. Juli fiel das etwa 120.000 Mann starke türkische Heer in Österreich ein und marschierte auf Wien zu. Dabei wurden einige kleinere Orte, die nicht geräumt worden waren, erobert und geplündert. Am 15. Juli begann die Belagerung der Stadt. Diese war jedoch vorbereitet und seit der ersten Türkenbelagerung auch verstärkt worden. Unter der Leitung von Ernst Rüdiger von Starhemberg (1638–1701) konnte sie standhalten, bis Mitte September das versprochene Entsatzheer eintraf. Die Sammlung dieses Heeres, das etwa 70.000 Mann stark war, hatte allerdings länger gedauert als erwartet, sodass die Lage in Wien wegen fehlender Nahrungsmittel, Krankheiten und einer schwindenden Kampfmoral bereits sehr kritisch geworden war. Am 12. September jedoch besiegte das Alli-

Die Türken 1683 vor Wien

anzheer unter der Leitung des bereits im Türkenkrieg bewährten polnischen Königs Jan III. Sobieski (1629–96) die Türken in der Schlacht am Kahlenberg. Österreich, Russland, Polen und Venedig nutzten die Situation, gingen ihrerseits in die Offensive und eroberten bis zu einem Friedensschluss 1699 beträchtliche Teile des Osmanischen Reichs (u. a. Ungarn).

THE GLORIOUS REVOLUTION

Während auf dem europäischen Kontinent der Dreißigjährige Krieg zu Ende ging und überall die Fürsten die absolute Macht übernahmen, köpften die Engländer 1649 ihren König und errichteten eine Republik. Doch schon 1660 scheiterte das Experiment. Das Parlament entschied sich, die Stuart-Könige zurückzuholen. Doch Karl II. (1630–85) zeigte absolutistische Neigungen und missachtete die bürgerlichen und parlamentarischen Rechte, außerdem startete sein Bruder Jakob II. (1633–1701) Rekatholisierungsmaßnahmen. Als dann am 10. Juni 1688 ein katholischer Thronfolger geboren wurde, beschloss eine Gruppe protestantischer, parlamentarisch gesinnter Adliger, dass wieder einmal eine Revolution fällig war.

THE BILL OF RIGHTS

Sieben englische Lords nahmen Kontakt mit dem niederländischen Statthalter, Wilhelm III. von Oranien-Nassau (1650–1702), einem Schwiegersohn Jakobs, auf und stifteten ihn zur Invasion an. Wahrscheinlich hegte Wilhelm, dessen Frau Maria (1662–94) bis zur Geburt ihres kleinen Halbbruders die Thronfolgerin gewesen war, bereits ähnliche Pläne. Jedenfalls zeigte er sich gerüstet und bereitete den Überfall im November durch Agenten und positive Propaganda sorgfältig vor. Als Wilhelms Truppen dann im November landeten, stießen sie auf wenig Widerstand. Der unbeliebte König Jakob verlor schnell allen Beistand und floh Ende des Jahres nach Frankreich. Im Januar 1689 traten die englischen Parlamentarier zusammen und arbeiteten einen Katalog von Forderungen aus, die Wilhelm und Maria akzeptieren mussten, um den englischen Thron zu besteigen. Dieses später Bill of Rights (Gesetz der Rechte) genannte Dokument, legte die Mitspracherechte des Parlaments und die Immunität seiner Abgeordneten fest. Der König bedurfte z. B. für die Erhebung von Steuern und den Unterhalt eines stehenden Heeres der Zustimmung des Parlaments, er durfte keine Parlamentsbeschlüsse mehr aufheben oder Abgeordnete vor königliche Gerichte stellen. Wilhelm nutzte seine neue Macht als englischer König, um ein starkes Bündnis gegen die aggressive Politik Ludwigs XIV. von Frankreich (1638–1715) einzugehen, die auch die Niederlande bedrohte. Dafür musste er dem englischen Parlament jedoch zahlreiche Zugeständnisse machen, die dessen Stellung noch weiter stärkten und die Grundlage zu einer konstitutionellen Monarchie legten.

Wilhelm III.

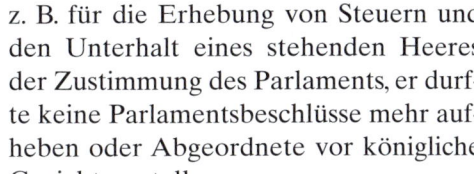

DAS WICHTIGSTE IN KÜRZE:
- **Im Jahr 1688 stürzten die Engländer ganz unblutig ihren König.**
- **Von ihrem neuen Herrscher Wilhelm III. ließen sie sich weitgehende demokratische Zugeständnisse machen.**

NEUE GROSSMACHT RUSSLAND

Peter der Große mit Handwerkern

Bis zum Ende des 17. Jahrhunderts lag Russland außerhalb des Gesichtsfeldes der meisten Europäer. Im Mittelalter hatten sich die von Wikingern gegründeten russischen Fürstentümer an Byzanz orientiert. Dann waren sie von den Mongolen erobert und erst 1480 wieder unabhängig geworden. Danach kämpfte das Zarenreich vor allem gegen die Expansionsversuche der Osmanen am Schwarzen Meer. Die Bemühungen Iwans des Schrecklichen (1530–84), sich einen Zugang zur Ostsee zu erkämpfen, scheiterten an Polen und Schweden. All das änderte sich schlagartig, als Peter der Große (1672–1725) an die Macht kam.

> **DAS WICHTIGSTE IN KÜRZE:**
> * Im Jahr 1721 gewann Russland den Großen Nordischen Krieg.
> * Damit stieg es urplötzlich zur europäischen Großmacht auf.

PETER DER GROSSE

Nominell war das schon im Jahr 1682. Tatsächlich begann seine Herrschaft jedoch erst sieben Jahre später, nachdem er seine ältere Halbschwester Sophia (1657–1704) gestürzt hatte. Zum Schlüsselerlebnis wurde für ihn eine Reise nach Westeuropa im Jahr 1697. Eigentlich wollte er Verbündete für den Kampf gegen die Osmanen gewinnen. Dies scheiterte jedoch und Peter machte eine Bildungsreise daraus, die viel mehr umfasste als sein legendäres Praktikum auf einer holländischen Schiffswerft. Er warb Handwerker, Ingenieure und Wissenschaftler für den russischen Hof an und begann nach seiner Rückkehr, Verwaltung, Militär und Wirtschaft nach westlichem Vorbild zu reformieren. Dies reichte vom Aufbau von Manufakturen über eine Kalenderanpassung bis hin zur Einführung westlicher Kleidung. Vor allem aber bemühte er sich von Anfang an um die Stärkung seiner Armee.

KRIEG GEGEN SCHWEDEN

Im August 1698 erhielt der Zar ein verlockendes Angebot: August der Starke, Kurfürst von Sachsen und König von Polen (1670–1733), und ein livländischer Adliger namens Johann Reinhold von Patkul (1660–1707) schlugen einen gemeinsamen Krieg gegen Schweden vor. Dieses war im Verlauf des 17. Jahrhunderts zur dominierenden Ostseemacht aufgestiegen und beherrschte nicht nur Finnland, sondern auch die

Peter der Große

heute russischen, estnischen und lettischen Küstengebiete bis auf die Höhe von Riga sowie Vorpommern und Holstein-Gottorf. Peter schloss sich der Allianz an, die im Mai 1699 um Dänemark erweitert wurde. Es begann jedoch nicht gut. Schweden hatte eine äußerst schlagkräftige, disziplinierte Armee, die nicht aus Söldnern bestand, und wurde von Frankreich finanziell unterstützt. Außerdem machte die antischwedische Allianz den Fehler, nicht gleichzeitig anzugreifen. Erst scheiterte Polen im schwedisch besetzten Livland, weil sich der livländische Adel nicht, wie Patkul angekündigt hatte, mit den Invasoren verbündete. Dann erfolgte im Februar 1700 ein Angriff der Dänen gegen Schweden, den Schwedens junger König Karl XII. (1682–1718) niederschlug, bevor Russland im August in den Krieg eingriff. Peter begann, die estnische Festung Narva zu belagern, wurde aber am 30. November von Karl vernichtend geschlagen, obwohl er dreimal so viele Soldaten hatte. Den nächsten Fehler machte jedoch Karl. Obwohl August der Starke ihm Verhandlungen anbot, lehnte er ab und konzentrierte sich ganz auf seinen Gegner. Peter unternahm unterdessen gewaltige Anstrengungen, seine Armee aufzurüsten. Vor allem hatte er aus der Niederlage gelernt, dass er mehr schwere Geschütze brauchte, und scheute auch nicht davor zurück, Kirchenglocken in Kanonen umgießen zu lassen. Während Karl in Polen und Sachsen Krieg führte, eroberte Peter zwischen 1702 und 1704 Livland, 1705 kam

er seinem sächsisch-polnischen Verbündeten zu Hilfe. Karl behielt aber die Oberhand und Peter der Große zog sich zurück. Im September 1706 unterwarf sich August der Starke. Russland stand nun alleine gegen Schweden.

SIEG BEI POLTAWA

Die vorangegangenen Kämpfe hatten Schweden jedoch geschwächt. Dazu kam ein ausgesprochen harter Winter 1708/09, den die russischen Truppen besser als die schwedischen verkrafteten. Trotz mehrerer Niederlagen im Baltikum beschloss Karl aber, nach Russland einzumarschieren. Am 8. Juli 1709 wurde er an der Worskla in der heutigen Ukraine von einer doppelt so großen und besser ausgerüsteten russischen Armee geschlagen. Karl floh fürs Erste ins Osmanische Reich, Peter dagegen konnte sich plötzlich vor Verbündeten kaum noch retten. Außer August dem Starken und den Dänen griffen auch die Kurfürsten von Hannover und Preußen in den Krieg ein, weil sie sich Vorteile davon versprachen. Doch am 30. November 1718 fiel Karl im Kampf und seine Schwester Ulrike Eleonore (1688–1741) schloss Friedensverträge mit Russlands Verbündeten, indem sie diesen ihre relativ bescheidenen Ansprüche zugestand. Russland stand nun wieder alleine da. England und Österreich, denen das Zarenreich langsam unheimlich wurde, beratschlagten sogar über ein antirussisches Bündnis, für das sich auch August der Starke interessierte. Es kam jedoch nicht zustande und am 28. April 1721 schloss Schweden auch mit Russland Frieden, wofür es Karelien, die Gegend um den Ladogasee und die baltischen Gebiete abtreten musste. Russland hatte sich einen Zugang zur Ostsee erobert und sich schlagartig als ernst zu nehmender Machtfaktor im europäischen Kräftegleichgewicht etabliert.

Karl XII.

EIN ERSTER WELTKRIEG

Friedrich der Große auf dem Schlachtfeld

Der Krieg begann in Amerika. In den Ostgebieten der heutigen USA gab es schon seit dem 17. Jahrhundert immer wieder Auseinandersetzungen zwischen britischen Siedlern, französischen Felljägern und ihren indianischen Verbündeten. Kriege in Europa schürten regelmäßig auch den Konflikt in Übersee. Neu war jedoch, dass es diesmal umgekehrt war. Im Jahr 1755 eskalierten die Kämpfe in den neuen Kolonien derart, dass sowohl die britische als auch die französische Regierung befürchteten, dass es über kurz oder lang zu einem Krieg zwischen beiden Mächten kommen musste, der sich nicht auf Amerika beschränken würde. Also suchten sie Verbündete und stachen damit in ein Wespennest schwelender Konflikte.

> **DAS WICHTIGSTE IN KÜRZE:**
> • **1763 endete der Siebenjährige Krieg.**
> • **Großer Gewinner war Großbritannien, das Frankreich aus Nordamerika und Indien drängte.**

BÜNDNISPOKER

Bislang war es so gewesen, dass Großbritannien auf die lange Feindschaft zwischen Frankreich und den Habsburgern bauen konnte und deshalb in Österreich immer einen Verbündeten fand. Dafür hielt Frankreich sich an Preußen, das spätestens seit 1742, als Friedrich der Große (1712–86) Österreich Schlesien geraubt hatte, mit Kaiserin Maria Theresia (1717–80) verfeindet war. Friedrich der Große befürchtete zu Recht, dass die Kaiserin auf Revanche sann, war sich aber sicher, dass Österreich ohne den Beistand Russlands nichts zu unternehmen wagte. Da Russland aber mit England verbündet war, hielt es Friedrich für einen geschickten Schachzug, auf ein Abkommen mit Georg II. von Großbritannien einzugehen. Er versprach, im Falle eines Krieges keine Besetzung Hannovers zu dulden, dessen Kurfürsten seit 1714 englische Könige waren. Dafür sicherte Großbritannien zu, Österreich nicht bei der Wiedergewinnung Schlesiens zu unterstützen. Friedrich glaubte, damit nicht gegen sein Bündnis mit Frankreich verstoßen zu haben. In Paris, wo man eine Besetzung Hannovers bereits geplant hatte, sah man das anders. Aber auch in Wien hatten sich die Verhältnisse geändert. Maria Theresias Kanzler Wenzel Anton Kaunitz (1711–94) war der Meinung, dass die alten Rivalitäten mit Frankreich angesichts des neuen Konflikts mit dem aggressiven Preußenkönig nebensächlich geworden waren. Als die französischen Diplomaten vorsichtig anfragten, unter welchen Umständen Österreich bei einem Krieg gegen Großbritannien neutral bleiben würde, stießen sie in Wien auf großes Entgegenkommen. Im Mai 1756 wurde ein Bündnis geschlossen. Danach steckten die beiden Mächte ihre diplomati-

Maria Theresia

schen Fühler nach Russland und Sachsen aus. Dazwischen platzte am 17. Mai die Kriegserklärung Großbritanniens an Frankreich. Aber auch Friedrich der Große hatte über seine Spione Wind von den französisch-österreichischen Aktivitäten bekommen, reagierte gewohnt offensiv und marschierte im August in Sachsen ein.

Friedrich der Große

ALLE GEGEN PREUSSEN

Damit kam es zu der absurden Situation, dass der britisch-französische Krieg mit voller Wucht in Deutschland losbrach. Österreich konnte wegen Preußens Landfriedensbruch gegen Sachsen deutsche Reichstruppen für sich mobilisieren. Zudem erklärten auch Russland, das an Ostpreußen interessiert war, und Schweden, das die im Nordischen Krieg verlorenen Teile Vorpommerns zurück haben wollte, Preußen den Krieg. Trotz seines militärischen Genies geriet Friedrich der Große angesichts dieser Übermacht zunehmend in die Defensive. Er konnte sich jedoch halten, bis am 24. Dezember 1761 die russische Zarin Elisabeth starb. Nachfolger wurde ihr Neffe Peter III. (1728–62), der Friedrich bewunderte und im Mai 1762 nicht nur den Krieg gegen Preußen einstellte, sondern auch noch einen Bündnisvertrag mit dessen König schloss. Am 15. Februar 1763 einigten sich die finanziell und personell ausgelaugten Kriegsparteien im Frieden von Hubertusburg darauf, dass sich gegenüber dem Vorkriegszustand nichts ändern sollte. Der Krieg der Bündnispartner hatte also gar nichts gebracht außer vielen Toten und klaren Verhältnissen. Die großen Veränderungen passierten wieder dort, wo der Krieg angefangen hatte: in den Kolonien. Großbritannien, das sich aus den Kriegshandlungen auf dem Kontinent weitgehend herausgehalten hatte, setzte sich in Nord-

amerika, der Karibik, Indien, Afrika und auf den Philippinen gegen Frankreich und dessen Verbündeten Spanien durch. Frankreich dagegen hatte gehofft, durch Erfolge in Europa, z. B. eine Besetzung Hannovers, Faustpfänder zu erringen, mit deren Hilfe es einen englischen Rückzug aus den Kolonien erzwingen konnte. Am Ende kämpften die Franzosen jedoch an zu vielen Schauplätzen und konnten sich nirgends durchsetzen. Mit Ausnahme von ein paar Karibikinseln mussten sie sich deshalb ganz aus Amerika zurückziehen, Ansätze, in Indien Fuß zu fassen, aufgeben und Territorien in Senegal und Gambia an England abtreten. Außerdem war das Land finanziell ausgeblutet, was nicht unwesentlich zu der Staatskrise beitrug, die eine Generation später die Französische Revolution auslöste. Insgesamt kostete dieser Krieg, den der britische Premier Winston Churchill (1874–1965) später einmal als „ersten Weltkrieg" bezeichnete, schätzungsweise rund einer Million Menschen das Leben.

Georg II.

DIE GEBURT DER USA

Die Schlacht bei Yorktown im Unabhängigkeitskrieg

verbot eine weiße Besiedlung. In den Kolonien, die rasant wuchsen, hatte dafür kaum jemand Verständnis. Der zweite Streitpunkt war die Besteuerung der Kolonien, die nach dem Krieg eingeführt worden war. Die Siedler empfanden es als schreiende Ungerechtigkeit, dass sie Steuern zahlen sollten, aber kein politisches Mitbestimmungsrecht hatten, und starteten unter dem Schlagwort „No taxation without representation" (keine Besteuerung ohne politische Vertretung) eine Widerstands- und Boykottkampagne. Besonders die Boston Tea Party wurde bekannt, als am 16. Dezember 1773 als Indianer verkleidete Boykotteure im Hafen von Boston die Teeladung eines englischen Schiffes ins Wasser warfen.

Am 5. September 1774 trafen sich Delegierte der 13 nordamerikanischen Kolonien zum ersten Mal zu einem Kontinentalkongress in Pennsylvania, denn es gab große Probleme mit dem Mutterland. Der Siebenjährige Krieg hatte Großbritannien nicht nur den Sieg über Frankreich, sondern auch eine gewaltige Staatsverschuldung eingebracht. Es hatte der britischen Krone überhaupt nicht gepasst, dass sofort nach der Eroberung des zuvor französischen Ohiotals dort ein blutiger Krieg gegen die einheimischen Indianer losgebrochen war, der erst nach drei Jahren beendet werden konnte. König George III. (1738–1820) erklärte deshalb das neu eroberte Land westlich der Appalachen zu Indianerland und

KRIEG GEGEN ENGLAND

Auf dem Kontinentalkongress einigten sich die Delegierten dann, ein Jahr lang

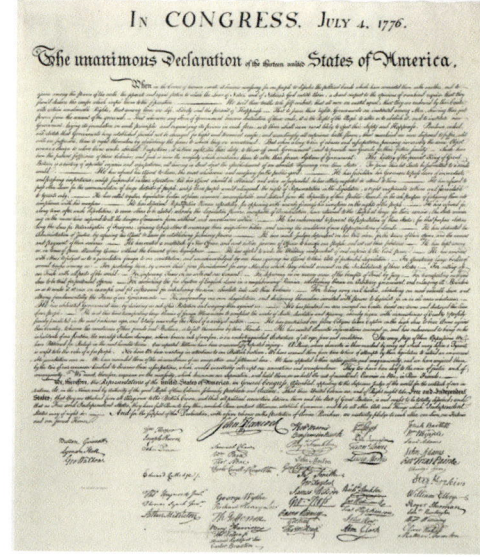

Die Unabhängigkeitserklärung von 1776

DAS WICHTIGSTE IN KÜRZE:
- 1776 sagten sich die damals 13 Kolonien von Amerika von Großbritannien los.
- 1783 gewannen sie den Krieg um die Unabhängigkeit.

jeglichen Handel mit dem Mutterland einzustellen. Das britische Parlament beschloss daraufhin eine Bestrafung der aufständischen Provinzen. Im April 1775 kam es dann zu den ersten kleineren Gefechten zwischen britischen Soldaten und amerikanischen Milizen. Wieder tagten die Delegierten des Kontinentalkongresses und beschlossen, den Kampf anzunehmen. George Washington (1732–99), Delegierter aus Virginia, wurde zum Oberbefehlshaber der Kontinentalarmee gemacht. Diese Armee bestand damals aus etwa 15.000 Männern, die relativ schlecht gerüstet und ausgebildet waren. Ihre Schlachten verlor sie anfangs, doch eine den Indianern abgeschaute Guerillataktik fügte den Briten empfindliche Verluste zu. Trotz ihrer nicht gerade rosigen Lage gingen die Delegierten im Sommer 1776 aufs Ganze. Thomas Jefferson, John Adams, Benjamin Franklin, Robert R. Livingston und Roger Sherman erhielten den Auftrag, eine Unabhängigkeitserklärung auszuarbeiten. Maßgeblicher Autor war vermutlich Jefferson (1743–1826), der später der dritte Präsident der Vereinigten Staaten wurde. Am 4. Juli wurde die Erklärung dann verabschiedet.

DIE UNABHÄNGIGKEITS-ERKLÄRUNG

In dieser Erklärung beriefen sich die Verfasser auf unantastbare Naturrechte, wie sie der englische Philosoph John Locke (1632–1704) proklamiert hatte. Da alle Menschen gleich erschaffen seien und unveräußerliche Rechte wie Leben, Freiheit und das Streben nach Glück hätten, sei es auch legitim, so die Argumentation, Regierungen, die diese Rechte beschneiden, abzuwerfen. Die meisten Diskussionen gab es vor der Verabschiedung des Textes um die Frage der Sklaverei. Viele Delegierte waren durchaus der Meinung, dass eine solche Unabhängigkeitserklärung nicht mit der Sklaverei vereinbar sei. Letztendlich wurde ein Verbot des Sklavenhaltens aber aus dem Text gestrichen, um die Einheit der Kolonien nicht zu gefährden. Auch fürchtete man wohl, große wirtschaftliche Probleme zu bekommen, wenn die Sklavenarbeit auf den Plantagen, die damals ein sehr bedeutender Wirtschaftsfaktor war, abgeschafft würde.

George Washington

Die militärische Wende zugunsten der USA brachten dann die zwei Schlachten von Saratoga im Herbst 1777, in denen die etwa 10.000 Mann starke britische Armee aufgerieben und schließlich eingekesselt wurde, sodass sie kapitulieren musste. Nach dem Sieg steigerte Frankreich seine Militärhilfe. Außerdem begann der preußische Offizier Friedrich Wilhelm von Steuben (1730–94) mit der Ausbildung der amerikanischen Armee. 1778 trat Frankreich offiziell aufseiten der USA in den Krieg ein, ein Jahr später Spanien und 1780 die Niederlande, die zur See den britischen Nachschub blockierten. Im Oktober 1781 musste eine weitere britische Armee kapitulieren, worauf die Regierung in London Friedensgespräche aufnahm und 1783 die Unabhängigkeit der Vereinigten Staaten anerkannte. Der Kontinentalkongress berief nun eine Versammlung nach Philadelphia ein, die unter dem Vorsitz von George Washington eine Verfassung für die junge Nation ausarbeitete, die am 17. September 1787 verabschiedet wurde. Damit verpflichtete sich zum ersten Mal ein Staat auf ein modernes, demokratisches System mit einer Teilung der Gewalten. Ein Katalog der Grundrechte, die Bill of Rights, wurde 1789 hinzugefügt. Am 4. Februar 1789 wählte ein Wahlmännerkollegium George Washington einstimmig zum ersten Präsidenten der Vereinigten Staaten.

DIE INDUSTRIELLE REVOLUTION

Neue Produktionsstätten entsehen

DAS WICHTIGSTE IN KÜRZE:
- **Im Jahr 1776 ging die von James Watt verbesserte Dampfmaschine in Betrieb.**
- **Damit begann in Europa eine rasante Industrialisierung.**

James Watt

Für ein Studium war er zu arm, für eine siebenjährige Mechanikerlehre, die ihm kaum Neues zu bieten hatte, fehlte ihm die Geduld, aber ohne abgeschlossene Lehre durfte er sich nicht niederlassen. Es war für den 21-jährigen James Watt (1736–1819) ein großes Glück, dass gute Freunde ihm eine Stelle als Instrumentenmacher an der Universität Glasgow verschaffen konnten. Er hatte die technischen Instrumente der Universität zu reparieren, nahm aber auch Privataufträge an. Außerdem sprach es sich schnell bei Dozenten und Studenten herum, dass in der kleinen Werkstatt des freundlichen jungen Schotten die spannendsten technischen Debatten der ganzen Universität stattfanden. Im Jahr 1764 erhielt Watt dann den Auftrag, eine Dampfmaschine zu reparieren. Dampfapparate gab es damals seit rund 70 Jahren und seit 1712 taten die Maschinen des englischen Schlossermeisters Thomas Newcomen (1663–1729) in vielen Bergwerken ihren Dienst. Nur mit ihnen konnte man Wasser abpumpen und so in tiefere Schichten vorstoßen. Das Problem war nur, dass Newcomens Maschinen ungeheuer groß und ungeheuer laut waren, Unmengen an Energie verschlangen und einen lächerlichen Wirkungsgrad von gerade einmal 0,5 Prozent hatten. Ein technisches Genie wie James Watt konnte dies nicht befriedigen. Anstatt einfach seinen Reparaturauftrag auszuführen, fing er an, die Maschine zu perfektionieren.

DIE DAMPFMASCHINE

Watt stürzte sich fieberhaft in die Recherche, las alles, was die Universitätsbibliothek hergab, und lernte sogar Deutsch, um Literatur zur Wärmetheorie studieren zu können. Den entscheidenden Gedanken fand er allerdings nicht in Büchern, sondern während eines Spaziergangs: Um Energie zu sparen, durfte man den Zylinder der Dampfmaschine nicht nach jedem Arbeitsschritt abkühlen, sondern musste den Dampf in einen separaten Raum abziehen und dort kühlen. Von der Theorie zur Praxis war es allerdings ein weiter Schritt. Watt arbeitete aufreibende zwölf Jahre an seiner Maschine. In dieser Zeit stand er mehrmals vor dem Zusammenbruch und einer seiner Geldgeber ging Bankrott. Großbritanniens bester Maschinenbauer John Wilkinson (1728–1808) musste eine spezielle neue Bohrmaschine konstruieren, um absolut dampfdichte Zylinder für die wattsche Maschine herstellen zu können. In Wilkinsons Eisenwerk in Shropshire und nicht in einem Bergwerk wurde dann im Jahr 1776 auch endlich das erste Exemplar in Betrieb genommen. Es zeigte sich sehr schnell, dass die neuen Maschinen, die Watt Zeit seines Lebens weiter verbesserte, für alle möglichen Anwendungen taugten. Vor allem die englische Textilindustrie profitierte davon. Im gleichen Jahr, in dem Watt mit der Arbeit an seiner Dampfmaschine begonnen hatte, hatte der Weber James Hargreaves (1720–78) mit der Spinning Jenny ein erstes mechanisches Spinnrad konstruiert, auf dem acht Fäden gleichzeitig versponnen werden konnten. In den folgenden Jahren kam es durch weitere Verbesserungen zu einer rasanten Mechanisierung der Textilherstellung. Solange all diese Maschinen jedoch entweder durch Menschenkraft, durch Tiere (Pferdegöppel) oder Wasserkraft angetrieben wurden, war ihr Einsatz begrenzt. Mithilfe der Dampfmaschinen aber konnten Hunderte von Spinnmaschinen oder mechanischen Webstühlen gleichzeitig betrieben werden und es brauchte nur noch wenige Arbeiter, um sie zu bedienen. Auch der Transport wurde revolutioniert, da auch Lokomotiven – die erste fuhr 1804 in einem Bergwerk – im Grunde nur Dampfmaschinen auf Rädern waren.

DAS ELEND IN DEN FABRIKEN

Für wagemutige Fabrikanten, die genügend Geld hatten, sich Maschinen anzuschaffen und große Fabriken einzurichten, wurde Watts Erfindung zur Goldgrube, für Handwerker und kleine Unternehmer, die nicht auf Dampfkraft setzen

konnten, zur Katastrophe. Da viele Menschen keine Alternativen mehr hatten, strömten sie in die Fabriken, wurden dort aber gnadenlos ausgebeutet. Um überhaupt überleben zu können, war es meist notwendig, dass auch Frauen und Kinder mitarbeiteten. 1833 wurde in England erstmals verboten, dass Kinder unter neun Jahren in Fabriken arbeiteten und Jugendliche unter 18 Jahren mehr als zwölf Stunden am Tag. Auch die sozialen Bindungen wurden durch die Massenflucht in städtische Elendsquartiere zerstört.

Der europäische Kontinent bekam die Umwälzungen auch zuerst auf dem Textilsektor zu spüren. Das britische Tuch, das in den Fabriken billig und in großen Massen hergestellt wurde, überschwemmte den Markt. Da die Unternehmer auf dem Kontinent noch mit Webern, die in Heimarbeit Tuch produzierten, mussten sie, um konkurrenzfähig zu sein, die Löhne drücken, was bei den Webern zu einer Massenarmut bis hin zu Hungersnöten führte und Aufstände provozierte, wie etwa 1844 in Schlesien. In der zweiten Hälfte des 19. Jahrhunderts hielt die Mechanisierung und Industrialisierung dann auch auf dem Kontinent und in Nordamerika Einzug, was von einer Verschiebung des ländlichen hin zu städtischem Elend führte. Erst mit Beginn des 20. Jahrhunderts besserte sich die Situation für die Arbeiter.

Watts Dampfmaschine

Eisenwalzwerk zur Jahrhundertwende

DER GROSSE UMSTURZ

Die Hinrichtung Robespierres

verleihen sollte, ihnen jedoch verweigert wurde. Ende des 18. Jahrhunderts ließ sich das Bürgertum nicht mehr so einfach abspeisen: Politische Philosophen wie John Locke (1632–1704), Charles de Montesquieu (1689–1755) und Jean-Jacques Rousseau (1712–78) hatten Vorstellungen von einer neuen, demokratischen und gerechten Ordnung entwickelt und die Vereinigten Staaten von Amerika hatten bewiesen, dass diese tatsächlich umsetzbar waren. Als Adel und Krone nicht bereit waren, dem bürgerlichen dritten Stand Zugeständnisse zu machen, erklärte sich dieser – der immerhin 95 Prozent der Bevölkerung repräsentierte – am 17. Juni 1789 zur wahren Nationalversammlung und forderte die Vertreter der anderen Stände auf, sich ihm anzuschließen – was große Teile des Klerus und einige Adlige auch taten. Am 20. Juni schworen die versammelten Abgeordneten im Ballhaus von Versailles, sich nicht zu trennen, bevor sie Frankreich nicht eine demokratische Verfassung gegeben hätten. Eine Woche später gab Ludwig XVI. seine Zustimmung. Gleichzeitig beorderte er aber auch zusätzliche Truppen nach Paris, denn die Stimmung war extrem aufgeheizt. Der Grund war aber nicht in erster Linie die politische Entwicklung, sondern die wirtschaftliche Misere, die den Brotpreis rapide steigen ließ. Besonders in einer Großstadt wie Paris hatte das natürlich fatale Folgen. Als nun auch noch das – falsche – Gerücht um sich griff, der König wolle mit seinen Truppen die Nationalversammlung gewaltsam auflösen, kam es zur Eskalation. Am 14. Juli stürmten Tausende von Parisern das berüchtigte Stadtgefängnis Bastille.

Eigentlich begann alles mit einem Zugeständnis. Frankreich stand im Jahr 1789 vor dem Bankrott. In dieser Situation hielt es König Ludwig XVI. (1754–93) für angebracht, mit der absolutistischen Regierungsweise seiner Vorgänger zu brechen und zum ersten Mal seit dem Jahr 1614 wieder die Generalstände, also die Vertreter von Adel, Klerus und Bürgertum einzuberufen, um gemeinsam zu einer Lösung zu kommen. Die Sache hatte bloß einen Haken: Üblich war eine Abstimmung nach Ständen und die Vertreter des Bürgertums waren sich sicher, dass sie auf jeden Fall von Adel und Klerus zusammen überstimmt werden würden, sodass am Ende alle Ergebnisse nur den Reichen und Mächtigen nützen würden.

> **DAS WICHTIGSTE IN KÜRZE:**
> - **Am 17. Juli 1789 stürmte die Bevölkerung von Paris das Gefängnis Bastille.**
> - **Damit begann die Französische Revolution.**

DIE NATIONALVERSAMMLUNG

Sie verlangten also einen neuen Abstimmungsmodus, der ihnen mehr Gewicht

Sie wollten dort Waffen erbeuten und sich so den königlichen Truppen entgegenstellen. Dabei starben rund 100 Menschen. Der Kommandant der Bastille wurde gelyncht. Trotzdem versuchte der König zu deeskalieren. Er sicherte der Nationalversammlung seinen Schutz zu und zeigte sich mit der blau-weiß-roten Kokarde der Revolutionäre. Auch auf dem Land kam es zu Aufständen der Bauern gegenüber dem Adel, die sich jedoch wieder beruhigten, als die Nationalversammlung am 5. August die Leibeigenschaft aufhob. Am 26. August verabschiedete sie dann die erste europäische Erklärung der Menschen- und Bürgerrechte. Danach sah es eine Weile so aus, als könne der Umsturz relativ friedlich vonstattengehen. Doch die übrigen europäischen Monarchen und geflohene französische Adlige propagierten ganz offen einen Krieg gegen Frankreich, um die alten Verhältnisse wiederherzustellen und ähnliche Ereignisse in den eigenen Ländern zu verhindern. Dies gab den Radikalen in Frankreich Auftrieb. Am 21. Juni 1791 versuchte König Ludwig

Der Sturm auf die Bastille

XVI., mit seiner Familie zu fliehen. Er wurde jedoch erkannt und wieder zurück nach Paris gebracht. Der ursprüngliche Plan der Nationalversammlung, eine konstitutionelle Monarchie zu schaffen, war plötzlich in Frage gestellt. In Paris gründete sich der Jakobinerklub, der bald im ganzen Land für eine radikale und gewaltsame Änderung der Verhältnisse eintrat. Sowohl in der Nationalversammlung als auch im Volk kam es zu einer Spaltung, die auch bestehen blieb, als die Abgeordneten am 3. September eine Verfassung in Kraft setzten und der König seinen Eid darauf leistete.

■ DER WEG IN DEN TERROR

Im April 1792 beschloss eine deutliche Mehrheit, die vehementen Kriegsdrohungen Österreichs und Preußens mit einer Kriegserklärung Frankreichs zu kontern. Dieser Krieg begann jedoch mit Niederlagen der französischen Armee. In Paris kam es im September zu einem neuen Aufstand. Die Stadtverwaltung wurde verjagt und durch ein radikales Gremium ersetzt. Dieses setzte Neuwahlen durch, die jedoch alles andere als frei und fair abliefen und einen ebenso radikalen Nationalkonvent an die Macht brachten. Dieser führte am 22. September die Republik ein und verurteilte im Jahr 1793 erst den König und dann die Königin zum Tode. Doch auch im Nationalkonvent kam es noch einmal zu einer Spaltung zwischen Gemäßigteren und Radikalen, wobei Letztere durch den Straßenterror, vom Arzt Jean-Paul Marat (1743–93) angeheizt, unterstützt wurden. Am 6. April 1793 wurde der „Wohlfahrtsausschuss" gebildet, ein neunköpfiges Gremium, das die eigentliche Gewalt übernahm und ein Terrorregime errichtete, das erst am 28. Juli 1794 mit der Hinrichtung seines führenden Kopfes, Maximilien de Robespierre, zusammenbrach.

Euphorisches Bekenntnis zu Jean-Paul Marat und dem Jakobinerklub

Der Ballhausschwur nach einem Gemälde von Jacques-Louis David

König Ludwig XVI. von Frankreich

NAPOLEON

Napoleon krönt seine Frau Josephine nach seiner Selbstkrönung

Am 19. Dezember 1793 eroberte die französische Revolutionsarmee die von den Royalisten gehaltene, strategisch wichtige Hafenstadt Toulon. Die Pläne dazu stammten von einem jungen korsischen Offizier namens Nabulione Buonaparte (1769–1821). Als gut ein halbes Jahr später der berüchtigte Wohlfahrtsausschuss gestürzt wurde, hatte Napoleon sich bereits einen Namen als fähiger Militär gemacht. Der neue starke Mann in Frankreich Paul de Barras (1755–1828) engagierte ihn als seinen Berater und übertrug ihm den Oberbefehl über die Italienarmee. Mit strategischem Genie und moderner Kriegsführungstechnik besiegte Napoleon die altmodischen österreichischen Armeen und nötigte sie am 2. Februar 1797 zur Kapitulation. Das Volk feierte ihn. Barras und seine Kollegen im Direktorium waren weniger begeistert. Der eigenmächtige Korse erschien ihnen zunehmend als Bedrohung. Als er auf ein neues Kommando drängte, schickten sie ihn nach Ägypten, um dort den Engländern

den Weg nach Indien zu versperren. Die Wissenschaftler, die die Expedition begleiteten, brachten wertvolle Funde nach Hause, die u. a. zur Entzifferung der altägyptischen Hieroglyphen führten, militärisch war die Unternehmung jedoch ein Fehlschlag. Am 22. August 1799 übertrug Napoleon den Befehl über die Truppen seinem Stellvertreter und kehrte auf eigene Faust nach Frankreich zurück. Dort wusste man wenig von den Zuständen in Ägypten, sah aber das Land von einer Koalition aus Großbritannien, Österreich, Russland, dem Osmanischen Reich, Portugal und Neapel bedroht. Barras und sein „Direktorium" hatten das Vertrauen der Bevölkerung verloren. Diese setzte ihre Hoffnungen auf Napoleon, den Sieger des Italienfeldzuges.

DER 18. BRUMAIRE

Auch Emmanuel Joseph Sieyes (1748–1836) glaubte nicht mehr an eine Zukunft des Direktoriums, dem er selbst angehörte. Sieyes, ein ehemaliger Pfarrer, hatte im Juni 1789 entscheidenden Anteil daran gehabt, dass sich die französische Nationalversammlung bildete. Er hatte den Text für den berühmten Ballhausschwur verfasst. Die nachfolgenden Wirren der Revolution überlebte er durch geschicktes Taktieren. Im Herbst 1799 sah er die Zeit für einen erneuten Umsturz gekommen. Er machte sich auf die Suche nach einem „Säbel", einem Mann fürs Grobe, und Napoleon kam ihm gerade recht. Am 9. November, dem 18. Brumaire nach dem neuen Kalender, der seit Einführung der Republik (22. September 1792) galt, sorgten Sieyes und

DAS WICHTIGSTE IN KÜRZE:
- **Am 9. November 1799 beteiligte sich Napoleon Bonaparte an einem Staatsstreich.**
- **Wenig später setzte er sich als Alleinherrscher Frankreichs durch.**

Porträt Napoleon Bonapartes

Napoleon dafür, dass sich die Regierung und die beiden Parlamente, der Ältestenrat und der Rat der Fünfhundert, wegen angeblicher Putschgefahr von Paris in ein Schloss im Vorort Saint-Cloud zurückzogen. Dort fanden sich Abgeordnete und Direktoriumsmitglieder jedoch bald von Napoleons Truppen umstellt – angeblich zu ihrem eigenen Schutz. Sieyes und der ebenfalls an der Verschwörung beteiligte Roger Ducos (1754–1816) lösten nun die bisherige Regierung, das fünfköpfige Direktorium, auf, indem sie selbst freiwillig zurücktraten, Barras ebenfalls zum Rücktritt nötigten und die beiden verbliebenen Mitglieder festnehmen ließen. Nun – so der Plan – sollten der Ältestenrat und der Rat der Fünfhundert genötigt werden, eine neue, von Sieyes ausgearbeitete Verfassung anzunehmen. Doch dies funktionierte zunächst nicht. Die Abgeordneten weigerten sich. Napoleon wurde im Rat der Fünfhundert bedrängt und als Diktator beschimpft. Möglicherweise wäre die Sache schiefgegangen, wäre nicht sein Bruder Lucien (1775–1840), der Vorsitzende des Rates, in die Bresche gesprungen. Er holte erst einmal die draußen wartenden Truppen zu Hilfe und ließ die Rädelsführer festsetzen. Dann zog er einen Dolch und erklärte, er persönlich werde seinen Bruder niederstechen, sollte dieser die Prinzipien der Revolution verraten. Mit dieser Kombination aus militärischem Druck und Pathos gelang es ihm, die Mehrheit der Abgeordneten dazu zu bringen, die Verfassung für drei Monate anzunehmen und ein Konsulat, bestehend aus Sieyes, Ducos und Napoleon, als neue, vorläufige Regierung zu akzeptieren, wobei Napoleon bereits als erster Konsul einen Vorrang vor den beiden anderen bekam.

DER WEG ZUR KAISERKRONE

In der Folge hatten Sieyes und Ducos keine Chance gegen den bei Volk und Armee äußerst beliebten Napoleon. Schon am 25. Dezember 1799 setzte er eine neue Verfassung durch, die ihm für zehn Jahre weitreichende, politische Vollmachten einräumte. Zudem untermauerte er seine Position bald durch große politische Erfolge. Er gewann nicht nur den Krieg gegen die europäische antifranzösische Koalition, sondern eroberte auch große Gebiete im Rheinland und in Italien. Innenpolitisch führte er zahlreiche Reformen durch, die zu einer wirtschaftlichen Erholung des Staates beitrugen und den ursprünglichen Prinzipien der Französischen Revolution Rechnung trugen, wie etwa verbesserte Bildungschancen für alle und ein neues Gesetzbuch, der *Code civil*. Am 2. August 1802 ließ sich Napoleon von einer Volksabstimmung zum Kaiser auf Lebenszeit ernennen, am 2. Dezember 1804 krönte er sich selbst zum französischen Kaiser.

Napoleons Bruder Lucien

NAPOLEONS STURZ

Die Schlacht bei Waterloo

> **DAS WICHTIGSTE IN KÜRZE:**
> • **Am 30. Dezember 1812 fiel mit Preußen der erste Verbündete von Napoleon ab.**
> • **Vom 16. bis 19. Oktober 1813 errang die antinapoleonische Allianz den entscheidenden Sieg bei Leipzig.**

Völkerschlacht bei Leipzig

Napoleon hoch zu Ross

Am 18. Oktober 1812 gab Napoleon den Befehl zum Rückzug. Die Grande Armee, einst über 700.000 Mann stark, räumte Moskau, da sie keine Chance hatte, in der leeren, verbrannten Stadt den Winter zu überleben. Ein kleines preußisches Kontingent unter Ludwig Graf Yorck von Wartenburg (1759–1830) übernahm die Nachhut und verlor den Kontakt mit dem Heer. In Litauen wurde es plötzlich von russischen Einheiten gestellt – geführt von alten Freunden: Hans Karl von Diebitsch-Sabalkanski (1785–1831) und Carl von Clausewitz (1780–1831) waren wie viele andere preußische Offiziere nach der Niederlage Preußens gegen Napoleon im Jahr 1807 in russische Dienste übergewechselt. Eigentlich musste Yorck nun entweder kämpfen oder sich ergeben. Stattdessen ließ er sich von den einstigen Kollegen zu etwas drängen, was eigentlich Hochverrat war. Er entband seine Soldaten von ihrem Eid auf Napoleon und schloss am 30. Dezember in der Konvention von Tauroggen auf eigene Faust Frieden mit Russland.

VÖLKERSCHLACHT BEI LEIPZIG

Anfangs dienten Napoleons Kriege nur der Verteidigung Frankreichs. Durch Bündnisse und Siege bekam er aber nach und nach halb Europa unter seine Kontrolle. Viele Menschen sahen die liberale französische Herrschaft als großen Fortschritt gegenüber ihren alten, absolutistischen Regimen an.

Doch Napoleons Versuch, auch Großbritannien mit einer Kontinentalsperre in die Knie zu zwingen, traf vor allem seine Verbündeten. Dies führte zu Unzufriedenheit, worauf Napoleon mit repressiven Maßnahmen antwortete, die die Unzufriedenheit weiter steigerten. Das Desaster des Russlandfeldzuges ließ die Stimmung bei den Verbündeten, die alle Soldaten stellen mussten, endgültig kippen. Der preußische König Friedrich Wilhelm III. (1770–1840) entschloss sich deshalb, nicht nur der Konvention von Tauroggen zu folgen, sondern rief sogar in dem Aufruf *An mein Volk* ganz Preußen zum patriotischen Widerstand gegen Napoleon auf. Das brachte Preußen zwar einen neuen Krieg ein. Doch im Verlauf des Sommers 1806 schlossen sich Österreich und Schweden der antinapoleonischen Koalition an. Viele Zivilisten unterstützten den Kampf in Freikorps. Am 16. Oktober stellten die Verbündeten Napoleon mit einer zahlenmäßig deutlich überlegenen Armee bei Leipzig und nötigten ihn nach drei Tagen zur Flucht.

Sie verfolgten ihn nach Paris, wo er am 6. April 1814 abdankte. Eine Rückkehr aus dem Exil auf Elba führte am 18. Juni 1815 zu seiner endgültigen Niederlage bei Waterloo.

FREIHEIT VON SPANIEN

Bereits am frühen Morgen war alles vorbei. Nach noch nicht einmal einer Stunde hatten die Aufständischen unter Führung des späteren Präsidenten von Bolivien, Antonio José de Sucre (1795–1830), am 19. Dezember 1824 im peruanischen Hochland in der Nähe von Ayacucho rund 2000 spanische und spanientreue Soldaten getötet und mindestens noch einmal so viele gefangen genommen. Der spanische Befehlshaber José de la Serna (1770–1832), Vizekönig von Peru, entschloss sich zur Flucht. Es war die letzte Schlacht in den südamerikanischen Freiheitskriegen. Einen Tag später kapitulierte Spanien und überließ die ehemaligen Kolonien ihrem Schicksal.

SIMON BOLIVAR

Begonnen hatte der Aufstand 1808, als sich Spanien im Krieg mit Napoleons Frankreich befand. Inspiriert durch die Unabhängigkeit der nordamerikanischen Kolonien und die Französische Revolution, hatte auch die Oberschicht Südamerikas die Unabhängigkeit gefordert. Ihr war vor allem ein Dorn im Auge, dass bei der Vergabe wichtiger und lukrativer Posten meist Spanier aus dem Mutterland bevorzugt wurden. Außerdem wurde größere Handelsfreiheit gefordert. Doch weder die Habsburger Könige noch Napoleons Bruder Joseph Bonaparte (1768–1844), der 1808–13 auf dem spanischen Thron saß, dachten auch nur daran, die lukrativen Kolonien aufzugeben. Am 5. Juni 1811 riefen die Rebellen trotzdem in Caracas die Unabhängigkeit aus, wurden jedoch von spanischen Truppen schnell besiegt. Doch dann nahm Simon Bolivar (1783–1830)

die Sache in die Hand. 1813 eroberte er erst Venezuela, dann Kolumbien. Am 7. September 1721 rief er die Republik Großkolumbien (Venezuela, Kolumbien, Ecuador, Panama) aus und wurde zu deren Präsidenten ernannt. Parallel dazu eroberte der

Der triumphierende Simon Bolivar auf einem Gemälde von Arturo Michelena

argentinische General José de San Martin (1778–1850) Chile und Argentinien. Im Juli 1822 trafen sich die beiden und verabredeten die gemeinsame Befreiung von Peru und dem späteren Bolivien, die schließlich Bolivars Freund Sucre vollendete. Bolivar hätte nun gerne eine Konföderation aller befreiten Staaten gegründet, scheiterte jedoch, obwohl er es auch als Diktator versuchte. Im Gegensatz zum nordamerikanischen Freiheitskampf war der südamerikanische nicht einer des ganzen Volkes, sondern einer der Oberschicht und

> **DAS WICHTIGSTE IN KÜRZE:**
> - **1824 siegte die Unabhängigkeitsbewegung in Südamerika.**
> - **Spanien verließ den Kontinent und die ehemaligen Kolonien wurden selbstständig.**

vor allem ihrer Militärs gewesen. Dieser Mangel an demokratischer Legitimation belastete die Zukunft. Erst gab es eine Unzahl von Kriegen zwischen den neuen Staaten um Grenzziehungen. Im 20. Jahrhundert sollten sich dann fast überall die Konflikte zwischen den reichen Großgrundbesitzern und der weitgehend land- und rechtlosen Masse der Bevölkerung entladen. Viele schwelen heute noch.

Porträt des argentinischen Revolutionsführers José de San Martin

CHAOS IN CHINA

Kaiserinwitwe Cixi

Mao Tse-tung

1939 schlug Kaiser Daoguang (1782–1850) zurück. Er ließ eine groß angelegte Razzia durchführen, europäische Händler festnehmen, über 1000 Tonnen beschlagnahmtes Opium im Meer versenken und schließlich die Abgesandten der Ostindien-Kompanie aus China ausweisen.

OPIUMKRIEGE UND BOXERAUFSTAND

Großbritannien war das nicht einmal eine Kriegserklärung wert. Es sandte seine Flotte nach China und ließ alle wichtigen Häfen an der Ostküste erobern. 1842 gab China nach, überließ den Briten Hongkong und öffnete seine Häfen für den Handel mit den westlichen Staaten. 1856 führte dann die Beschlagnahmung eines Schmugglerschiffes unter britischer Flagge zum Zweiten Opiumkrieg, der nach vier Jahren mit einer weitgehenden Unterwerfung Chinas endete. Die Siegermächte Großbritannien, Frankreich, Russland und die USA setzten alle Handelsfreiheiten inklusive des Opiumhandels durch, bekamen die Immunität ihrer Staatsbürger gegenüber dem chinesischen Recht garantiert, durften Botschaften in Peking eröffnen und ungehindert missionieren. China wurde zwar

Chinesischer Tee war im Europa des 18. und frühen 19. Jahrhunderts ein heiß begehrter Luxusartikel, genau wie Porzellan, Lackwaren und Seide aus dem Reich der Mitte. Im Gegensatz zu anderen Überseeregionen, die erobert und ausgebeutet wurden, machten die chinesischen Kaiser gute Geschäfte mit dem Westen, indem sie sich alle Waren in Silber bezahlen ließen, ihrerseits aber den Import europäischer Handelsgüter mit bürokratischen Hürden weitgehend blockierten. Vor allem Großbritannien wollte das Handelsdefizit jedoch nicht länger hinnehmen. Die britische Ostindien-Kompanie begann, in großem Stil Opium aus Indien nach China einzuschmuggeln.

DAS WICHTIGSTE IN KÜRZE:
• Mit dem Opiumkrieg endete 1839 die Isolation Chinas.
• Damit begann eine Phase der Instabilität, die im Jahr 1911 zur Abschaffung der Monarchie führte und bis zur Errichtung der Volksrepublik andauerte.

Chinesische Opiumhölle

nicht zur Kolonie, verlor aber alle Handlungsfreiheit, wo die Interessen der Westmächte berührt wurden. Dies führte nicht nur zu wirtschaftlichen Problemen inklusive Massenarmut bei der einfachen Bevölkerung, sondern auch zu einer Destabilisierung der vorher so abgeschotteten und statischen chinesischen Gesellschaft. Vor allem das Kaiserhaus verlor erheblich an Prestige und man erinnerte sich wieder, dass seit 1644 eigentlich Fremde aus dem Volk der Mandschu auf dem Thron saßen. Die Vasallenstaaten Vietnam, Birma, Korea und Taiwan gingen an Frankreich, Großbritannien und Japan verloren. Es kam zu mehreren Rebellionen, vor allem zum Boxeraufstand im Jahr 1900. Die Aufständischen nahmen Peking ein und ermordeten den deutschen Gesandten Klemens von Ketteler. Die Westmächte stellten daraufhin eine alliierte Strafexpedition zusammen, die den Aufstand brutal niederschlug.

DER STURZ DES KAISERS

Mit der erzwungenen Öffnung kam auch modernes Gedankengut aus dem Westen nach China, doch Reformen konnten sich am kaiserlichen Hof kaum durchsetzen. Als nach dem Tod der mächtigen Regentin Cixi (1835–1908) der erst zweijährige Pu Yi (1906–67) neuer Kaiser wurde, schien der Umsturz nur noch eine Frage der Zeit. Am 10. Oktober 1911 explodierte dann versehentlich eine Bombe, die eine Verschwörergruppe in der Stadt Wuhan gebaut hatte. Um einer Entdeckung zuvorzukommen, beschlossen die Rebellen von Wuhan, den Aufstand sofort zu beginnen. Oppositionelle Organisationen aus dem ganzen chinesischen Süden folgten ihrem Beispiel. Am 29. Dezember wählte ein inzwischen gebildetes Revolutionskomitee den angesehenen Arzt Sun Yat-sen (1866–

1925) zum Übergangspräsidenten. Am 1. Januar 1912 rief dieser die Republik China aus. Noch regierte aber in Peking das Kaiserhaus, geschützt von einer starken Armee. Die Rebellen nahmen Kontakt zu Premierminister Yuan Shikai (1859–1916) auf, der die Clique um den kleinen Pu Yi zur Aufgabe und Abdankung drängte. Als Belohnung erhielt Yuan das Amt des Präsidenten der Republik. Es kam jedoch schnell zu schweren Differenzen mit der Partei Sun Yat-sens, der Kuomintang. Yuan trieb diese 1913 ins Exil und ernannte sich zwei Jahre später zum Kaiser, wurde aber nach nur vier Monaten Regierungszeit gestürzt. Damit wurde aus der Revolution gegen das Kaiserhaus ein Bürgerkrieg. Anfangs kämpften Kuomintang und Kommunisten gemeinsam gegen die alten Kräfte, unter Suns Nachfolger Chiang Kai-shek (1887–1975) wurde jedoch vornehmlich ein Machtkampf zwischen diesen beiden Gruppen daraus. 1934 wichen die Kommunisten mit dem „Langen Marsch" nach Nordwestchina aus. Unterdessen hatten die Japaner den Bürgerkrieg genutzt, um sich in der Mandschurei festzusetzen. 1937 kam es zum offenen Krieg zwischen Japan und China, in dem die Kuomintang den Invasoren nur wenig entgegenzusetzen hatte. Als 1945 auch dieser Krieg zu Ende ging, brach der Kampf zwischen der Kuomintang und den Kommunisten, die nun von der Sowjetunion unterstützt wurden, wieder aus. Er endete schließlich mit der Vertreibung der Kuomintang nach Taiwan und der Gründung der chinesischen Volksrepublik durch Mao Tsetung am 1. Oktober 1949.

Sun Yat-sen

DER HEISSE MÄRZ 1848

Szene auf dem Wiener Kongress

Die Märzunruhen des Jahres 1848 begannen im Februar. Frankreich hatte nach dem Sturz Napoleons unruhige Zeiten erlebt. 1830 stürzte man den König und ersetzte ihn durch einen liberaleren Verwandten, was auch damals schon zu Aufständen in anderen Teilen Europas (u. a. Belgien, Polen) führte. Im Februar 1848 richtete sich der Volkszorn dann auch gegen den zusehends konservativer werdenden „Bürgerkönig" Louis Philippe von Orleans (1773–1850). Die Franzosen vertrieben ihn nach England und riefen die Zweite Republik aus. Dies blieb nicht ohne Folgen für Deutschland, wo sich nach dem Sturz Napoleons für so manchen viel zu wenig geändert hatte. Denn mit ihrer leidenschaftlichen Teilnahme an den Befreiungskriegen hatten viele Deutsche nicht nur für eine Befreiung von Napoleon, sondern auch von den alten feudalen Regimen gestritten. Sie wollten nicht länger in zersplitterten Kleinstaaten und abhängig von der Willkür ihrer Fürsten leben, sondern in einem modernen, liberalen Nationalstaat nach französischem Vorbild. Sie hatten ihre Rechnung jedoch ohne ihre Fürsten gemacht. Die sorgten auf dem Wiener Kongress dafür, dass ihre alte Macht wiederhergestellt wurde. Zwar restaurierten sie nicht das 1806 aufgelöste römisch-deutsche Kaiserreich, aber der neu geschaffene Deutsche Bund war auch nicht mehr als nur ein lockerer Zusammenschluss relativ selbstständiger Fürstentümer. Einigkeit bestand fast nur, wenn es galt, aufrührerische Bewegungen in den Mitgliedsstaaten zu unterdrücken, z. B. mit den berüchtigten Karlsbader Beschlüssen, mit denen studentische Verbindungen verboten und die Zensur der Presse verschärft wurde.

BÜRGER AUF DEN BARRIKADEN

Drei Tage, nachdem der französische König gestürzt worden war, beriefen badische Liberale, darunter der aus dem

Die Nationalversammlung in der Frankfurter Paulskirche

> **DAS WICHTIGSTE IN KÜRZE:**
> - Im Jahr 1848 gab es in ganz Europa Aufstände gegen die Fürstenherrschaft.
> - In Deutschland führten die Märzunruhen zum Versuch einer Einigung „von unten", der letztendlich scheitern sollte.

russischen Kleinadel stammende Journalist Gustav Struve (1805–70), am 27. Februar in Mannheim eine Volksversammlung ein. Sie formulierten eine Petition an die badische Regierung, in der sie Pressefreiheit, ein Volksheer, Geschworenengerichte und ein deutsches Parlament mit gewählten Volksvertretern forderten. Um dem Nachdruck zu verleihen, besetzten sie am 1. März das Ständehaus im badischen Landtag. In den nächsten Tagen griffen die Unruhen dann in allen deutschen Ländern um sich. In Wien stürmten Aufständische das Ständehaus und veranlassten so den berüchtigten Kanzler Klemens von Metternich (1773–1859), der Hauptverantwortlicher für die Restaurierung der alten Verhältnisse auf dem Wiener Kongress gewesen war, zur Flucht nach England. In Berlin kam es am 18. März zu heftigen Straßen- und Barrikadenkämpfen mit mehreren Hundert Toten. Die erschrockenen Fürsten machten Zugeständnisse. Am 20. März stimmten sie auf ihrem Bundestag in Frankfurt am Main der Einberufung einer verfassungsgebenden Nationalversammlung zu. Für die meisten Aufständischen hatte die Rebellion damit ihren Zweck erfüllt. Nur in Baden versuchten Radikaldemokraten um Struve, darunter der Anwalt Friedrich Hecker (1811–81) und der Dichter Georg Herwegh (1817–85), mit dem sogenannten Heckerzug die Einrichtung einer Republik mit Waffengewalt zu erzwingen, was jedoch am 20. April scheiterte. Im übrigen Deutschland wurden Abgeordnete für die Nationalversammlung gewählt, die am 18. Mai in der Frankfurter Paulskirche zusammenkamen. Am 28. März des folgenden Jahres legten sie dann den Entwurf für eine Verfassung vor: Deutschland sollte eine konstitutionelle Monarchie mit demokratisch gewähltem Parlament und unantastbaren Menschen- und Bürgerrechten

werden. Als König war Friedrich Wilhelm IV. (1795–1861) von Preußen vorgesehen. Österreich sollte außen vor bleiben, da sich die Habsburger Kaiser nicht von ihren nicht deutschen Erblanden trennen mochten, in denen es jedoch eigene Nationalbewegungen gab. Die meisten deutschen Fürsten waren bereit, sich diesen radikalen Änderungen zu beugen, nicht jedoch Preußen, Bayern, Sachsen und Hannover. Wieder kam es zu Aufständen, um die Annahme der Verfassung zu erzwingen. In einigen Ländern, etwa in Sachsen und Baden, wurde auch versucht, eine Republik auszurufen, letztendlich wurden aber alle Unruhen niedergeschlagen, zuletzt der badische Aufstand am 23. Juli 1849.

Klemens Fürst von Metternich

UNRUHE IN EUROPA

Blickt man nur auf Deutschland, dann ist die Revolution von 1848 eher ein gescheiterter Wendepunkt der Geschichte. Doch parallel dazu gab es in fast ganz Europa Unruhen: In Sizilien rebellierte man gegen die spanische Herrschaft, in Oberitalien, Ungarn und den slawischen Ländern des österreichischen Kaiserreiches gegen die Habsburger Herrschaft und in Posen gegen die preußische. Letztlich wurden im Verlauf des Jahres 1849 jedoch auch diese Aufstände niedergeschlagen. Lediglich in Frankreich entstand eine Republik, die Staatspräsident Louis-Napoleon Bonaparte (1808–73) jedoch schon bald in ein Kaiserreich umwandelte, und in Dänemark gelang die Einführung einer konstitutionellen Monarchie. Die deutschen Länder bekamen zumindest nach und nach Verfassungen, wenn auch die Mitspracherechte der neuen Parlamente meist ziemlich gering waren.

PROLETARIER ALLER LÄNDER

Versammlung einer feministischen Arbeiterorganisation

Karl Marx, der Vater der Arbeiterbewegung

„… vereinigt euch." Mit diesem Appell endet das *Manifest der Kommunistischen Partei*, das Karl Marx (1818–83) und Friedrich Engels (1820–95) im Auftrag des in London ansässigen Bundes der Kommunisten verfassten. Seine Veröffentlichung bedeutete eine Zäsur in der Geschichte des Sozialismus. Sozialistische und kommunistische Ideen gab es schon früher. Sie finden sich etwa in dem idealistischen Roman *Utopia* des englischen Staatsmannes Thomas Morus (1478–1535) oder in den Schriften des hochadligen Grafen Henri de Saint-Simon (1760–1825). Es waren Ideen von Intellektuellen. Im Bund der Geächteten, einem Vorläufer des Bundes der Kommunisten, hatten Arbeiter nicht einmal ein Mitspracherecht. Wenn sich die Arbeiter selbst zusammenschlossen, dann meist zu politisch wenig weitsichtigen Rebellionen, wie z. B. um Maschinen zu zerstören, die Arbeitsplätze vernichteten. Lediglich in England gab es seit 1832 die Reformbewegung der Chartisten, die Arbeiter organisierte und z. B. durch Streiks versuchte, die Verhältnisse in den Betrieben, aber auch in der Politik zu ändern.

DAS WICHTIGSTE IN KÜRZE:
- **Im Februar 1848 veröffentlichten Karl Marx und Friedrich Engels das *Kommunistische Manifest*.**
- **Es bildete den Anstoß für das Entstehen einer Arbeiterbewegung.**

DIE ARBEITERBEWEGUNG

Karl Marx war jedoch der Meinung, dass es mit Kosmetik nicht getan sei. Für ihn waren auch nicht die politisch Herrschenden der eigentliche Feind, sondern die wirtschaftlich Mächtigen, die Bourgeoisie. Im *Kommunistischen Manifest* erklärte er offen, dass das Ziel der Kommunisten eine Mobilisierung des gesamten Proletariats und ein gewaltsamer Umsturz der Verhältnisse sei, der das Privateigentum an Produktionsmitteln aufhebe. Das *Manifest* wurde in ganz Europa verbreitet. Als wenig später die Märzunruhen in Deutschland ausbrachen, kehrte Marx in seine alte Heimat zurück und agierte im Rheinland. Engels beteiligte sich an der badischen Revolution. Auf den Verlauf der Märzereignisse hatte das *Manifest* noch kaum Einfluss. Im Schatten der liberalen Revolution entstanden jedoch die ersten Arbeiterkomitees und Arbeitervereine, aus denen 1863 mit dem Allgemeinen Deutschen Arbeiterverein die erste Arbeiterpartei Deutschlands hervorging. Parallel dazu entstand auch in den anderen Ländern Europas und Nordamerika eine Arbeiterbewegung. Allerdings entwickelten sich diese Abkömmlinge von Marx' Prinzipien bald in die unterschiedlichsten Richtungen: von der Sozialdemokratie, die einen gewaltsamen Umsturz ablehnte, bis hin zu den russischen Bolschewisten, die die Herrschaft des Proletariats durch die Herrschaft der Partei ersetzten und auch von Internationalität nicht allzu viel hielten.

TRIUMPH DES NORDENS

Wahlplakat des jungen Lincoln

Eigentlich hatte sich das Blatt im Amerikanischen Bürgerkrieg schon im Sommer 1863 gewendet. Nachdem der brillante Südstaatengeneral Robert E. Lee (1807–70) die Armee der Nordstaaten ein ums andere Mal vorgeführt hatte, konnte der Norden bei der Besetzung von Vicksburg und dem Sieg von Gettysburg erstmals seine personelle und wirtschaftliche Übermacht ausspielen. Danach kämpfte der Süden zunehmend auf verlorenem Posten. Im April des Jahres 1865 waren seine Kräfte nahezu erschöpft. Die Armeen des Nordens hatten bewusst eine „Politik der verbrannten Erde" betrieben und sowohl Soldaten als auch Zivilbevölkerung verfügten kaum noch über Vorräte. Am 8. April war General Lee mit seiner Armee auf dem Weg nach Lynchburg in Virginia, wo einer der rar gewordenen Versorgungszüge wartete. Doch bei dem kleinen Ort Appomattox wurde er von der übermächtigen Nordarmee gestellt. Als die Schlacht aussichtslos wurde, kapitulierte er. Jeder wusste, dass dies das Ende war. Nach Lee ergaben sich auch alle anderen Militärführer der Südstaaten.

DIE SKLAVENFRAGE

Entzündet hatte sich der Konflikt an der Wahl Abraham Lincolns (1809–65) zum neuen Präsidenten. Dieser hatte angekündigt, in neu aufgenommenen Territorien keine Sklaverei mehr zu dulden. Die Südstaaten befürchteten, dass dies künftig auch eine Wirtschaftspolitik bedeuten würde, die nur dem industrialisierten Norden zugutekam, für den Süden aber Gift war. Also traten sie aus der Union aus und besetzten die Stützpunkte der US-Armee auf ihrem Gebiet. Mit der Auseinandersetzung um Fort Sumter in South Carolina begann am 12. April 1861 der Krieg, in dem beide Parteien anfangs dachten, den Gegner schnell zum Nachgeben bringen zu können. Vier Jahre später waren gut 600.000 Menschen getötet worden und der Süden verwüstet. Das alte Wirtschafts- und Sozialsystem war unwiederbringlich zerstört und es blieb nur eine Anpassung an den fortschrittlicheren Norden übrig. Politisch bekam die Zentralregierung im Laufe der nächsten Jahre mehr Gewicht gegenüber den Bundesstaaten. Die 3,5 Millionen afroamerikanischen Sklaven waren nun frei, fanden aber nur schwer Arbeit und waren auch im Norden selten willkommen. Es etablierte sich ein System der Rassentrennung, das erst 1964 auf Betreiben von Martin Luther King hin aufgehoben wurde. Außerdem begann nach dem Bürgerkrieg die endgültige Eroberung des „Wilden Westens" und damit auch die großen Vernichtungsfeldzüge gegen die Indianer.

> **DAS WICHTIGSTE IN KÜRZE:**
> - Am 9. April 1865 kapitulierte General Robert E. Lee bei Appomattox.
> - Dies bedeutete das Ende des Amerikanischen Bürgerkriegs zugunsten der Nordstaaten.

General Robert E. Lee

AUFTRITT BISMARCK

„Der Lotse geht von Bord"

DROPPING THE PILOT.

König Wilhelm I. von Preußen

Am Anfang stand eine Heeresreform. König Wilhelm I. (1797–1888) wollte die preußische Armee vergrößern, aber bei dieser Gelegenheit gleichzeitig den Einfluss der Bürgerwehren schwächen und den der adligen Regimentsteile stärken. Auf diese Weise hoffte er, künftigen Aufständen à la 1848 besser begegnen zu können. Doch seit 1848 hatte Preußen eine Verfassung und ein Parlament. In diesem Parlament dominierten 1861 die Liberalen und denen

behagte diese Heeresreform nicht. Also verweigerten sie ihre Zustimmung zu dem Haushaltsentwurf, mit dem die Reform finanziert werden sollte. Auch Neuwahlen änderten daran nichts. Der König sah dies als persönliche Demütigung an und erwog schon, zugunsten seines Sohnes zurückzutreten. Da schlug ihm sein Kriegsminister Albrecht Graf von Roon (1803–79) vor, es doch mal mit Bismarck als Ministerpräsidenten zu probieren.

OTTO VON BISMARCK

Otto von Bismarck (1815–98) war damals preußischer Gesandter in Paris. Zuvor war er schon Botschafter in Sankt Petersburg und beim Bundestag in Frankfurt gewesen. Er galt als unbedingter Verfechter der monarchischen Ordnung. Am 18. September 1862 schickte Roon ihm ein Telegramm mit den Worten: „Periculum in mora. Dépechêz-vous!" (Gefahr im Verzug! Beeilen Sie sich!). Bismarck beeilte sich. Fünf Tage später wurde er vom König zum preußischen Ministerpräsidenten und am 8. Oktober auch zum Außenminister ernannt. Den Konflikt mit dem Parlament löste er, indem er sich nicht darum scherte. Er führte die Heeresreform wie geplant durch und regierte ohne abgesegneten Haushalt. In der Verfassung, so seine Meinung, stände keine Lösung für einen solchen Konflikt zwischen Monarch und Parlament. Es gäbe also eine rechtliche Lücke und die habe selbstverständlich der König auszufüllen – beziehungsweise sein Ministerpräsident. Denn viel zu sagen hatte der König von diesem Tag an nicht mehr. Über die grundsätzli-

DAS WICHTIGSTE IN KÜRZE:

- Am 23. September 1862 wurde Bismarck preußischer Ministerpräsident.
- 1871 gründete er das Deutsche Kaiserreich und spielte daraufhin auch eine bedeutende Rolle in der Weltpolitik.

che Linie, den Machterhalt Preußens und seines Herrscherhauses, war er sich mit Bismarck einig. Wenn es in Details Meinungsverschiedenheiten gab, setzte sich letztendlich immer der Kanzler durch.

DIE DEUTSCHE EINIGUNG

Natürlich machte Bismarck sich mit seinem Vorgehen Feinde, doch er entschärfte die Situation, indem er sich einem populären Projekt widmete, der deutschen Einigung. Die war ihm nicht gerade ein Herzensanliegen, doch er war der festen Überzeugung, dass Preußen nur an der Spitze eines gesamtdeutschen Staates als Großmacht bestehen könne, eines gesamtdeutschen Staates ohne Österreich! 1864 nutzte er einen Verstoß Dänemarks gegen den äußerst komplizierten Sonderstatus von Schleswig-Holstein, um die deutschen Länder zu einem in der Öffentlichkeit sehr populären Krieg hinter sich zu sammeln. Zwei Jahre später brach er über die Verwaltung von Schleswig-Holstein einen Streit mit Österreich vom Zaun und reagierte umgehend mit einem diesmal sehr unpopulären Krieg, der jedoch schnell entschieden war. Danach gründete er mit seinen Verbündeten den Norddeutschen Bund, schloss aber mit Bayern, Württemberg, Baden und Hessen, die ohne Österreich auf Gedeih und Verderb Preußen ausgeliefert waren, geheime Verteidigungsbündnisse. Nun blieb nur noch ein Problem: Frankreich. Napoleon III. (1808–73) war nicht gewillt, ein geeintes Deutschland zu dulden. Also wartete Bismarck auf eine passende Gelegenheit. 1870 veröffentlichte er den Bericht über einen undiplomatischen Auftritt des französischen Botschafters in Bad Ems (Emser Depesche) in leicht entstellter Form und brachte damit die französische Öffentlichkeit derart in Wut, dass das Land am 19. Juli mit einer Kriegserklä-

Die Emser Depesche

rung antwortete. Der französische Kaiser kapitulierte schon nach der Schlacht von Sedan am 1. September. Daraufhin setzten ihn die Franzosen ab und kämpften als Dritte Republik weiter. Bismarck bereitete unterdessen die deutsche Einigung vor, die relativ leicht zu bewerkstelligen war, weil es sich im Grunde nur um einen Anschluss der süddeutschen Länder an den Norddeutschen Bund handelte. Die meiste Mühe bereitete es ihm, seinem Monarchen beizubringen, dass er nicht als König von Preußen dem neuen Staat vorstehen durfte, sondern sich ab der feierlichen Proklamation, die am 18. Januar 1871 im Spiegelsaal des Versailler Schlosses stattfand, deutscher Kaiser nennen musste.

Otto von Bismarck mit preußischer Pickelhaube

DER LOTSE GEHT VON BORD

Bismarck zog als Kanzler die Fäden der deutschen Politik und, um Deutschland seine Stellung zu sichern, auch die der internationalen, bis Wilhelm II. (1859–1941) ihn am 18. März 1890 entließ. Unter Bismarcks Ägide war Deutschland zu einem politischen und wirtschaftlichen Schwergewicht in Europa geworden. Aber dazu hatte er sich einer politischen Raffinesse bedient, die keiner fortführen konnte, ja, die kaum einer verstanden hatte. Er hinterließ ein politisch weitgehend unmündiges Volk.

DIE ÖFFNUNG JAPANS

Amerikaner landen in der Bucht von Tokio

DAS WICHTIGSTE IN KÜRZE:
- **Mit der Meiji-Restauration im Jahr 1868 wurden die japanischen Shogune entmachtet.**
- **Danach begann das Land, eine offensive Rolle in der Weltpolitik zu spielen.**

Auseinandersetzung zwischen China und Japan

Japans Kaiserhaus ist stolz darauf, eine ununterbrochene Erbfolge bis mindestens in das 6. Jahrhundert zurück vorweisen zu können. Die eigentliche Macht jedoch lag seit 1192 nicht beim Tenno, sondern in den Händen der Shogune, der obersten Militärführer. Im Laufe der Geschichte wechselten sich mehrere Dynastien ab. Als 1543 die ersten Portugiesen in Japan landeten, herrschte gerade wieder mal Bürgerkrieg. 60 Jahre später setzte sich der Feldherr Tokugawa Ieyasu (1543–1616) als neuer Shogun durch. Um seine Macht zu sichern, praktizierte er eine Politik der vollkommenen Isolation. Er schottete sowohl den Kaiser von der japanischen Gesellschaft ab als auch sein Land gegenüber dem Ausland.

Im Inneren errichtete er ein starres Ständesystem ohne jegliche Aufstiegschancen, das zudem streng kontrolliert wurde. Doch gerade die Stände, die das Rückgrat der Gesellschaft bilden sollten, der Adel, die Samurai und die Bauern, gerieten zunehmend in wirtschaftliche Schwierigkeiten. Dazu kam der Druck von außen: 1853 landete ein US-amerikanisches Kanonenboot in der Tokio Bay und erzwang die Aufnahme von Handelsbeziehungen.

DIE MEIJI-RESTAURATION

Die eigentliche Wende kam jedoch nicht von außen, sondern von innen. Im November 1867 erlaubte der erst 15-jährige Kaiser Meiji (1852–1912) verbündeten Adligen, das Shogunat zu stürzen. Der Shogun Tokugawa Yoshinobu (1837–1913) trat zunächst freiwillig zurück. Als der Kaiser jedoch am 3. Januar 1868 die Restauration der kaiserlichen Macht verkündete, suchten der Shogun und seine Anhänger die militärische Auseinandersetzung, die sie im Laufe des Jahres aber verloren. Der Kaiser und seine Anhänger, die oft als Meiji-Oligarchen bezeichnet werden, leiteten eine rasante Modernisierung nach westlichem Vorbild ein. Dazu unternahmen führende Politiker Reisen in alle Welt, japanische Studenten wurden an westliche Hochschulen geschickt und westliche Experten ins Land geholt.

Vor allem das wirtschaftlich prosperierende, aber politisch konservative Preußen diente als Vorbild. Es entstanden auch liberale Bewegungen, die sich jedoch gegen die Meiji-Regierung nicht durchsetzen konnten. Ab 1874 begann das modernisierte Japan dann eine aggressive, imperialistische Außenpolitik, die es zur dominierenden Macht Ostasiens machte. 1905 gewann es einen Krieg gegen Russland und setzte sich in der Mandschurei fest. 1937 entwickelte sich die Mandschureikrise zu einem Krieg mit China, der bis in den Zweiten Weltkrieg hineinreichte.

WETTLAUF UM AFRIKA

Kolonialisierung des Schwarzen Kontinents

Im Jahr 1874 wurde Benjamin Disraeli (1804–81) neuer britischer Premierminister und machte der außenpolitischen Zurückhaltung seines Vorgängers Gladstone ein Ende. Disraeli sah Großbritanniens wirtschaftliche Dominanz durch das Erstarken der anderen europäischen Kräfte und eine beginnende Industrialisierung auf dem Kontinent gefährdet. Er hielt es für dringend nötig, die Kolonien, die als Rohstofflieferanten und Absatzmärkte von essenzieller Wichtigkeit für die britische Wirtschaft waren, besser zu sichern. 1875 kaufte Großbritannien dem bankrotten ägyptischen Staat seine Aktien am erst sechs Jahre zuvor eröffneten Suezkanal ab, der den Seeweg nach Indien entscheidend verkürzte. Doch auch bei den anderen europäischen Mächten kam angesichts des britischen Erfolgsmodells und einer 1873 einsetzenden wirtschaftlichen Rezession ein verstärktes Interesse an Kolonialgebieten auf. 1881 besetzte Frankreich unter einem Vorwand das formal noch zum Osmanischen Reich gehörige, aber de facto selbstständige Tunesien. Großbritannien reagierte. Ein Jahr später übernahm es die Macht in Ägypten, um sowohl eine Übernahme durch Frankreich als auch durch ägyptische Aufständische zu verhindern.

WILLKÜRLICHE GRENZEN

Dies bildete den Auftakt zum sogenannten Wettlauf um Afrika, in dem sich nicht nur Großbritannien und Frankreich, sondern auch Italien, Belgien und das Deutsche Kaiserreich möglichst große Teile vom Kuchen sichern wollten. Dabei entstanden Gebiete mit willkürlichen Grenzverläufen, die historische Traditionen missachteten und bis in die Gegenwart ein Problem darstellen. Sklaverei gab es offiziell nicht mehr, wohl aber eine hemmungslose Ausbeutung durch Kolonialregime, die die Einheimischen weitgehend rechtlos machten. Aufstände wurden brutal niedergekämpft. Gewinnbringend waren die meisten dieser späten Kolonien trotzdem nicht. Aber in der europäischen Öffentlichkeit wurden Kolonien trotzdem als nationale Notwendigkeit angesehen. Das galt besonders für Deutschland, wo mit der Gründung des Kaiserreichs ein Anspruch auf ein den anderen Großmächten gleichwertiges Kolonialreich erhoben wurde, wohingegen Kanzler Bismarck gleichzeitig dem Erwerb von Kolonien eher auswich, weil er sie als Klotz am Bein empfand. Dies führte dazu, dass Deutschland nach Bismarcks Entlassung (1890) mit seiner Jagd nach Kolonien zahlreiche politische Krisen heraufbeschwor und sich außenpolitisch isolierte. Außerdem wich man auf Erwerbungen in Ozeanien aus, da Afrika schon größtenteils vergeben war.

Ausbeutung und Sklaverei unter dem Kolonialregime

> **DAS WICHTIGSTE IN KÜRZE:**
> - Um 1874 setzte ein „neuer Imperialismus" der Großmächte ein.
> - Dies führte zu einem großen Wettlauf um Kolonialgebiete vor allem in Afrika.

Der britische Staatsmann und Schriftsteller Benjamin Disraeli

DAS ERBE DER OSMANEN

Otto von Bismarck auf der Berliner Konferenz 1878

Zar Alexander II.

Sultan Russland den Krieg. Die übrigen europäischen Mächte waren jedoch keineswegs gewillt, diese russisch-österreichische Machterweiterung hinzunehmen. Erst griff Schweden aufseiten der Türken in den Krieg ein, dann drohte Preußen mit einem Kriegseintritt und brachte Österreich so zum Einlenken. Am Ende passierte nicht viel, doch die europäischen Mächte hatten plötzlich ein essenzielles Interesse am Erhalt des türkischen Reiches bekommen, da sie ein übermächtiges Russland fürchteten, falls dieses seine Macht auf Südosteuropa und den Nahen Osten ausdehnen konnte. 1854 griffen England, Frankreich und Piemont-Sardinien deshalb in den Krimkrieg zwischen Russland und den Osmanen ein. Er gilt als erster moderner Stellungs- und Grabenkrieg und kostete etwa einer halben Million Menschen das Leben. Am Ende änderte sich strategisch wieder nicht allzu viel. Russland musste den Bestand des Osmanischen Reiches garantieren und das Schwarze Meer wurde ein internationales, entmilitarisiertes Gewässer. Der größte Gewinner waren die russischen Bauern, weil Zar Alexander II. (1818–81) nach dem Krieg groß angelegte Reformen durchführte, zu denen auch die Aufhebung der Leibeigenschaft gehörte.

Im Mai des Jahres 1787 trafen sich die russische Zarin Katharina II. (1729–96) und Österreichs Kaiser Joseph II. (1741–90) auf der Krim. Nachdem Katharina 15 Jahre zuvor schon mit Österreich und Preußen die Aufteilung Polens eingeleitet hatte, ging es diesmal um einen fetteren Brocken: das Osmanische Reich. Die beiden Monarchen planten einen gemeinsamen Krieg und eine einvernehmliche Aufteilung des türkischen Besitzes. In Istanbul bekam man Wind von der Sache und entschied sich für einen Präventivschlag. Am 13. August erklärte der

DAS WICHTIGSTE IN KÜRZE:

- 1878 erkämpften sich die Balkanvölker ihre Unabhängigkeit.
- Damit geriet das Gleichgewicht der europäischen Großmächte ins Wanken.

◼ DIE BERLINER KONFERENZ

Die Krise des Osmanischen Reiches ermunterte auch die unterworfenen Balkanvölker zum Aufstand. 1829 erkämpfte sich Griechenland seine Freiheit und Serbien, Moldawien und die Walachei brachten es zumindest zu einer gewissen Autonomie. 1876 versuchten

Aufständische in Serbien, Montenegro, Bosnien und Bulgarien die türkische Herrschaft endgültig abzuschütteln, wurden jedoch schnell geschlagen. Also griff Russland ein. Österreichs Neutralität erkaufte es sich mit einer Absteckung der Interessensphären auf dem Balkan. Im Januar 1878 kapitulierte der Sultan. Im Frieden von San Stefano erhielten Serbien, Montenegro und Rumänien ihre Unabhängigkeit. Moldawien und Teile des Kaukasus fielen an Russland. Auch Bulgarien (inkl. des heutigen Makedoniens) sollte zwei Jahre unter russischer Besatzung stehen. Das war den übrigen Großmächten zu viel Machtzuwachs für das Zarenreich. Österreich und Großbritannien drängten auf eine Konferenz, die vom 13. Juni bis zum 13. Juli 1878 unter dem Vorsitz Bismarcks in Berlin stattfand. Makedonien und der Süden Bulgariens (Ostrumelien) wurden an das Osmanische Reich zurückgegeben, das dafür Zypern an Großbritannien verpachtete und eine Besetzung Bosnien-Herzegowinas durch Österreich zuließ.

DIE BALKANKRIEGE

Russland war über den Berliner Kompromiss, der ihm den erhofften Weg zum Mittelmeer durch den Vasallenstaat Bulgarien raubte, äußerst verstimmt. Doch für die Großmächte war die Krise damit beigelegt. Nicht jedoch für die Balkanvölker. 1885 erhoben sich die Bulgaren in Ostrumelien gegen die türkische Herrschaft und vollzogen die in Berlin verhinderte Vereinigung mit dem Rest Bulgariens. Damit wurde das Land dem Nachbarn Serbien zu mächtig. Mit der Rückendeckung Österreichs, das damit wieder mal Russland ausbremsen wollte, griff Serbien Bulgarien an, das sich jedoch behaupten konnte. 1912 taten sich Bulgarien, Serbien, Griechenland und Montenegro dann gegen das Osmanische

Reich zusammen und eroberten den Rest der türkischen Balkangebiete (Albanien, Makedonien, Kosovo, Thrakien). Bei der Aufteilung der Beute aber mischten sich wieder die Großmächte ein. Da in Serbien inzwischen eine nationalistische, russlandfreundliche Regierung an der Macht war, hatte Österreich ein elementares Interesse daran, dass Serbien nicht zu sehr gestärkt und keine Küstengebiete an der Adria erhalten würde, von wo es dem Habsburgerreich eventuell den Zugang zum Mittelmeer blockieren könnte. Während man auf der Berliner Konferenz der albanischen Delegation noch beschieden hatte, es gäbe kein Albanien und damit auch keine albanischen Interessen, setzte Österreich im Mai 1913 auf der Konferenz von London mit deutscher Rückendeckung gegen den Willen Russlands die Schaffung eines unabhängigen Staates Albanien durch. Damit zog

Zarin Katharina II.

es sich die endgültige Feindschaft Serbiens zu. Aber auch Bulgarien war unzufrieden mit dem, was es auf der Konferenz zugesprochen bekam. Mit der heimlichen Rückendeckung Österreichs unternahm es einen Angriff auf Serbien, was dazu führte, dass Montenegro, Rumänien, Griechenland und das Osmanische Reich Serbien unterstützten und die bulgarische Beute aus dem Ersten Balkankrieg eroberten. Österreich erwog nun ein Einschreiten zugunsten Bulgariens, unterließ dies jedoch, da Deutschland ihm seine Unterstützung versagte. Inzwischen bezeichnete man den Balkan als „Zündschnur am Pulverfass Europa".

ATTENTAT IN SARAJEVO

Attentat auf Franz Ferdinand in Sarajevo

gerade vor einem weiteren Attentäter an. Gavrilo Princip (1894–1918) hob seine Pistole und erschoss Franz Ferdinand und dessen Frau.

DER KONFLIKT MIT SERBIEN

Bosnien und Herzegowina waren damals das reinste Pulverfass. 1878 hatten die Großmächte auf dem Berliner Kongress eine Besetzung durch Österreich beschlossen. Eine Maßnahme, gegen die es viel Widerstand in der Bevölkerung gab, der sich nach der förmlichen Annexion des Landes durch Österreich im Jahr 1908 noch einmal verstärkte. Besonders heftig war der Widerstand beim serbischen Teil der Bevölkerung, der sich einen Anschluss an Serbien wünschte, teils, aus nationalistischen Gründen und teils weil Österreich weiter auf die alten, vornehmlich muslimischen Eliten aus türkischer Zeit setzte, während die Kleinbauern benachteiligt wurden. Serbische Nationalisten schürten diese Unruhen. Die Attentäter von Sarajevo etwa erhielten ihre Waffen von einem serbischen Geheimdienstler. Doch es ging nicht nur um Bosnien. Auch in den schon lange zum Habsburgerreich gehörigen Ländern Kroatien und Slowenien herrschte Unzufriedenheit. Auch hier hatte es schon mehrere Attentate gegeben und auch hier warben serbische Agitatoren für einen Anschluss an ein großserbisches Reich. Etwas, das für viele Kroaten und Slowenen bei aller Abneigung gegen Österreich aber auch keine lockende Perspektive war. Gerade deshalb war Erzherzog Franz Ferdinand den serbischen Nationalisten ein besonderer Dorn im Auge. Er plante nämlich,

Sie waren sieben. Sieben junge Bosnier, die dem österreichischen Thronfolger Franz Ferdinand (1863–1914) mit Bomben und Pistolen auflauerten, als er am 28. Juni 1914 anlässlich eines Manövers die bosnische Hauptstadt Sarajevo besuchte. Zuerst flog eine Bombe in die Luft, die den Thronfolger jedoch verfehlte und nur einen Offizier im nächsten Auto verletzte. Die anderen Attentäter trauten sich nicht zuzuschlagen oder hatten keine Gelegenheit dazu. Franz Ferdinand kam heil im Rathaus der Stadt an. Nach dem Empfang durch den Bürgermeister beschloss er, dem Verletzten im Lazarett einen Besuch abzustatten. Auf dem Weg dorthin hielt das Auto

DAS WICHTIGSTE IN KÜRZE:
- **Am 28. Juni 1914 wurde der österreichische Thronfolger in Sarajevo erschossen.**
- **Die folgende politische Krise mündete in den Ersten Weltkrieg.**

die Stellung der slawischen Völker im Habsburger k. u. k. Reich zu verbessern und so Abspaltungstendenzen zugunsten Serbiens den Nährboden zu entziehen. Sein Tod gab dann den Hardlinern in der k. u. k. Regierung Auftrieb. Sie forderten, ein für alle Mal mit der serbischen Agitation aufzuräumen, und zwar bei den Hintermännern, also in Serbien selbst. Den meisten Beteiligten war jedoch klar, dass es da ein gewaltiges Problem gab. Russland würde nie dulden, dass Österreich Serbien schwächte und so das in vielen Konferenzen austarierte Gleichgewicht der Großmächte auf dem Balkan durcheinanderbrachte. Würde aber Russland Österreich angreifen, musste Deutschland seinem Bündnispartner zu Hilfe kommen, was wiederum ein Eingreifen der mit Russland verbündeten Franzosen nach sich ziehen würde. Trotzdem vereinbarten Deutschland und Österreich, Serbien ein unannehmbares Ultimatum zu stellen und danach einen Krieg zu beginnen. Warum?

DER WEG IN DEN KRIEG

Das ungeschickte Agieren Kaiser Wilhelms II. (1859–1941) und der Nationalismus weiter Teile der Bevölkerung hatten das Deutsche Kaiserreich, dem es wirtschaftlich damals glänzend ging, in eine immer größer werdende außenpolitische Isolation hineingetrieben. Zudem hatte Deutschland mit einer Heeresvorlage 1913 seine militärischen Reserven weitgehend ausgeschöpft, Russland und Frankreich aber noch nicht. Allgemein befürchtete man, dass diese beiden Mächte in ein paar Jahren, wenn sich das Kräftegleichgewicht zu ihren Gunsten verschoben hatte, einen Krieg gegen Deutschland vom Zaun brechen könnten. Also beschloss man, Sarajevo zu einem Testfall zu machen. Entweder schreckte Russland vor einem Weltkrieg

zurück oder man wollte ihn jetzt führen, wo die Bedingungen für Deutschland noch günstig waren. Während Deutschland also nach außen so tat, als würde es sich fieberhaft um eine

Festnahme des Attentäters

diplomatische Lösung bemühte, drängte es in Wahrheit Österreich, möglichst schnell Fakten zu schaffen. Am 23. Juli stellte Österreich sein Ultimatum, am 28. Juli erklärte es Serbien den Krieg. Dies schreckte natürlich auch die anderen europäischen Mächte auf. Am 29. Juli begann Russland mit der Mobilmachung. Dies tat es in ernsten Krisen immer, da es Wochen brauchte, um wirklich kriegsbereit zu sein. Nun aber stellte sich heraus, dass Deutschland gar nicht abwarten konnte, ob Russland wirklich auf einen Krieg aus war. Denn man hatte nur einen einzigen Aufmarschplan in der Schublade. Dieser sah vor, zu Beginn der russischen Mobilmachung gegen Frankreich loszuschlagen und dieses niederzuwerfen, bevor Russland einsatzbereit war. Es ist fraglich, ob die deutsche Regierung dieses Faktum einfach ignoriert hatte, als sie ihre hochriskante Politik begann, oder tatsächlich nichts von dieser militärischen Alternativenlosigkeit gewusst hatte. Bei den chaotischen Zuständen, die in der Regierung Wilhelms II. herrschten, wäre Letzteres durchaus denkbar. Auf jeden Fall ließ sich die Regierung von ihren Militärs drängen, am 1. August Russland und am 2. August Frankreich den Krieg zu erklären. Der deutschen Bevölkerung log sie vor, die Feindseligkeiten wären von den anderen Mächten eröffnet worden.

Kaiser Wilhelm II.

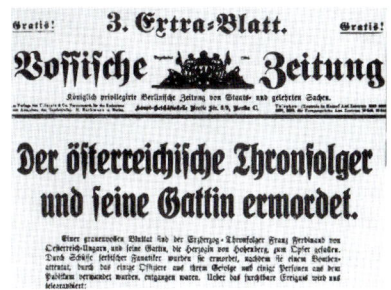

Schlagzeile in der Vossischen Zeitung

AUFSTAND IN DER WÜSTE

Lawrence von Arabien

Der Nahe Osten war seit 1517 Bestandteil des Osmanischen Reiches. Dort aber hatten 1908 die Jungtürken die Macht übernommen, die alle anderen ethnischen Gruppen des multikulturellen Reiches mit Misstrauen bedachten. Dieses verstärkte sich, als sie im Oktober 1914 auf der Seite Deutschlands in den Ersten Weltkrieg eintraten. Es richtete sich nicht nur gegen christliche Völker (Massenmord an den Armeniern), sondern auch gegen arabische Nationalisten, die von einem arabischen Staat träumten. Dies bewog den Großscherif von Mekka Hussein ibn Ali (1856–1931) im Jahr 1915, Kontakt mit dem britischen Hochkommissar in Ägypten Henry McMahon (1862–1949) aufzunehmen und ihm ein Bündnis anzubieten. Ab Juni 1916 begannen Husseins Söhne Abdullah (1882–1951) und Faisal (1883–1933) zusammen mit britischen Kräften, vor allem dem berühmten Abenteurer Lawrence von Arabien (1888–1935), einen Guerillakrieg gegen die osmanischen Streitkräfte. Die Araber glaubten, von McMahon die Zusage für einen unabhängigen arabischen Staat bekommen zu haben. Großbritannien strebte aber eine europäische Oberhoheit über den ölreichen Nahen Osten an und einigte sich im Mai 1916 mit Frankreich auf die Aufteilung der Interessensphären. Außerdem versprachen sie im November 1917 den britischen Juden, dass Palästina eine Heimstatt des jüdischen Volkes werde (Balfour-Deklaration).

DAS VÖLKERBUNDMANDAT

Nach dem Krieg wurde Faisal ibn Hussein vom syrischen Nationalkongress zum König von Syrien proklamiert. Mit dem jüdischen Politiker Chaim Weizmann (1874–1952) einigte er sich auf die Gründung eines jüdischen Staates. Der Völkerbund übertrug das Mandat über Syrien jedoch gemäß der britisch-französischen Vereinbarung von 1916 an Frankreich, das Faisal im Juli 1920 verjagte. Die Briten setzten ihn dann als König des neu gebildeten Irak und seinen Bruder Abdullah als Herrscher Jordaniens ein, unterstützten auf der Arabischen Halbinsel aber inzwischen das Haus Saud gegen ihren Vater Hussein. Während sich die Nachkommen Abdullahs bis heute an der Macht halten können, wurden die unpopulären Dynastien in Ägypten (1952) und im Irak (1958) gestürzt. Auch in Syrien setzten sich nach dem Abzug der Franzosen (1945) antieuropäische Kräfte durch. Der Plan der Europäer, Kontrolle über den Nahen Osten und sein Öl zu behalten, hatte Probleme heraufbeschworen, die bis heute andauern. Vor allem auch, weil das Faisal-Weizmann-Abkommen sehr schnell Makulatur wurde.

Chaim Weizmann

DAS WICHTIGSTE IN KÜRZE:
- **1916 begann die arabische Revolte gegen die osmanische Herrschaft.**
- **Nach dem Ersten Weltkrieg verhinderten Frankreich und Großbritannien jedoch zunächst eine Unabhängigkeit der arabischen Staaten.**

REVOLUTION IN RUSSLAND

Im März 1917 fuhr ein versiegelter Zug durch Deutschland. Sein Ziel war die Schwedenfähre in Saßnitz. Die geheimnisvolle Fracht an Bord: der russische Revolutionär Wladimir Iljitsch Uljanow, genannt Lenin (1870–1924). Nach dem gescheiterten russischen Aufstand (1905–07) war er zuerst nach Finnland, dann in die Schweiz geflüchtet. Nun kehrte er mithilfe der deutschen Obersten Heeresleitung nach Russland zurück, um die innenpolitischen Unruhen beim Kriegsgegner noch einmal zu schüren.

DAS ENDE DES ZARENREICHS

Russland galt zu Beginn des 20. Jahrhunderts als der rückständigste, reaktionärste Staat Europas, in dem schon lange massive Unzufriedenheit gärte. Im Winter 1916 kam auch noch eine Hungersnot dazu. Der Krieg hatte zu Inflation und gravierenden Versorgungsmängeln geführt. Doch Zar Nikolaus II. (1868–1918) war in keinster Weise zu Reformen und Zugeständnissen bereit. Am 8. März 1917 (nach russischem Kalender am 23. Februar) kam es in Sankt Petersburg zu einer Hungerrevolte von Arbeiter- und Soldatenfrauen. Der Zar schickte seine Soldaten aus. Doch auch die hatten inzwischen genug und verbrüderten sich mit den Aufständischen. Angehörige der progressiven Parteien der Duma (Parlament) ließen den Zaren verhaften. Parallel dazu bildeten die Kommunisten Arbeiter- und Soldatenräte (Sowjets). Am 15. März dankte Nikolaus zugunsten seines Bruders ab, der jedoch umgehend auch auf die Zarenkrone verzichtete.

Sowjets und Duma einigten sich auf eine neue Regierung, die Reformen durchführte, die wirtschaftlichen Probleme des Landes jedoch nicht in den Griff bekam.

Oktoberrevolution in Russland

SIEG DER BOLSCHEWISTEN

Lenin enttäuschte seine deutschen Unterstützer nicht. Kaum in Russland angekommen, forderte er in seinen Aprilthesen den Sturz der neuen Regierung. Die Sowjets sollten alle Macht übernehmen und die proletarische Revolution durchführen. Ein erster Putsch im Juli 1917 scheiterte jedoch und Lenin musste wieder nach Finnland fliehen. Am 7. November (Russland: 25. Oktober) unternahm er den nächsten Versuch. Anlässlich eines Kongresses aller Sowjets in Sankt Petersburg ließ Lenin die amtierende Regierung verhaften und setzte auf dem Sowjetkongress eine neue Regierung unter seinem Vorsitz ein. Mit Deutschland schloss er am 5. März 1918 Frieden. In Russland setzten sich Lenins Bolschewisten erst nach einem Bürgerkrieg endgültig durch, der bis November 1920 dauerte und rund 8 Millionen Opfer forderte. Am 30. Dezember 1922 wurde die Sowjetunion gegründet – mit allen bekannten Folgen.

Wladimir Iljitsch Uljanow – besser bekannt als Lenin

DAS WICHTIGSTE IN KÜRZE:
- **Im Februar 1917 wurde in Russland der Zar gestürzt.**
- **Im Oktober des gleichen Jahres übernahmen die Kommunisten die Macht.**

Familie Romanow mit Zar Nikolaus II. im Zentrum

EIN FRIEDEN MIT FOLGEN

Hindenburg, Kaiser Wilhelm II. und Ludendorff bei einer Lagebesprechung im deutschen Hauptquartier

fenstillstandsverhandlungen. Aber ihm gelang noch ein letzter Coup: Er regte an, die Verhandlungen mit dem Feind durch eine neue unbelastete Regierung führen zu lassen, um mildere Bedingungen zu erreichen. Die Kapitulation Deutschlands am 11. November unterzeichnete also ein Politiker der bislang oppositionellen Zentrumspartei namens Matthias Erzberger (1875–1921), der dafür später mit dem Leben bezahlte. Er wurde von Rechtsradikalen als „Erfüllungspolitiker" erschossen. Eine christlich-liberal-sozialdemokratische Koalition unter Kanzler Max von Baden (1867–1929) übernahm die Regierung und erarbeitete eine parlamentarische Verfassung für Deutschland.

Erich Ludendorff (1865–1937), der Chef der deutschen Obersten Heeresleitung, hatte alles versucht. Er hatte Deutschland in eine Art Militärdiktatur verwandelt, um alle Kräfte in die Rüstungsindustrie zu stecken. Er hatte dafür Zwangsarbeit eingeführt und Hungertote in Kauf genommen. Er hatte im Frühjahr 1918 den unerfahrenen Jahrgang 1900 an die Front geschickt. Er hatte im Westen eine Großoffensive gestartet, die noch einmal Hunderttausende von Leben kostete. Im September musste er jedoch einsehen, dass der Krieg nicht mehr zu gewinnen war. Nachdem er eben noch geschönte Siegesmeldungen verbreitet hatte, forderte er nun sofortige Waf-

DIE DOLCHSTOSSLEGENDE

Ludendorff und seinesgleichen behaupteten jedoch später, das deutsche Heer sei im Felde unbesiegt geblieben und nur durch einen Dolchstoß in den Rücken niedergestreckt worden. Mit diesem Dolchstoß meinten sie die Novemberrevolution, die sich daran entzündete, dass die oberste Admiralität die deutsche Flotte noch zu einem letzten „Ehrengefecht" auslaufen lassen wollte. Diese Revolution führte dazu, dass Deutschland Republik wurde und keine konstitutionelle Monarchie, wie es die Regierung Max von Baden geplant hatte. Sie hatte aber nicht das Geringste mit der Unterzeichnung der deutschen Kapitulation zu tun, und auch der Grundstein zu einer neuen parlamentarischen Verfassung war bereits zuvor gelegt worden. Es war jedoch die Tragik der neuen „Weimarer" Regierung, dass nicht nur die alten Kräf-

---

DAS WICHTIGSTE IN KÜRZE:
- **Am 11. November 1918 endete der Erste Weltkrieg mit der Kapitulation Deutschlands.**
- **Doch die Friedensverträge, die 1919 und 1920 unterzeichnet wurden, bargen allerlei politischen Zündstoff.**

te, die den Krieg begonnen hatten, nun alle Verantwortung für die Niederlage auf sie abwälzten, sondern dass die Alliierten sich zudem nicht gewillt zeigten, den neuen Kräften entgegenzukommen. Der Friedensvertrag von Versailles, dessen Bedingungen erst im Frühjahr 1919 bekannt wurden, war nicht ungerechtfertigt, aber äußerst hart. Deutschland verlor Gebiete an Polen, die Tschechoslowakei, Frankreich, Belgien und Dänemark sowie seinen gesamten Kolonialbesitz. Es wurde entmilitarisiert und zu Reparationsforderungen verpflichtet, deren Höhe noch nicht feststand. Außerdem musste es anerkennen, dass es die Schuld am Ausbruch des Krieges trug. Das entsprach zwar den Tatsachen, doch im deutschen Volk glaubte man noch immer, dass die eigene Regierung im Juli 1914 aufopferungsvoll verhandelt habe und der Krieg von der Gegenseite begonnen worden sei. Der Versailler Vertrag spielte so allen extremistischen, nationalistischen und antidemokratischen Kräften in Deutschland in die Hände und hatte beträchtlichen Anteil am Aufstieg der Nationalsozialisten.

Verhandlungen in Versailles: David Lloyd George, Vittorio Emanuele Orlando, Georges Clemenceau und Woodrow Wilson (von links)

DIE GRÜNDUNG DER TÜRKEI

Doch nicht nur in Deutschland stellten die Friedensverträge von 1919 und 1920 die Weichen für die Zukunft. Das Habsburger Vielvölkerreich wurde zerschlagen, Ungarn selbstständig, Polen wiederhergestellt, die Tschechoslowakei und Jugoslawien wurden neu gebildet. Südtirol, das Friaul und Triest fielen an Italien, das Banat, Siebenbürgen und die Bukowina an Rumänien. Auch das Osmanische Reich wurde aufgelöst. Der Nahe Osten kam unter britische und französische Oberhoheit. Armenien wurde ein selbstständiger Staat, Kurdistan ein autonomes Gebiet. Die Regionen um Izmir und Edirne fielen an Griechenland.

Außerdem sollten große Teile der verbliebenen Türkei entmilitarisiert und unter die Oberhoheit der Siegermächte gestellt werden. Sultan Mehmed VI. stimmte den Bedingungen am 10. August 1920 zu. Zu diesem Zeitpunkt war er jedoch nicht mehr uneingeschränkter Herrscher seines Landes. Eine Opposition, geführt von Mustafa Kemal (1881–1938), der später den Ehrentitel Atatürk (Vater der Türken) erhielt, hatte im Mai 1919 mit dem bewaffneten Widerstand begonnen. Sie lehnte den Friedensvertrag ab und besiegte sowohl das neu gebildete Armenien als auch Griechenland, das einen Krieg zur Durchsetzung seiner Ansprüche begonnen hatte. Am 24. Juli 1923 schlossen die Siegermächte des Ersten Weltkriegs einen neuen Vertrag mit der Türkei, in dem sie ihre heutigen Grenzen erhielt. Opfer wurden nicht nur Armenier und Kurden, denen damit ein eigener Staat verweigert wurde, sondern auch über eine Million Griechen auf türkischem Gebiet, die teils vertrieben, teils planmäßig nach Griechenland umgesiedelt wurden. Im Gegenzug mussten eine halbe Million muslimische Einwohner Griechenlands in die Türkei übersiedeln.

Erich Ludendorff

Mustafa Kemal, genannt Atatürk

WELTWIRTSCHAFT IN DER KRISE

Der Schwarze Donnerstag an der Börse in New York

> **DAS WICHTIGSTE IN KÜRZE:**
> - **Am 24. Oktober 1929 brach die New Yorker Börse zusammen.**
> - **In der Folge kam es zu einer Wirtschaftskrise, die alle Industrieländer erfasste.**

Banknoten während der Hyperinflation in Deutschland

Wann kommt ein Boom an seine Grenzen? Dies ist nicht leicht zu erkennen. In den Goldenen Zwanzigern des 20. Jahrhunderts gelang es nicht. Die US-Wirtschaft wuchs rasant, und nach und nach erholte sich auch die Produktion im kriegsgeschüttelten Europa wieder. Jeder wollte teilhaben und expandierte. Der Markt für neue Produkte schien unersättlich. Die Aktien an den Börsen schnellten dementsprechend in die Höhe und Millionen von Kleinanlegern nahmen Kredite auf, um an diesem Kursfeuerwerk teilzuhaben. Selbst in Deutschland, das nach wie vor unter den Reparationszahlungen an die Alliierten und seiner politischen Instabilität litt, ging es aufwärts. Doch 1929 war der Markt an Konsum- und Industriegütern gesättigt. Die Nachfrage brach ein. Im September begannen die Börsenkurse nachzugeben. Am 24. Oktober (Schwarzer Donnerstag) kam es dann zu einer Massenpanik. Die verschuldeten Kleinanleger versuchten zu retten, was zu retten war, und verkauften. Je tiefer die Kurse fielen, desto mehr Aktieninhaber wurden von der Panik erfasst. Am nächsten Tag gingen die Kursverluste weiter und auch die übrigen Börsen weltweit erlebten ihren „Schwarzen Freitag". Bis sich am Dienstag die rasante Talfahrt etwas verlangsamte, hatten sich schon viele verzweifelte Kleinanleger umgebracht. Doch der Tiefststand war erst im Sommer 1932 erreicht, mit 41 Punkten gegenüber dem Dow-Jones-Höchststand von 381 am 3. September 1929.

NEW DEAL UND MASSEN-ARBEITSLOSIGKEIT

Doch die Katastrophe beschränkte sich nicht auf die Börsen. Weltweit, vor allem aber in Europa, wurden nun die vorher so freigiebig vergebenen Kredite zurückgezogen. Firmen gingen reihenweise pleite. Es kam zur Massenarbeitslosigkeit. Viele Staaten wie etwa die USA („New Deal") reagierten mit Schutzzöllen, Investitionen der öffentlichen Hand und einem Ausbau der Sozialleistungen, um Wirtschaft und Gesellschaft wieder auf die Beine zu helfen. In Deutschland jedoch konnten sich die zerstrittenen Parteien nicht auf ein Rezept einigen. Reichspräsident Paul von Hindenburg (1847–1939) bildete 1930 eine Minderheitenregierung unter Zentrumspolitiker Heinrich Brüning (1885–1970). Der versuchte, die Finanzen mithilfe einer strikten Sparpolitik, u. a. durch den Abbau von Sozialleistungen, wieder in den Griff zu kriegen. Unterdessen stieg die Arbeitslosenmarke auf über 30 Prozent. Rechts- und Linksradikale erhielten massiven Auftrieb, legten das Parlament lahm und trugen die politische Auseinandersetzung zunehmend in Straßenkämpfen aus.

DIE MACHT DER GEWALTLOSIGKEIT

Am 12. März 1930 brach in der nordwestindischen Stadt Ahmedabad ein kleiner Mann von 60 Jahren zusammen mit 78 Getreuen zu einem langen Marsch auf. Der Anwalt Mohandas Karamchand Gandhi (1869–1948), genannt Mahatma (große Seele), beabsichtigte, das Salzmonopol der britischen Besatzer zu brechen. Anderthalb Monate zuvor hatte der oppositionelle Indische Nationalkongress die Unabhängigkeit Indiens verkündet, was die Briten jedoch nicht anerkannten. Also wurde Gandhi von seinen politischen Freunden beauftragt, einen Akt des zivilen Ungehorsams vorzubereiten. Er wählte einen symbolischen Angriff auf das britische Salzmonopol, da es für jeden Inder Bedeutung hatte. Sein Fußmarsch von fast 400 Kilometern zum Meer war angekündigt und von der internationalen Presse begleitet. Jeden Abend hielt Gandhi Ansprachen, und als er nach 24 Tagen das Meer erreicht hatte, begleiteten ihn Tausende.

DIE „SCHLACHT" VON DHARASANA

Nachdem Gandhi den ersten Salzklumpen aufgehoben und in eine Siedepfanne gelegt hatte, taten es ihm Hunderttausende, vielleicht Millionen Inder bis hin zum alten Großmütterchen im ganzen Land nach. Mindestens 50.000 wurden von den Briten verhaftet. Gandhi organisierte daraufhin den Marsch auf Dharasana. Stumm und in militärisch geordneten Reihen schritten seine Anhänger am 3. Mai auf das britische Salzwerk zu –

und ließen sich dann niederschlagen, ohne sich zu wehren. Helfer zogen die Blutenden weg, die zum Teil ohnmächtig waren und sich Schädelbrüche zugezogen hatten. Dann kam die nächste Reihe, die genauso niedergeknüppelt wurde. So ging es viele Stunden. Wieder im Beisein internationaler Journalisten. Faktisch erreichten die „Marschierer" zunächst gar nichts. Doch der indische Unabhängigkeitskampf war nun kein einsames Ringen mehr, sondern fand vor den Augen der Weltöffentlichkeit statt. Trotzdem blieben die Briten vorerst hart und der Widerstand verebbte wieder. Als jedoch 1939 der Zweite Weltkrieg ausbrach, rief Gandhi wieder dazu auf, den Briten jegliche Unterstützung zu verweigern – und die wussten inzwischen um seine Macht. Im Verlauf des Krieges signalisierten sie ein Einlenken, 1947 gewährten sie die Unabhängigkeit. Doch Gandhis Einsatz konnte nicht verhindern, dass ein hinduistischer (Indien) und ein muslimischer Staat (Pakistan, damals noch mit Bangladesch) entstanden. Über 10 Millionen Menschen wurden umgesiedelt, vermutlich 750.000 verloren ihr Leben. In großen Teilen der Welt wurde Gandhis Einsatz aber zu einem Symbol der Friedensbewegung.

Mahatma Gandhi

DAS WICHTIGSTE IN KÜRZE:
- **1930 rief Indiens Opposition die Unabhängigkeit des Landes aus und demonstrierte im „Salzmarsch" den Willen zum zivilen Ungehorsam.**
- **1947 stimmte Großbritannien der indischen Unabhängigkeit zu.**

Gandhis Grabmal auf dem Cap Comorin in Südindien

HITLER WIRD KANZLER

*Hindenburg ernennt
Hitler zum Reichskanzler*

Paul von Hindenburg (1847–1934) mochte Adolf Hitler (1889–1945) nicht. Aber im Januar 1933 wusste er nicht mehr weiter. Die Verfassung der Weimarer Republik hatte dem Reichspräsidenten eine überaus starke Stellung zugebilligt, wohl um die konservativen Kreise mit dem Verlust der Monarchie zu versöhnen. Präsident Hindenburg jedoch war zwar ein populärer Kriegsheld, aber auch ein kranker alter Mann, der sich nie recht mit Republik und Demokratie versöhnt hatte. Diese Republik war seit spätestens dem 14. September 1930 in einer schweren Kri-

se. Neuwahlen hatten die NSDAP zur zweitstärksten Partei gemacht und auch den Kommunisten deutliche Zuwächse beschert. Kanzler Heinrich Brüning (1885–1970) konnte nur eine Minderheitenregierung bilden. Da er auch für konkrete politische Maßnahmen in den seltensten Fällen Mehrheiten im Parlament fand, musste er sie mit Hindenburgs Rückendeckung per Notverordnung durchsetzen. Am 29. Mai 1932 ließ Hindenburg Brüning dann fallen. Ob aus persönlichen Gründen, auf Druck der „Kamarilla", wie seine persönlichen Ratgeber genannt wurden, oder tatsächlich aus politischen Erwägungen – Brünings glücklose Wirtschaftspolitik trieb die Massenarbeitslosigkeit in die Höhe –, das ist umstritten.

PAPEN UND SCHLEICHER

Hindenburg machte seinen Vertrauten Franz von Papen (1879–1969) zum Kanzler, ordnete aber zugleich Neuwahlen an. Diese endeten katastrophal. Sie machten die NSDAP mit 37,3 Prozent zur stärksten Partei und die ebenfalls demokratiefeindlichen Kommunisten mit 14,3 Prozent zur drittstärksten. Selbst wenn alle anderen Parteien sich zusammentaten, konnten sie nun keine Mehrheiten mehr für politische Entscheidungen stellen. Auf Antrag der Kommunisten führte Reichstagspräsident Hermann Göring (1893–1946) gleich in der ersten Reichstagssitzung eine Abstimmung durch, die Papen ihr Misstrauen aussprach. Also wurden am 6. November die nächsten Wahlen abgehalten, bei denen die NSDAP zwar 4,2 Prozent verlor, zusammen mit den Kommunisten aber die

> **DAS WICHTIGSTE IN KÜRZE:**
> - Am 30. Januar 1933 machte Reichspräsident Hindenburg Adolf Hitler zum Reichskanzler.
> - Dieser nutzte das umgehend, um die NS-Diktatur zu errichten.

Sperrmajorität behielt. Papen schlug Hindenburg nun einen Staatsstreich vor. Der Präsident solle ihn für ein halbes Jahr als Reichskommissar einsetzen und ihm damit quasidiktatorische Vollmachten einräumen. Vor diesem Schritt schreckte der sonst nicht gerade demokratiebegeisterte Hindenburg aber zurück. Vor allem, da ein anderer Vertrauter, Kurt von Schleicher (1882–1934), sich zutraute, die verfahrene Situation zu retten. Schleicher, ein äußerst illustrer Charakter, wollte die wirtschaftliche Misere durch Arbeitsbeschaffungsmaßnahmen überwinden, in die er auch den linken Flügel der NSDAP unter Gregor Strasser (1892–1934) einbinden wollte. Doch gewissen deutschnationalen Kreisen aus Hochfinanz, Großagrariertum und Industrie waren Schleicher und sein „rotes" Programm äußerst suspekt. Bereits nach den Novemberwahlen hatte eine Gruppe rund um den ehemaligen Reichsbankpräsidenten Hjalmar Schacht (1877–1970) und den Industriellen Fritz Thyssen (1873–1951) Hindenburg dringend aufgefordert, stabile Verhältnisse herzustellen und die Nationalsozialisten in die Regierung einzubinden. Am 4. Januar 1933 arrangierte ein Mitglied der Gruppe, Kurt von Schröter (1889–1966), ein Treffen von Papen, der Schleicher seine Entmachtung nicht verziehen hatte, und Adolf Hitler. Am 22. Januar nahm Hindenburgs Sohn Oskar (1883–1960) an einem weiteren Treffen teil.

HINDENBURG FÄLLT UM

Unterdessen scheiterten auch Schleichers Versuche, eine breite Basis für sein Regierungsprogramm zu finden. Er schlug wieder einmal Neuwahlen vor, doch Hindenburg wollte nicht mehr. Ohne Rückendeckung des Präsidenten gab Schleicher am 28. Januar auf. Am Abend des 29. stimmte Hindenburg, von

Adolf Hitler

seinem Sohn und Papen bearbeitet, der Ernennung Adolf Hitlers zum neuen Reichskanzler zu. Von einer „Machtergreifung" Hitlers zu sprechen ist deshalb nicht richtig. Zwar hatte Hitler auf diese Situation hingearbeitet, aber letztendlich wurde er genauso legitim wie seine Vorgänger vom Präsidenten ernannt. Formell kam an diesem Tag, den die NSDAP bombastisch mit Fackelzügen feierte, eine Koalitionsregierung zwischen NSDAP und der ebenfalls deutschnationalen DNVP des Pressezaren Alfred Hugenberg (1865–1951) an die Macht. Nach den Wahlen vom 5. März verfügte sie sogar über eine parlamentarische Mehrheit. Von Papen ist der Ausspruch überliefert: „Wir haben ihn uns engagiert. In zwei Monaten haben wir Hitler in die Ecke gedrückt, dass er quietscht." Auch die anderen Beteiligten an diesem „Coup" waren überzeugt, Hitler eingebunden in ein konservatives Kabinett „zähmen" zu können. Was sie sich dann dabei dachten, die NSDAP-Männer Göring und Wilhelm Frick (1877–1946) als preußischen Reichskommissar und Innenminister zu akzeptieren, weiß man nicht. Jedenfalls hatte die NSDAP auf diese Weise die Kontrolle über die Polizei sowohl im Reich als auch in Preußen, was den Schlägertruppen der SA freie Hand gab. Nach dem Reichstagsbrand vom 28. Februar begann der offene Terror gegen Regimegegner.

Franz von Papen

Wahlplakat der NSDAP

Ein Volk, ein Reich, ein Führer!

DER KRIEG VOR DEM KRIEG

Deutsche Panzer auf dem Weg nach Frankreich

Eigentlich begann der Krieg erst 1939. Doch im Grunde war der deutsche Überfall auf Polen nur eine weitere Stufe einer Entwicklung, die schon viel früher eingesetzt hatte. Dass Adolf Hitler (1889–1945) Krieg führen wollte, daraus hatte er nie einen Hehl gemacht. Jeder, der wollte, konnte das in seinem Buch *Mein Kampf* nachlesen, das er 1924 nach seinem missglückten Münchner Putsch in Festungshaft geschrieben hat-

te. In diesem Werk erklärte Hitler, dass sich das deutsche Volk neuen Lebensraum im Osten erobern müsse und er einen Rassenkrieg gegen Russland führen und den Bolschewismus vernichten wolle. Unmittelbar nach seiner Ernennung zum Reichskanzler hielt er am 3. Februar 1933 eine Rede vor den Spitzen der Reichswehr und warb offen um ihre Unterstützung, um Demokratie und Marxismus zu beseitigen und dem Land neue Gebiete einzuverleiben. Er sagte auch, dass er seine Rüstungsbemühungen zunächst im Geheimen vorantreiben wolle, um zu verhindern, dass ihn Frankreich oder dessen Verbündete Polen und die Tschechoslowakei in den Arm fielen. Augenzeugen dieses Treffens berichteten später, die versammelten Offiziere hätten Hitler nicht so recht ernst genommen. Zur Kooperation gegen den Marxismus und den „Krebsschaden der Demokratie" waren aber viele bereit, vor allem nachdem im Dezember 1933 Reichswehrchef Kurt von Hammerstein (1878–1943) sein Amt niedergelegt hatte, da er seinen Kampf für eine politisch unabhängige Reichswehr verloren sah.

DER ERSTE STREICH

Hitler rüstete tatsächlich von Anfang an auf. Die Rüstungsindustrie und nicht etwa der Bau der Autobahnen war das Beschäftigungsprogramm, mit dessen Hilfe er die Massenarbeitslosigkeit beseitigte. Sie verschlang bald über 60 Prozent der Staatsausgaben. Trotzdem lagen die Löhne der Arbeiter oft noch unter denen der Weimarer Zeit, doch der

DAS WICHTIGSTE IN KÜRZE:
- Am 7. März 1936 besetzte Hitler das entmilitarisierte Rheinland.
- Es war der Auftakt seiner Eroberungspolitik, die am 1. September 1939 in den Zweiten Weltkrieg mündete.

Arbeitsplatz gab vielen Menschen wieder ein Gefühl von Sicherheit. Finanziert wurde das Ganze auf Pump. Die Reichsbank gab Kredite und die Sparkassen wurden dann gezwungen, diese Schuldscheine zu kaufen. Damit denen nicht das Geld ausging, wurde das ganze Volk zum fleißigen Sparen animiert. Nach dem militärischen Erfolg sollten die Schulden dann mit den Reparationszahlungen der Besiegten beglichen werden. Auch wirtschaftlich war also der Krieg von Anfang an eingeplant. Wie aber würde das Ausland reagieren? Während der Weimarer Zeit hatten die Alliierten, namentlich Frankreich, jeden Verstoß gegen den Vertrag von Versailles sofort scharf geahndet und etwa bei Rückständen in den Reparationszahlungen das Ruhrgebiet besetzt. Doch Hitler profitierte von der Aussöhnungspolitik, die vor allem Gustav Stresemann (1878–1929) betrieben hatte. Außerdem fing er klein an: Sein erster Verstoß gegen die Vereinbarungen von Versailles war die Wiedereinführung der allgemeinen Wehrpflicht. Als das Ausland dies hinnahm, ließ er am 7. März 1936 30.000 Soldaten in das Rheinland einrücken, das laut Friedensvertrag entmilitarisiert zu sein hatte. Viele seiner Offiziere hatten eindringlich davor gewarnt, und auch Hitler sagte später, die 48 Stunden danach wären die aufregendsten in seinem Leben gewesen. Doch das Ausland beschränkte sich auf Kritik. Besonders England war der Status des Rheinlandes keinen neuen Krieg wert.

DER WEG IN DEN KRIEG

Nachdem dieser Coup erfolgreich über die Bühne gegangen war, wandte sich Hitler einem seiner Lieblingsprojekte zu, dem „Anschluss" seiner Heimat Österreich an Nazideutschland. Auch dies war nach dem Versailler Vertrag verboten. Am 12. Februar 1938 zwang Hitler Österreichs Bundeskanzler Kurt Schuschnigg (1897–1977), den Nationalsozialisten Arthur Seyß-Inquart (1892–1946) zum Innenminister zu machen. Andernfalls drohte er mit einem Einmarsch. Schuschnigg gab nach, strebte aber ein österreichisches Volksbegehren für ein unabhängiges Österreich an. Wieder drohte Hitler mit dem Einmarsch und erreichte den Rücktritt Schuschniggs zugunsten von Seyß-Inquart. In dessen Namen verfasste Hermann Göring (1893–1946) dann ein Hilfegesuch. Am 12. März marschierte Hitler mit 65.000 Soldaten ein. Anschließend erklärte er öffentlich, er müsse den 3,5 Millionen unterdrückten Deutschen in der Tschechoslowakei zu Hilfe kommen. Diesmal reagierte das europäische Ausland alarmiert. Die Regierungschefs von Frankreich und England trafen sich mit Hitler in München. Um Frieden zu halten und weil der Versailler Vertrag ein Selbstbestimmungsrecht der Völker vorsah, entschieden sich die beiden im Münchner Abkommen vom 30. September 1938, die Annexion der Sudetengebiete zu erlauben. Hitler sagte später, dass er eigentlich schon damals den Krieg habe beginnen wollen, dies aber nicht tun konnte, da alle seine Forderungen erfüllt worden seien. Auch als er am 15. März 1939 die tschechischen Teile des Landes besetzte, gab es nur Protest. Am 1. September 1939 überfiel er Polen und hoffte, „dass nicht im letzten Moment irgendein Schweinehund einen Vermittlungsplan vorlegt". Doch diesmal erklärten England und Frankreich Deutschland den Krieg.

Mein Kampf, Titelseite

Kurt Schuschnigg

Hitler nimmt eine Parade ab

Besetzung Österreichs

VERHÄNGNISVOLLE ENTDECKUNG

Atombombenabwurf über Hiroshima

uranen fand, dafür jedoch Barium, ein Element, das leichter als Uran ist und in der damals vorliegenden Form nicht in der Natur vorkommt. Die ganze Sache war so rätselhaft, dass Hahn anfangs an seinen Messmethoden zweifelte und in einem Brief an seine Kollegin Lise Meitner (1878–1968) vom 19. Dezember vorsichtig anfragte: „Vielleicht kannst Du irgendeine fantastische Erklärung vorschlagen. Wir wissen dabei selbst, dass es (Uran) eigentlich nicht in Ba (Barium) zerplatzen kann." Lise Meitner, lange Jahre außerordentliche Professorin für Kernphysik am Kaiser-Wilhelm-Institut und im Sommer 1938 wegen ihrer jüdischen Abstammung nach Schweden geflohen, fand zusammen mit ihrem Neffen Otto Fritsch (1904–79) aber eine physikalische Erklärung für eine Kernspaltung und veröffentlichte diese am 11. Februar 1939 in der Zeitschrift *Nature*. Mit in der Berechnung enthalten: die Energiemenge, die eine Atomspaltung auslöst, und die Möglichkeit einer Kettenreaktion.

Eigentlich versuchten der Chemiker Otto Hahn (1879–1969) und sein Assistent Fritz Strassmann (1902–80) im Winter 1938, Transurane herzustellen, als sie in ihrem Labor im Kaiser-Wilhelm-Institut für Chemie in Berlin-Dahlem Urankerne mit Neutronen beschossen. Eine Verbindung des Urankerns mit Neutronen zu schwereren Elementen, eben den Transuranen, galt damals als möglich, eine Zerstörung des Urankerns jedoch als völlig ausgeschlossen. Doch bei der Untersuchung der Zerfallsprodukte musste Hahn feststellen, dass er keine Spuren von Trans-

DAS WICHTIGSTE IN KÜRZE:

- Am 17. Dezember 1938 führte Otto Hahn die erste Kernspaltung durch.
- Am 6. und 9. August 1945 demonstrierten die Abwürfe über Hiroshima und Nagasaki der Welt deren Zerstörungskraft.

DAS MANHATTAN-PROJEKT

Im Sommer 1939 hatten eigentlich alle Kernforscher von Rang eine Vorstellung

Lise Meitner   *Otto Hahn*

Robert Oppenheimer

davon, wie sich eine Atombombe bauen ließe. Je deutlicher sich aber Hitlers Entschlossenheit zum Krieg abzeichnete, desto schrecklicher erschien die Vision, dass dies gerade den Deutschen gelingen würde. Eine Gruppe Physiker um den gebürtigen Ungarn Leó Szilárd (1898–1964) formulierte im Herbst 1939 ein eindringliches Schreiben, in dem sie US-Präsident Franklin Delano Roosevelt (1882–1945) aufforderten, eine Atombombe entwickeln zu lassen und so den Deutschen zuvorzukommen. Als prominenten Unterzeichner gewannen sie Albert Einstein (1879–1955). Doch zunächst war das US-Uranforschungsprojekt ziemlich klein angelegt. Erst als Otto Fritsch im Sommer 1941 neue Berechnungen über die Explosivkraft von Atombomben veröffentlichte, wurde die Forschung intensiviert. Als dann ein Jahr später noch Berichte über atomare Experimente der Deutschen im norwegischen Rjukan dazukamen, begann der Wettlauf um die Bombe. Unter Leitung von Robert Oppenheimer (1904–67) arbeiteten 3000 Menschen in der Wüste von New Mexico an der Kernwaffe. Was die Amerikaner nicht wussten: Sie hatten bei ihrem „Wettlauf" keinen allzu ernsthaften Gegner. Zwar wurde Ende 1939 in Deutschland ein Uranforschungsprojekt unter Leitung von Werner Heisenberg (1901–76) eingerichtet. Am 4. Juni 1942 informierten die Beteiligten aber Albert Speer (1905–81), den NS-Verantwortlichen für Rüstung, dass die Anreicherung von ausreichend atomwaffenfähigem Material sehr aufwendig und mit der Entwicklung einer Bombe frühestens in drei Jahren zu rechnen sei. Danach wurde das Projekt zurückgestellt und die Entwicklung verbesserter konventioneller Raketen (V2) forciert. Es hätte jedoch technische Alternativen gegeben, schneller zur Bombe zu kommen. Ob Heisenberg und Co. die nicht kannten oder das Projekt bewusst verschleppten, darüber herrscht Unklarheit.

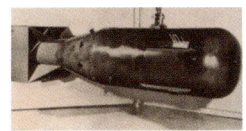

Die Hiroshima-Bombe „Little Boy"

HIROSHIMA UND NAGASAKI

In der Wüste von New Mexico wurde die erste Atombombe zu Testzwecken am 16. Juli 1945 gezündet. Deutschland hatte zu diesem Zeitpunkt längst kapituliert, Japan aber führte den Krieg noch fort. Am 6. August warfen amerikanische Bomber eine Atombombe über der Küstenstadt Hiroshima ab. Etwa 90.000 Menschen starben sofort, rund 50.000 weitere an den Folgen. Den nächsten Abwurf befahl der neue US-Präsident Harry S. Truman (1884–1972) für den 9. August über Kokura. Da dort aber schlechte Sicht herrschte, traf es stattdessen Nagasaki. Otto Hahn soll mit dem Gedanken an Selbstmord gespielt haben, als er davon hörte. Auch viele andere an der Entwicklung der Bombe beteiligte Wissenschaftler wurden überzeugte Pazifisten. Japan kapitulierte am 16. August. Allerdings hatte das Land schon am 9. Juli die Bereitschaft zu Friedensverhandlungen signalisiert. Eine militärische „Notwendigkeit", mithilfe der Atombombe einen Krieg schnell zu beenden, der sonst noch weit mehr Menschen das Leben hätte kosten können, schien also nicht gegeben. Man vermutet deshalb, dass Truman bei seiner Entscheidung, die Bomben einzusetzen, eher seinen damaligen Verbündeten Stalin (1878–1953) vor der militärischen Stärke der USA warnen wollte. Die Angst vor der Bombe prägte dann tatsächlich die Nachkriegszeit. Allerdings veranlassten die Abwürfe von Hiroshima und Nagasaki nicht nur die Sowjetunion, sondern auch zahlreiche andere Länder, ebenfalls Atomwaffen zu entwickeln.

Zum Zeitpunkt des Atombombenabwurfs über Hiroshima stehengebliebene Uhr

Der Atombombendom in Hiroshima

EIN GEGNER FÜR HITLER

Pearl Harbor

ten. Für die deutsche Armee gab Hitler (1889–1945) ganz offen den Befehl aus, auf keinen Fall zuerst anzugreifen. Man wolle keinen Krieg mit Frankreich, hieß es offiziell, während im Geheimen ein Angriffsplan ausgearbeitet wurde und die eigenen Verteidigungsstellungen verstärkt wurden. Hitler erwog diesen Angriff schon im November 1939, schob ihn wegen ungünstiger Witterungsbedingungen aber auf. Unterdessen propagierte der Erste Lord der britischen Admiralität die Verminung der norwegischen Häfen, um Deutschland von den Erzbahnen ins schwedische Kiruna abzuschneiden und so den Nachschub für die deutsche Rüstung zu blockieren. Doch Premierminister Neville Chamberlain (1869–1940) zögerte. Erst als absehbar wurde, dass Hitler plante, in Norwegen einzumarschieren, gab er seine Zustimmung. Doch Hitler war schneller. Am 9. April besetzte er Dänemark in einem Handstreich. Gleichzeitig landeten Gebirgsjäger in Norwegen und konnten sich im Land festsetzen. Das bedeutete das Aus für Chamberlain und seine sogenannte Appeasement-Politik. Hitlers Vorgehen hatte endgültig bewiesen, dass er mit Zugeständnissen nicht zu bremsen war. Der britische Premier trat zurück. Nachfolger wurde der Mann, der gerne viel früher aktiv geworden wäre: der oberste Admiral Winston Churchill (1874–1965).

Polen war im Herbst 1939 in weniger als einem Monat besiegt worden. Frankreich und Großbritannien erklärten Deutschland nach dem Überfall vom 1. September zwar den Krieg, griffen aber nicht ein. Frankreich mobilisierte lediglich seine Truppen an der Grenze zu Deutschland, wagte aber kaum einen Angriff. Großbritannien sandte einige Truppen zur Unterstützung, allerdings so wenige, dass sich die Franzosen vom Bündnispartner im Stich gelassen fühl-

> **DAS WICHTIGSTE IN KÜRZE:**
> - Am 10. Mai 1940 wurde Winston Churchill der englische Premierminister.
> - Er nahm umgehend den entschlossenen Kampf gegen Nazideutschland auf.

BLUT, SCHWEISS UND TRÄNEN

Churchill hatte damals schon so einige Hochs und Tiefs in seiner politischen Karriere erlebt. Der eigenwillige Adlige galt mal als Radikaler, mal als Reaktionär. In den 1930er-Jahren hatte ihm seine schroffe Ablehnung von Chamberlains Appeasement-Politik den Ruf eines Kriegstreibers eingebracht. Doch Hitlers Erfolge führten dazu, dass er wieder Gehör fand. Chamberlain holte ihn als Lord der Admiralität zurück. Am 10. Mai 1939 taten sich dann zwei entscheidende Dinge gleichzeitig: Hitler marschierte in die neutralen Beneluxstaaten ein und startete damit seinen Angriff auf Frankreich. Unabhängig davon trafen sich die Spitzen der britischen Politik, um einen Nachfolger für Chamberlain zu finden. Die Wahl fiel auf den populären Churchill, da man glaubte, er habe den größten Rückhalt bei allen Parteien. Am 13. Mai, als deutsche Truppen die Maas überschritten und Belgien und die Niederlande kurz vor der Kapitulation standen, schwor Churchill in seiner ersten Rede Unterhaus und Volk auf einen bedingungslosen Krieg gegen Hitler ein. „Ich habe nichts zu bieten als Blut, Mühsal, Tränen und Schweiß", lautete sein berühmtester Satz. Am Ende kostete der Krieg dann auch fast 400.000 Briten das Leben. Als Kriegsziel nannte Churchill den Sieg – „Sieg um jeden Preis, Sieg trotz allen Terrors, Sieg, egal wie lang und hart der Weg dorthin sein mag. Denn ohne Sieg gibt es kein Überleben." Objektiv gesehen gab es jedoch Alternativen. Das „germanische" Großbritannien stand nicht auf Hitlers ideologischer Opferliste wie Polen und die Sowjetunion. Im Gegenteil: Schon in *Mein Kampf* hatte er geschrieben, dass er das Inselreich als Verbündeten gewinnen wolle. Großbritannien hätte also die Möglichkeit gehabt, Helfershelfer und nicht Gegner von Nazideutschland zu werden. Im Sommer 1940 gab es durchaus auch Stimmen, die das in Erwägung zogen. Denn nachdem Hitler in Salamitaktik schon mehrere potenzielle Verbündete besiegt hatte und am 22. Juni

auch noch Frankreich kapitulierte, stand ein nicht besonders gut gerüstetes Großbritannien ziemlich allein gegen einen Feind, dessen „Blitzkriege" Europa in Schrecken versetzt hatten.

LUFTSCHLACHT

Seinen ersten großen Erfolg hatte Churchill im August 1940, als England die Luftschlacht gegen Deutschland gewann. Dem Potenzial der Luftstreitkräfte hatte schon seit dem Ersten Weltkrieg sein besonderes Augenmerk gegolten. Auf der anderen Seite stand dagegen Hermann Göring (1893–1946), ein begeisterter Flieger, der die Streitkräfte eher als eine Art privates Spielzeug ansah und dessen umfangreiche Luftwaffe taktisch ziemlich ungeeignet für eine Invasion Englands war. Ende Oktober stellte die zahlenmäßig überlegene deutsche Luftwaffe ihre Versuche ein, die britische Royal Air Force auszuschalten und somit eine Invasion Englands vorzubereiten. Unterdessen warb Churchill vehement um ein Bündnis mit den USA, da ihm klar war, dass er den Krieg alleine nicht gewinnen konnte. US-Präsident Franklin Delano Roosevelt (1882–1945) zögerte die in seinem Land unpopuläre Entscheidung jedoch hinaus und trat erst nach dem japanischen Überfall auf Pearl Harbor (7. Dezember 1941) in den Krieg ein. Zuvor hatte Hitler am 22. Juni 1941 schon seinen ursprünglichen Feind Nummer eins, die Sowjetunion, überfallen. Churchill überwand alle ideologischen und politischen Bedenken, bot Stalin (1878–1953) britische Hilfslieferungen an und schmiedete das Bündnis der „großen Drei" gegen Hitler-Deutschland.

„Sieg um jeden Preis." Churchill und sein berühmtes Victoryzeichen

Neville Chamberlain

Winston Churchill

KULMHOF, BIRKENAU ...

Massenerschießung in einem Konzentrationslager

der Machtübernahme der Nazis am 22. März 1933 in Dachau eingerichtet. Hier sperrte man Gegner und potenzielle Gegner des Regimes anfangs eher kurzzeitig ein, um ihren Widerstand zu brechen und andere Systemkritiker abzuschrecken. Später wurden Menschen dauerhaft in KZs weggesperrt, was vielen auch das Leben kostete. Die Häftlinge starben an Hunger, Krankheiten, Misshandlungen und Zwangsarbeit. Es gab viele Dutzend dieser Lager und in manchen kamen ebenfalls Zehntausende, in Sachsenhausen und Mauthausen wohl an die Hunderttausend Menschen um. Die ersten Insassen waren vor allem Regimegegner, vornehmlich Kommunisten und Sozialdemokraten, bald kamen Obdachlose, Priester, aufmüpfige Jugendliche, Zeugen Jehovas, Behinderte und andere dazu, die dem Regime missliebig waren.

DIE VERFOLGUNG DER JUDEN

Die Juden dagegen versuchten die Nazis anfangs durch Ausgrenzung und Schikane zu vertreiben. Den ersten Boykott gegen jüdische Geschäftsleute organisierte Joseph Goebbels (1897–1945) am 1. April 1933. Sechs Tage später begann die Entlassung jüdischer Beamter. Im Laufe der Zeit kamen dann immer mehr

Vermutlich war es der 8. Dezember 1941, als die ersten Menschen im NS-Vernichtungslager Kulmhof (Chelmno) im besetzten Polen starben. Es gab noch keine Gaskammern wie in späteren Lagern. Stattdessen wurden die Menschen in „Gaswagen" getrieben und mit Motorenabgasen erstickt. Mit den Vernichtungslagern war eine neue Dimension des Naziterrors erreicht. Konzentrationslager hatte es fast von Anfang an gegeben. Das erste wurde keine zwei Monate nach

DAS WICHTIGSTE IN KÜRZE:
- Im Dezember 1941 nahmen die Nazis ihr erstes Vernichtungslager in Betrieb.
- Damit wurde aus der Verfolgung der Juden ein systematischer Völkermord.

Zynische Torinschrift über dem Eingangstor eines Vernichtungslagers

Berufsverbote dazu. Mit den Nürnberger Rassegesetzen vom 15. September 1935 hatten Juden nur noch eingeschränkte staatsbürgerliche Rechte. Ehen mit Nichtjuden wurden unter Strafe gestellt. 1938 kam es dann zu einer noch massiveren Verfolgung. Juden mussten „jüdisch klingende" Namen führen, bekamen keine Sozialfürsorge mehr und mussten ihr gesamtes Vermögen dem Staat vorlegen. Jüdische Unternehmer wurden enteignet oder gezwungen, ihre Betriebe zu einem Spottpreis zu verkaufen. Diese wurden dann an Nazianhänger vergeben. Reiche Juden wurden gefangen genommen und erhielten gegen Überschreibung ihres Vermögens an den deutschen Staat eine Ausreiseerlaubnis. Im Oktober wurden etwa 15.000 Menschen nach Polen abgeschoben. Als der Sohn von Betroffenen einen deutschen Diplomaten erschoss, inszenierten die Nazis am 9. November die Reichspogromnacht (auch: Reichskristallnacht). Fast alle Synagogen und rund 7000 Geschäfte wurden zerstört, etwa 400 Menschen getötet und am nächsten Tag rund 36.000 Personen in Konzentrationslager gebracht. Es kam zu immer mehr Alltagsdiskriminierungen, wie etwa Parkbänken, die Juden verboten waren, und zur Gettoisierung. 1939 wurde den Juden dann die legale Ausreise verboten. Zu diesem Zeitpunkt war aber schon über die Hälfte der knapp 600.000 deutschen Juden geflohen.

DER HOLOCAUST

Wann aus der Verfolgung eine systematische Vernichtung wurde, ist schwer zu sagen. Während des Krieges gegen Polen wurden die dort lebenden Juden verhaftet und in Gettos gepfercht. Im März 1941 jedoch protestierte Hans Frank (1900–46), der Generalgouverneur von Polen, gegen die Abschiebung aller Juden in seinen Verantwortungsbereich.

Im Reichssicherheitshauptamt, das Heinrich Himmler (1900–45) leitete, erwog man deshalb zeitweise eine Deportation der europäischen Juden nach Madagaskar, verwarf sie aber als nicht praktikabel. In diesem Zusammenhang fiel schon die Vokabel „Endlösung". Als am 22. Juni 1941 der Krieg gegen die Sowjetunion begonnen hatte, agierten im Rücken des Heeres sogenannte Einsatzgruppen unter Himmlers Kommando, die in erster Linie die Aufgabe hatten, Kommunisten und Partisanen zu liquidieren. Doch spätestens Ende Juli kam es zu Massenmorden an Juden, auch an Frauen und Kindern. Bis Jahresende starben so etwa 500.000 Menschen, meist durch Erschießung. Vermutlich war es Reinhard Heydrich (1904–42), den Göring im Juli 1941 mit der „Gesamtlösung der Judenfrage" beauftragt hatte, der im Herbst den Befehl zur Erprobung von Gaswagen gab. Möglicherweise war er es auch, der die „Lösung" als Erster als radikale Vernichtung interpretierte. Während es in Kulmhof zu den ersten Massenvergasungen kam, waren weitere Lager schon im Bau: Birkenau, Belzec, Sobibor, Majdanek und Treblinka. Am 20. Januar 1942 berief Heydrich dann die Wannsee-Konferenz ein, um eine Deportation aller Juden aus den besetzten Gebieten in diese Lager zu organisieren. Dort sollte ein kleiner Teil vorerst zur Arbeit herangezogen, die meisten aber umgehend „einer Sonderbehandlung zugeführt", sprich vergast werden. Bis 1945 wurden in den Vernichtungslagern über 3 Millionen Menschen ermordet, davon etwa 80 Prozent Juden, aber auch viele sogenannte „Zigeuner". Insgesamt kostete der Holocaust etwa zwei Dritteln der europäischen Juden das Leben, also rund 6 Millionen Menschen.

Brennende Synagoge in der Reichspogromnacht

Junge im Warschauer Getto

STALINGRAD

Schützengraben bei Stalingrad

Friedrich Paulus

den. Im Westen war die erste deutsche Stadt, Aachen, bereits am 21. Oktober 1944 genommen worden. Deutschlands Verbündete Italien, Rumänien, Bulgarien und Finnland hatten bereits kapituliert. Trotzdem faselten die Nazis weiter vom Endsieg, von Wunderwaffen und der Alpenfestung, zogen unausgebildete Jugendliche ein und bedrohten jeden, der nicht „durchhielt bis zuletzt", mit dem Tod. Selbst nachdem sich Adolf Hitler am 30. April 1945 in seinem Bunker durch Selbstmord aus der Verantwortung gestohlen hatte, zwangen seine Schergen die Menschen noch zum Weiterkämpfen. Am 6. Mai unterzeichnete Generaloberst Alfred Jodl (1890–1946) dann endlich die Gesamtkapitulation, die zwei Tage später in Kraft trat. In Europa waren Krieg und Naziterror zu Ende. Wann aber war die entscheidende Wende eingetreten, der Punkt, von dem an sich Nazideutschland auf der Verliererstraße befand?

Am 8. Mai 1945 kapitulierte Deutschland. Damit war der Zweite Weltkrieg zumindest in Europa beendet. Die Niederlage war zu diesem Zeitpunkt schon lange absehbar gewesen. Im Osten versuchten rund 100.000 deutsche Soldaten im April in der Schlacht um die Seelower Höhen, die knapp zehnmal so starke Sowjetarmee aufzuhalten. Vom militärischen Standpunkt aus gesehen hielten sie sich ausgezeichnet. Die Rote Armee brauchte drei Tage für den Sieg und hatte weit mehr Gefallene zu verzeichnen. Aber eine wirkliche Chance, sie zu stoppen, hatte natürlich nie bestan-

DER EINMARSCH IN DIE SOWJETUNION

Man kann darüber spekulieren, ob Hitler den ausschlaggebenden Schritt zu seiner späteren Niederlage schon tat, als er am 22. Juni in die Sowjetunion einmarschierte. Bestanden je reelle Chancen, dieses Riesenreich zu besiegen? Andererseits wäre der ganze Krieg von Hitlers Standpunkt aus ohne diesen Angriff sinnlos gewesen. Es ging ihm nie um Dänemark, Frankreich oder Griechenland. Er wollte auch nie ein Reich im Sinne des römischen oder des mittelalterlichen Kaiserreichs gründen, das möglichst große Gebiete und möglichst viele Völker unter einer Herrschaft vereinte. Sein

> **DAS WICHTIGSTE IN KÜRZE:**
> - **Am 2. Februar 1943 ging die Schlacht um Stalingrad verloren.**
> - **Danach befand sich die deutsche Armee in der Defensive.**

erklärtes Ziel war von Anfang an die Vernichtung des Bolschewismus, also der Sowjetunion, und die Unterwerfung der Slawen unter die Herrschaft des nationalsozialistischen Fantasieprodukts der „arischen Rasse". Der Angriff auf die Sowjetunion war aus seiner Sicht also unausweichlich. Außerdem war die zu diesem Zeitpunkt nicht gerade besonders gut gerüstet. Die deutschen Truppen konnten vorrücken, allerdings aufgrund des Winters nicht so schnell wie geplant. Die Russen taten jedoch das, was sie bei früheren Invasionen auch schon getan hatten. Sie setzten auf die Größe ihres Landes. Während die deutschen Truppen sich gen Moskau und Wolga vorquälten, leitete Stalin (1878–1953) eine massive Aufrüstung ein, gut geschützt jenseits des Ural.

IM KESSEL

Im Sommer 1942 war die Lage der deutschen Truppen äußerst angespannt. Die Verluste waren hoch, der Nachschub funktionierte schlecht. Hitler jedoch glaubte, auch die russischen Reserven seien weitgehend aufgebraucht. Deshalb befahl er – gegen den Willen vieler seiner Generäle – einen Angriff auf Stalingrad. Mit der Kontrolle über diese Stadt hoffte er, den Nachschubweg der Russen vom Kaspischen Meer über die Wolga kappen zu können. Im verlustreichen Häuserkampf nahmen die Deutschen und ihre Verbündeten (Italiener, Ungarn, Rumänen, Kroaten) die Stadt im Herbst nach und nach ein. Doch die Rote Armee änderte nun ihre Taktik. Sie kesselte den Feind ein. Die von Göring zugesagte Versorgung der Truppen aus der Luft funktionierte nicht. Die Soldaten starben an Hunger und Unterkühlung. Oberbefehlshaber Friedrich Paulus (1890–1957), der vor einem Angriff auf Stalingrad gewarnt hatte, erkannte, dass die Lage aussichtslos war, und erbat sich von Hitler die Genehmigung zur Kapitulation. Diese wurde ihm strikt verweigert. Am 10. Januar 1943 starteten die Sowjets einen Großangriff mit einer Million Soldaten. Am 2. Februar kapitulierten die Deutschen. Den meisten rettete das allerdings nicht das Leben. Von den 100.000 Soldaten, die sich ergaben, kamen nicht einmal 10 Prozent aus der Kriegsgefangenschaft zurück. Insgesamt kamen in Stalingrad wohl mindestens 750.000 Menschen um.

DER RÜCKZUG

Die Niederlage von Stalingrad war ein gewaltiger Schock, sowohl für die deutsche Armee als auch für die Zivilbevölkerung. Zwei Wochen später schwor Joseph Goebbels (1897–1945) die Deutschen auf den „totalen Krieg" ein. Im Frühjahr schien sich die Lage tatsächlich nochmals zugunsten der Deutschen zu wenden, doch der Schein trog. Deutschland hatte nicht mehr die Reserven, um auf Dauer den Sowjets Widerstand bieten zu können. Auch wenn die Verluste der Roten Armee fast viermal so hoch waren (rund 10 Millionen Gefallene gegen rund 2,7 Millionen Deutsche), blutete der Krieg im Osten die deutsche Armee im wahrsten Sinne des Wortes aus. Ab Juli 1943 begann der unaufhaltsame Vorstoß der Roten Armee.

Quälender Vormarsch der deutschen Truppen

DER KRIEG WIRD KALT

Konferenz der „großen Drei" in Teheran

Mit der Unterzeichnung der japanischen Kapitulation am 2. September 1945 endete der Zweite Weltkrieg endgültig. Krieg und Naziterror zusammen haben wohl rund 55 Millionen Menschen das Leben gekostet. Dazu kamen weitere ungezählte Millionen, die durch Flucht, Vertreibung oder Zwangsarbeit entwurzelt worden waren, die durch Misshandlungen, Folter, Vergewaltigungen, Gefangenschaft oder Kriegsverwundungen körperlich versehrt und seelisch traumatisiert waren. Und es hatten sich politische Gräben aufgetan, die nicht unbedingt zwischen Siegern und Verlierern des Krieges verliefen. So wie Winston Churchill (1874–1965) den Sieg über Hitler zu seinem einzigen Kriegsziel hochstilisiert hatte, so hatte es von Anfang an nur eine Gemeinsamkeit zwischen Josef Stalin (1878–1953) und den Westalliierten gegeben, nämlich diesen Sieg über Hitler.

Kriegsende in Europa: Titelseite der Seattle Daily Times

DAS WICHTIGSTE IN KÜRZE:
- 1945 endete der Zweite Weltkrieg.
- Die Nachkriegsordnung war von der Blockbildung zwischen Ost und West bestimmt.

BLOCKBILDUNG

Über ihre Kriegsstrategie hatten sich die „großen Drei", Churchill, Stalin und US-Präsident Roosevelt (1882–1945), auf ihrer Konferenz von Teheran Ende November 1943 noch blendend verständigt, in Bezug auf die Nachkriegsordnung brach bald ein erbittertes Geschacher aus. Vor allem Stalin bestand auf einem „Sicherheitsgürtel" aus kommunistischen Satellitenstaaten. Roosevelt und Churchill zeigten sich relativ nachgiebig. Vor allem Churchill befürchtete, dass die Rote Armee schneller vorrücken und mehr Gebiete besetzen würde als die Truppen der Westalliierten. Deshalb hielt er die Aufteilung für das bessere Geschäft. Tatsächlich traten die US-Truppen 1945 dann ihre Eroberungen in Sachsen und Thüringen westlich der Elbe an die Sowjetunion ab, erhielten im Gegenzug aber die vereinbarten Rechte in Österreich, das von der Roten Armee erobert worden war. Die Westmächte gestanden Stalin zudem die Oberhoheit über die Tschechoslowakei, Polen und das Baltikum zu, obwohl sie etwa von dem Massaker der Russen an Zehntausenden von polnischen Offizieren in Katyn wussten. Das Baltikum schlug Stalin dann der Sowjetunion zu, während er bei Polen auf einer „Verschiebung" bestand. Der Ostteil sollte an die UdSSR fallen und die dort lebenden Polen in das vormals deutsche Schlesien umgesiedelt werden. Vereinbart wurde, dass diese Umsiedlungen wie auch die Aussiedelung der Deutschen aus der Tschechoslowakei human und geordnet stattfinden sollten. Aber vermutlich waren sich alle Beteiligten klar, dass dies nicht funktio-

Soldaten im Koreakrieg

nieren würde. Italien reklamierte der Westen erfolgreich für sich. Finnland und Österreich sollten zu unabhängigen, politisch neutralen Staaten werden. Die Kontrolle über den Balkan wollten die Alliierten gemeinsam übernehmen. In Griechenland brach jedoch ein Bürgerkrieg zwischen Kommunisten und konservativen Kräften aus, der bis 1949 dauerte und mit der Niederlage der Kommunisten endete. In Bulgarien, Rumänien und Ungarn setzten sich die kommunistischen Kräfte durch. Dies galt auch für Albanien und Jugoslawien, die jedoch nicht durch die Rote Armee erobert worden waren. Stattdessen hatten sich dort einheimische Kommunisten gegen die Faschisten durchgesetzt. Vor allem in Jugoslawien führte das dazu, dass Volksgruppen in einem Staat vereint wurden, die sich im Krieg aufs Äußerste bekämpft hatten. Der sich abzeichnende Bruch zwischen Stalin und den Westalliierten wurde durch den Tod Roosevelts am 12. April 1945 tiefer. Dessen Nachfolger Harry S. Truman (1884–1972) war ein dezidierter Antikommunist. Er sah unvereinbare Interessengegensätze zwischen den USA und der Sowjetunion. Je größer die Differenzen mit Stalin wurden, desto mehr bemühte er sich um die westeuropäischen Länder, inklusive der ehemaligen Kriegsgegner.

ÜBERWERFUNGEN IN ASIEN

Im Pazifik hatte Japan während des Zweiten Weltkrieges die meisten Südseeinseln, große Teile Indonesiens, den Nordosten Chinas, Korea, Vietnam, Kambodscha, Laos, die Philippinen, Thailand und Malaysia besetzt. All diese Eroberungen gingen entweder während des Krieges oder nach der Kapitulation wieder verloren. In der Folge kam es zur Teilung Koreas zwischen Russen und Amerikanern, was 1950 im Koreakrieg mündete, der innerhalb von drei Jahren 4 Millionen Todesopfer forderte, die Trennung aber nicht überwinden konnte. In Vietnam kam es 1946 zwischen der kommunistischen Widerstandsbewegung um Ho Chi Minh (1890–1969) und der einstigen Kolonialmacht Frankreich zum Indochinakrieg, der mit einer Teilung des Landes endete, die elf Jahre später zum Vietnamkrieg führte. Daneben bescherte der Indochinakrieg Laos und Kambodscha ihre Unabhängigkeit. Auch in Indonesien kam es zu einem Unabhängigkeitskrieg gegen die ehemaligen niederländischen Kolonialherren. Sachalin und die Kurilen fielen an Russland, die USA übernahmen einige Südseeinseln als Treuhandgebiet der Vereinten Nationen (Marshallinseln, Mikronesien, Marianen, Palau) und führten etwa auf den Marshallinseln (Bikini-Atoll) Atomtests durch. Die zahlreichen Gräueltaten der Japaner in China, die nie offiziell eingestanden wurden, belasten bis heute das Verhältnis der beiden Länder.

Harry S. Truman

WHO, UNICEF, IWF

Die Konferenz von Jalta: Churchill, Roosevelt und Stalin

Zugegeben: Betrachtet man die Geschichte der Vereinten Nationen, dann muss man sich eingestehen, dass diese Weltorganisation noch nicht die Wende gebracht hat, die ihre Gründer sich erhofft hatten: nämlich eine friedliche Regelung aller Konflikte und gemeinsame Bemühungen, die Probleme dieser Welt zu lösen. Trotzdem haben die Vereinten Nationen und ihre zahlreichen Tochterorganisationen die Welt auf vielfältige Weise verändert.

AUS DEM KRIEG GEBOREN

Angesichts des Ersten Weltkriegs beschloss US-Präsident Woodrow Wilson (1856–1924) die Gründung eines Völkerbundes, um solche Schrecken künftig zu vermeiden. Auf seine Initiative hin wurde der Bund am 10. Januar 1920 aus der Taufe gehoben. Die gute Idee versandete aber, da im Zweifelsfall keine Macht den Bund ernst nahm. Mitten im Zweiten Weltkrieg machte sich Wilsons Nachfolger Franklin D. Roosevelt (1882–1945) daran, ein neues, mächtigeres Bündnis zu initiieren. Am 1. Januar 1942 unterzeichneten 26 Länder, darunter auch die Sowjetunion und China, eine erste Erklärung der Vereinten Nationen, in der sie sich zum Aufbau einer friedlichen Nachkriegsordnung verpflichteten. Auf der Konferenz von Jalta (Februar 1945) entwarfen Roosevelt, Stalin und Churchill das Kernstück der neuen Organisation: Der Sicherheitsrat sollte Beschlüsse fassen können, die für alle Mitglieder bindend sind, und bei Bedarf auch militärisch in Konflikte eingreifen können. Das beginnende Misstrauen zwischen Westalliierten und Sowjetunion führte aber dazu, dass die fünf damals wichtigsten Staaten nicht nur einen ständigen Sitz, sondern auch ein Vetorecht bekamen, was im Kalten Krieg zu einer Dauerblockade des Sicherheitsrates führte. Zu den Aktiva der Organisation, die am 25. Juni 1945 gegründet wurde und heute 192 Mitglieder hat, zählen: die Allgemeine Erklärung der Menschenrechte vom 10. Dezember 1948, bislang 65 friedenssichernde Missionen der UN-Truppen (Blauhelme) in Krisengebieten, auch wenn nicht alle erfolgreich waren, und schließlich die Arbeit der 32 Sonderorganisationen, zu denen u. a. die UNESCO (Organisation für Bildung, Wissenschaft, Kultur und Kommunikation), das Kinderhilfswerk UNICEF, die Welternährungsorganisation FAO, die Weltgesundheitsorganisation WHO, die Internationale Atomenergiebehörde (IAEO) oder der Hochkommissar für Flüchtlinge (UNHCR) gehören. Stark umstritten, aber äußerst einflussreich sind die Weltbank und der Internationale Währungsfonds (IWF).

DAS WICHTIGSTE IN KÜRZE:
- Am 25. Juni 1945 wurden die Vereinten Nationen gegründet.
- Seitdem nehmen die UN und ihre Tochterorganisationen auf vielfältige Weise Einfluss.

Flagge der Vereinten Nationen

DER KAMPF UM PALÄSTINA

Im Jahr 1827 reiste der britische Unternehmer Moses Montefiore (1784–1885) nach Palästina. Dort beschloss er, Land zu kaufen und es verfolgten Juden aus Europa zur Verfügung zu stellen. Im Laufe der nächsten Jahrzehnte wurde angesichts des europäischen Antisemitismus das „Land der Väter" für viele europäische Juden zur lockenden Alternative. Besonderen Einfluss hatte das Buch *Der Judenstaat* von Theodor Herzl (1860–1904). Der österreichische Journalist war der Überzeugung, dass die Juden nicht nur eine Zuflucht, sondern unbedingt einen eigenen Staat bräuchten, um in Zukunft sicher leben zu können. Die Briten sagten den Juden 1917 einen eigenen Staat zu, trafen jedoch keine Anstalten zur Umsetzung. Unterdessen wanderten zahlreiche Juden ein. Sie kauften Land von arabischen Großgrundbesitzern. Auf diesem lebten jedoch oft Menschen, die dann verjagt wurden. 1936 führte die Einwanderung zu einem bewaffneten Aufstand der Araber, die fürchteten, zur Minderheit zur werden. Eine britische Kommission legte deshalb einen Plan zur Teilung des Landes vor. Er wurde aber von den Arabern abgelehnt. Im Zweiten Weltkrieg ließ der Naziterror die Flüchtlingsströme anschwellen, die Briten versuchten jedoch, die Einwanderung zu bremsen, da sie im Krieg die Unterstützung der arabischen Staaten brauchten. Die Juden setzten nun auf illegale Einwanderung und eigene Kampforganisationen, die zunehmend Anschläge gegen die Briten ausführten.

TEILUNGSPLÄNE

Nach dem Krieg erklärten die Briten deshalb, ihr Mandat aufgeben zu wollen. Die Vereinten Nationen beschlossen eine Teilung des Landes, die von den meisten Juden akzeptiert, von den meisten Arabern, vor allem auch den Regierungen der arabischen Nachbarstaaten, jedoch abgelehnt wurde. Doch weder die Briten noch die USA noch die UN waren bereit, die Umsetzung des Planes mit Truppen zu erzwingen. Die Briten zogen wie geplant am 14. Mai 1948 ab. Unmittelbar darauf rief David Ben Gurion (1886–1973) die Unabhängigkeit des Staates Israel aus. Noch in der Nacht griffen die arabischen Staaten an. Die Juden waren jedoch militärisch gut vorbereitet und konnten den Krieg im Juli 1949 für sich entscheiden. 1967 kam es zum nächsten Krieg. Israel eroberte die Westbank und den Gazastreifen und wurde damit zur Besatzungsmacht für die dort lebenden Palästinenser. Seitdem spielte sich der Konflikt nicht nur zwischen Israel und seinen arabischen Nachbarn, sondern vielmehr noch zwischen der israelischen Armee und den zahlreichen palästinensischen Widerstandsgruppen ab.

> **DAS WICHTIGSTE IN KÜRZE:**
> - Am 14. Mai 1948 wurde der Staat Israel gegründet.
> - Dies führte zu einem Konflikt, der heute noch als einer der brisantesten der Welt gilt.

David Ben Gurion

DEUTSCHE TEILUNG

Plakat von 1947

Am Anfang hatten die Alliierten überlegt, Deutschland nach Ende des Krieges aufzuteilen, um es ein für alle Mal unschädlich zu machen. Kurzzeitig wurde auch der Plan des US-Finanzministers Henry Morgenthau (1891–1967) diskutiert, aus Deutschland ein reines Agrarland zu machen. Aber sowohl wichtige amerikanische und britische Politiker als auch die amerikanische Öffentlichkeit lehnten dieses Ansinnen vehement ab. Auf der Konferenz von Jalta (Februar 1945) einigten sich die Staatschefs der UdSSR, USA, Großbritanniens und Frankreichs dann darauf, Deutschland als Ganzes zu erhalten, aber zunächst gemeinsam zu verwalten. Jede der Mächte sollte in ihrer Zone eine konsequente Demilitarisierung, Denazifizierung, Dezentralisierung und auch eine Demokratisierung durchführen. Ähnliches wurde für Österreich beschlossen. Dort funktionierte es. 1955 wurden die letzten Besatzungstruppen aller vier Mächte abgezogen und das Land erhielt seine volle Souveränität zurück. Im größeren und deshalb strategisch wichtigeren Deutschland jedoch waren die Besatzer weit weniger zu Kompromissen bereit. Die sich verschlechternde Stimmung zwischen Stalin (1878–1953) und den Westalliierten führte zunehmend zu Problemen.

DER MARSHALLPLAN

Für US-Präsident Harry S. Truman (1884–1972) standen sich nach dem Zweiten Weltkrieg zwei Lager gegenüber: das der freiheitlich-demokratischen Kräfte und das der totalitären Regimes. Am 12. März 1947 verkündete er vor dem US-Kongress, die USA würden in Zukunft allen Völkern beistehen, deren Freiheit durch militante Minderheiten oder von außen bedroht sei. Diese Erklärung wurde als Truman-Doktrin bekannt. Truman interpretierte diese Hilfe jedoch nicht nur militärisch. Er wollte den Kommunisten, die z. B. auch in Frankreich und Italien damals sehr stark waren, das Wasser abgraben, indem er für eine möglichst rasche wirtschaftliche Erholung Europas sorgte. Am 5. Juni stellte er das European Recovery Program vor, das sein Außenminister George C. Marshall (1880–1959) ausgearbeitet hatte. Die USA wollten die europäischen Länder vier Jahre lang mit Krediten, Rohstoffen, Lebensmitteln und anderen Waren unterstützen. Dies galt auch für die osteuropäischen Länder, doch ihnen wurde die Teilnahme von der Sowjetunion verboten, sodass letztlich nur das zwar kommunistische, aber eigenständige Jugoslawien teilnahm. In diesen Plan war auch Deutschland einbezogen, was nicht alle verstanden, da es bislang üblich war, Kriegsverursacher zu Wiedergutmachungszahlungen (Reparationen) zu verurteilen, anstatt ihnen finanziell unter die Arme zu greifen. Doch Truman war der künftige Kampf gegen den Kommunismus wichtiger als der vergangene Krieg. Es gab jedoch ein Problem: Wie wollte man einem Land mit Krediten helfen, das keine stabile Währung hatte?

DIE WÄHRUNGSREFORM

In Österreich ließen sich die Sowjets ihre Zustimmung zu einer Währungsreform durch einen besseren Wechselkurs in ihrer Zone abkaufen. In Deutschland dagegen konnten sich die Alliierten nicht auf einen gemeinsamen Kurs einigen. Am 20. März 1248 verließ die UdSSR sogar den Alliierten Kontrollrat, das oberste Gremium im besetzten Deutschland. Die Westalliierten beschlossen daraufhin, in ihren Zonen eine eigenständige Währungsreform durchzuführen, auch wenn jedem klar war, dass dies die Kluft noch vertiefen würde. Am 20. Juni 1948 wurde in Westdeutschland die D-Mark eingeführt. Jeder Bürger erhielt 40 Mark

und einen Monat später nochmals 20 Mark. Für je 100 Reichsmark Bargeld oder Sparguthaben gab es 6,50 neue D-Mark. Da aber die Gefahr bestand, dass alte Reichsmarkbestände nicht umgetauscht, sondern zu Einkäufen in der Sowjetzone benutzt wurden, führten auch die russischen Besatzer drei Tage später eine Währungsreform durch. Da es schnell gehen musste, wurden alte Reichsmarkscheine zunächst nur mit neuen Wertcoupons beklebt. Sowohl Währungsreform als auch Marshallplan funktionierten. In Deutschland tauchten plötzlich große Mengen an gehorteten Waren in den Geschäften auf, da es nun wieder stabiles Geld gab. In den anderen Empfängerländern des Marshallplans hoben die Hilfen aus den USA die Wirtschaft innerhalb von vier Jahren wieder auf das Vorkriegsniveau. Durch die gestiegene Nachfrage nach amerikanischen Produkten profitierte aber auch das Geberland nicht schlecht. Nur zwischen den Alliierten in Deutschland gab es jetzt richtig Zoff. Als die Westalliierten die D-Mark auch in den Berliner Westsektoren einführen wollten, reagierten die Sowjets am 24. Juni mit einer Blockade der Stadt. Der Westen ließ sich jedoch nicht erpressen, sondern versorgte Berlin bis zum Nachgeben der Sowjets am 12. Mai 1949 über die „Luftbrücke". Doch beide Seiten waren der Meinung, dass eine Einigung bezüglich Deutschlands Zukunft ziemlich aussichtslos geworden war. Im Herbst wurde sowohl in Ost als auch in West damit begonnen, provisorische Verfassungen auszuarbeiten. Am 24. Mai 1949 wurde dann die Bundesrepublik gegründet, am 7. Oktober die DDR. 1951 wurden die Grenzen zwischen West- und Osteuropa geschlossen, 1961 mit dem Bau der Berliner Mauer das letzte Schlupfloch zwischen den Blöcken versperrt.

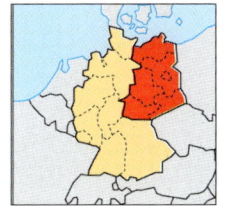

Flucht nach Westberlin kurz vor dem Mauerbau 1961

MAO

Maoismus in China

Mao Tse-tung

Während in Europa der Kalte Krieg begann, tobte in China ein heißer. Nach dem Ende des Krieges gegen Japan bekämpften sich nun wieder die Kommunisten und die Kuomintang. Die Kuomintang jedoch hatte während des Krieges, als sie die japanische Besatzung und die damit verbundenen zahlreichen Gräueltaten nicht hatte verhindern können, viel an Rückhalt in der Bevölkerung verloren. Die Kommunisten dagegen wurden nun von der Sowjetunion unterstützt. 1949 entschieden sie den Bürgerkrieg für sich. Die Kuomintang-Führung floh nach Taiwan und sah sich weiterhin als reguläre Regierung der Republik China. Auf dem Festland gründete der Kommunistenführer Mao Tse-tung (1893–1976) die

Volksrepublik China. Damit war das bevölkerungsreichste Land der Erde entstanden. Heute leben dort rund 1,3 Milliarden Menschen. Trotz der wirtschaftlichen Öffnung besteht die von Mao errichtete autoritäre Herrschaft der kommunistischen Partei über diese vielen Menschen noch immer fort.

DER KONFLIKT MIT DER SOWJETUNION

Nach dem Sieg halfen viele Spezialisten aus der Sowjetunion, in China ein sozialistisches Wirtschaftssystem aufzubauen, aber auch die Infrastruktur zu verbessern und mit der Förderung der Schwerindustrie zu beginnen. Das Verhältnis von Mao und Stalin (1878–1953) war jedoch immer schwierig gewesen, da Mao sich nie in die Rolle des „gehorsamen kleinen Bruders" hatte drängen lassen und z. B. Stalins Wunsch, während des Krieges zusammen mit der Kuomintang die Japaner zu bekämpfen, nur ansatzweise nachgekommen war. 1951 mischte China sich dann zum ersten Mal in die Weltpolitik ein und unterstützte Nordkorea bei seiner Invasion in den Südteil des Landes. Im gleichen Jahr eroberte es Tibet, das die chinesische Führung als Teil Chinas begriff, weil es in der Vergangenheit gelegentlich zu chinesischen Reichen gehört hatte. Zur Erleichterung des Westens dauerte die Kooperation zwischen den kommunistischen Supermächten aber nicht lange. Nach Stalins Tod im Jahr 1953 beanspruchte Mao den Anspruch als Führer der kommunistischen Bewegung, während die neuen Sowjetchefs weiter darauf beharrten, dass der UdSSR die

DAS WICHTIGSTE IN KÜRZE:
- Am 1. Oktober 1949 gründete Mao Tse-tung die Volksrepublik China.
- Anschließend machte er das Land zur Weltmacht.

Mao (links) mit Lin Biao, der zum „Krieg gegen die alte Welt" aufrief

Führungsrolle gegenüber allen anderen kommunistischen Staaten zukam. Als der neue Kremlchef Nikita Chruschtschow (1894–1971) dann 1956 vom Stalinismus abrückte, wurde er für Mao zum Verräter und Revisionisten. Während Chruschtschow zu einer friedlichen Koexistenz mit dem Westen bereit war, beharrte Mao darauf, dass der real existierende Sozialismus gemäß den Lehren von Karl Marx den Kapitalismus weltweit bekämpfen und überwinden müsse. Nach der Kubakrise 1962 und der darauf folgenden Entspannungspolitik zwischen West und Ost kam es zum endgültigen Bruch zwischen der Sowjetunion und der Volksrepublik China. Für Mao war Chruschtschow kein richtiger Kommunist mehr, während Chruschtschow Mao für einen Verrückten hielt, der imstande war, einen Atomkrieg auszulösen.

ATOMMACHT CHINA

Von 1951 bis 1959 hatte die Sowjetunion China bei der Entwicklung einer eigenen Atombombe unterstützt. Dann stellte man die Hilfe ein, da man Mao nicht mehr traute. China gelang es jedoch, das Programm alleine fortzuführen und 1964 die erste Atombombe und drei Jahre später eine Wasserstoffbombe zu entwickeln. Obwohl auf anderen Gebieten immer noch rückständig, war es damit zu

einer unantastbaren Weltmacht geworden. 1975 gestanden die Vereinten Nationen der Volksrepublik China den chinesischen Sitz im UN-Sicherheitsrat zu, den bis dahin noch die „Republik China" (Taiwan) eingenommen hatte. Als es in den späten 1960er-Jahren zu Grenzkonflikten mit der Sowjetunion kam, erweckte das im Ausland die Horrorvision von einem möglichen rot-roten Atomkrieg. Die Differenz zwischen den beiden Staaten war damals so groß, dass es sogar zu einer gewissen Annäherung Maos an die USA kam. Letztendlich brachte Maos Außenpolitik aber mehr Irritationen als wirklich schwerwiegende internationale Folgen mit sich, obwohl China einige afrikanische Kriege beeinflusste, indem es Parteien unterstützte, die gegen von der Sowjetunion finanzierte Kräfte antraten. Innenpolitisch dagegen sah es anders aus. Die Schätzungen über die Zahl seiner Opfer reichen von etwa 35 bis 70 Millionen Menschen. Damit könnte Mao noch vor Hitler und Stalin der Mensch sein, unter dessen Herrschaft die meisten Menschen in der gesamten Geschichte gewaltsam gestorben sind. Allein 20 bis 40 Millionen sollen verhungert sein, als er während des „Großen Sprungs nach vorn" von 1958 bis 1961 Getreide ins Ausland verkaufte, um den Aufbau einer Stahlindustrie zu finanzieren. Außerdem führte er von etwa 1966 bis 1969 mit der „Kulturrevolution" einen groß angelegten Vernichtungsfeldzug gegen alle traditionellen chinesischen Kulturgüter. Auch befahl er den Jugendlichen seiner Roten Garden gerade traditionelle Respektspersonen wie Eltern, Lehrer und örtliche Honoratioren zu demütigen und im Sinne einer klassenlosen Gesellschaft umzuerziehen, was zu sozialen Verwerfungen im Land führte.

Abrücken vom Stalinismus: Nikita Chruschtschow

DIE MAU-MAU

Verhaftungen nach Mau-Mau-Überfällen

Jomo Kenyatta

Isoliert betrachtet sind die Mau-Mau-Unruhen, die 1952 im Hochland von Kenia ausbrachen, kein besonders herausragendes Ereignis der Weltgeschichte. Zu dieser Zeit gab es dort bereits eine massive Opposition gegen die britische Kolonialmacht. Einige Teile forderten die Unabhängigkeit, andere zumindest Landreformen. Die Mau-Mau waren dabei nur eine Gruppierung, über die man relativ wenig wusste und auch bis heute nicht viel weiß. Sie soll um 1948 entstanden sein. Die Mitglieder mussten angeblich einen Eid schwören und sich zu strikter Geheimhaltung verpflichten. Die politisch dominierende Oppositionskraft war jedoch die Kenya African Union unter der Führung von Jomo Kenyatta (1893–1978). Nachdem es ab 1951 zu Gewalttätigkeiten gegen Briten kam, beschloss die Kolonialregierung ein härteres Durchgreifen. Am 20. Oktober 1952 verkündete sie den Ausnahmezustand und verhaftete Kenyatta sowie rund 180 andere Oppositionsführer und etwa 8000 weitere Menschen.

DAS WICHTIGSTE IN KÜRZE:

- 1952 versetzten die Mau-Mau-Unruhen die weißen Siedler Kenias in Angst und Schrecken.
- Der Aufstand bildete einen entscheidenden Anstoß zur Dekolonisation Afrikas.

MORDE MIT MACHETEN

Dies heizte den Widerstand jedoch nur an. Die Mau-Mau führten im Inneren des Landes einen Guerillakrieg. Dabei metzelten sie u. a. weiße Siedler auf einsamen Farmen mit Macheten nieder. Obwohl letztlich nur 33 Siedler und 63 britische Soldaten, aber weit mehr Kenianer, die der Kollaboration verdächtigt wurden, von den Mau-Mau getötet wurden, war die psychologische Wirkung dieser Morde groß. Trotz massiver Anstrengungen brauchten die britischen Truppen fünf Jahre, um die Mau-Mau niederzuwerfen. Dabei wurden Zehntausende von Verdächtigen in Lagern interniert, wo es ebenfalls zu beträchtlichen Grausamkeiten kam. Trotz der schrecklichen Mau-Mau-Morde hatten große Teile der Öffentlichkeit weder für diese Menschenrechtsverletzungen der britischen Truppen noch für die hohen Kosten, die die Bekämpfung des Aufstandes kostete, Verständnis. Großbritannien entschloss sich zur Aufgabe seiner Kolonien. Als erstes Land wurde 1956 Sudan in die Unabhängigkeit entlassen, Kenia 1964. Auch die anderen Mächte gaben ihre Kolonien auf. Dabei blieben allerdings die gesellschaftlichen, politischen, territorialen und wirtschaftlichen Verwerfungen der Kolonialzeit erhalten und sorgten in den meisten Ländern, oft bis heute, für Unruhen, Bürgerkriege und Diktaturen. Dazu kam, dass die ehemaligen Kolonialherren in ihrer Furcht vor dem Kommunismus lieber Militärführern die Macht überließen als nur annähernd sozialistischen Kräften.

RAKETEN AUF KUBA

Bereits Anfang August hatte der amerikanische Geheimdienst CIA Hinweise erhalten. Am 15. Oktober brachten Fotos von US-Aufklärungsflugzeugen die Gewissheit: Auf Kuba wurden russische Atomraketen stationiert, die innerhalb von fünf Minuten die USA erreichen konnten. US-Präsident John F. Kennedy (1917–63) rief sofort einen Krisenstab zusammen, der die verschiedenen Reaktionsmöglichkeiten diskutierte. Die Spitzen des Militärs drängten auf eine Invasion in Kuba. Kennedy entschied sich jedoch für eine Seeblockade. Als sich russische Schiffe mit U-Boot-Begleitung näherten, zwangen die US-Schlachtschiffe die U-Boote zum Auftauchen. Was sie nicht wussten: Es handelte sich um Atom-U-Boote. Aber die russischen Kapitäne hatten keinen Befehl zum Feuern und hielten sich daran. Dann kam der 27. Oktober, der „Schwarze Samstag": Ein US-Aufklärungsflugzeug wurde über Kuba abgeschossen.

FRIEDLICHE KOEXISTENZ

Niemanden hätte es damals gewundert, wenn dies der Auftakt zu einem dritten Weltkrieg gewesen wäre, einem Krieg mit atomaren Waffen. Kennedy ignorierte den Zwischenfall jedoch. Stattdessen machte er Kremlchef Nikita Chruschtschow (1894–1971) ein ganz geheimes Angebot: Die USA ziehen ihre auf die Sowjetunion gerichteten Atomraketen in der Türkei ab und verzichten auf eine Invasion in Kuba, dafür baut auch Moskau seine Raketen dort wieder ab. Am Sonntag stimmte Chruschtschow zu. Damit war die Krise beigelegt. Die Vereinbarung über die türkischen Raketen

ließ Kennedy aber nicht in die Öffentlichkeit gelangen, weil er Angst vor den Reaktionen der Hardliner und der NATO-Partner hatte. Man kann darüber spekulieren, wie die Krise ausgegangen wäre, wenn noch Josef Stalin (1878–1953) Kremlchef gewesen wäre. So gesehen lässt sich durchaus schon der Tod des „roten Zaren" als Wendepunkt hin zu einer Entspannung im Kalten Krieg begreifen. Denn Chruschtschow hatte bereits 1956 erklärt, eine friedliche Koexistenz zwischen Staaten mit unterschiedlichen Systemen sei möglich. Ganz so friedlich war es dann jedoch nicht. In zahlreichen Stellvertreterkriegen wie etwa in Vietnam, Afghanistan, aber auch in Afrika standen sich die Supermächte weiterhin gegenüber. Miteinander aber gingen sie vorsichtiger um. Zur besseren Kommunikation wurde der „heiße Draht" eingerichtet, eine direkte Fernschreiberverbindung zwischen Kreml und Weißem Haus, und 1972 das erste Abrüstungsabkommen (SALT 1) unterzeichnet.

US-amerikanischer Flugzeugträger vor Kuba

DAS WICHTIGSTE IN KÜRZE:
- **1962 drohte die Kubakrise zum Krieg zwischen den USA und der UdSSR zu werden.**
- **Die Bewältigung der Krise leitete eine Politik der Entspannung ein.**

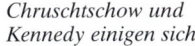
Chruschtschow und Kennedy einigen sich

PROTEST GEGEN DAS ESTABLISHMENT

Auftritt von Joan Baez vor Studenten in Berkeley 1964

Jahr später, am 19. Juni 1964, wurde die Rassentrennung in den USA aufgehoben. Die Anti-Apartheids-Proteste, die 1955 mit Massenboykotts gegen Buslinien begonnen hatten, in denen Schwarze für Weiße ihren Platz räumen mussten, waren der Auftakt einer großen Protestbewegung für bürgerliche Freiheiten, die 1968 weit um sich griff.

■ UNRUHE AN DEN UNIS

Die schwarze Bevölkerung der USA hatte den Anfang gemacht, aber auch unter den weißen Jugendlichen des Landes gärte es Anfang der 1960er-Jahre bereits. In Kalifornien etablierte sich die Hippiekultur, vor allem an den Universitäten bildete sich die Neue Linke, die für einen undogmatischen Sozialismus eintrat. Verschiedene andere Gruppen wie amerikanische Ureinwohner, Homosexuelle und Frauen begannen ebenfalls für Gleichberechtigung und öffentliche Anerkennung zu streiten. In besonderem Maße richtete sich diese Gegenkultur gegen das „Komitee für antiamerikanische Umtriebe". Dieses war 1934 gegründet worden, um ausländische, subversive Propaganda in den USA zu bekämpfen. Seine Aktivitäten galten anfangs den Faschisten, nach dem Krieg aber bevorzugt Personen, die als Kommunisten verdächtigt wurden. Vor allem unter dem Senator Joseph McCarthy (1908–57) kam es zu einer regelrechten Hexenjagd. Auch an der kalifornischen Universität Berkeley bekamen Vertreter der Neuen Linken Redeverbot. Im Jahr 1964 nah-

Etwa eine Viertelmillion Menschen waren am 28. August 1963 nach Washington gekommen und demonstrierten vor dem Weißen Haus für eine Gleichberechtigung der schwarzen Bevölkerung Amerikas. Die meisten waren Afroamerikaner, aber auch gut ein Fünftel Weiße. Auf den Stufen des Lincoln Memorials hielt Martin Luther King (1929–68) seine berühmte Rede „I have a dream", in der er seine Vision einer gemeinsamen friedlichen Zukunft ausmalte. Der March on Washington for Jobs and Freedom war bis dato die größte Demonstration, die es in der US-Hauptstadt gegeben hatte. Knapp ein

DAS WICHTIGSTE IN KÜRZE:
- **1964 erzwangen Massenproteste das Ende der Apartheid in den USA.**
- **Dies beflügelte eine Gegenkultur, die 1968 auf alle westlichen Industrieländer übergriff.**

men dann Studenten aus Berkeley am Freedom Summer Project teil. Sie halfen den ärmeren und ungebildeten Teilen der schwarzen Bevölkerung in Mississippi, sich in Wählerverzeichnissen registrieren zu lassen. Dabei lernten sie ihrerseits die Protestformen der schwarzen Bürgerrechtsbewegung intensiv kennen. Zurückgekehrt organisierten sie in Berkeley das Free Speech Movement. Wo immer die Universitätsleitung die freie Meinungsäußerung missliebiger Personen verhindern wollte, sah sie sich Hunderten oder auch Tausenden von Studenten gegenüber.

KRIEG IN VIETNAM

1965 griffen die USA dann in den Krieg in Vietnam ein. Im Gegensatz zu Korea im Jahr 1950 marschierte hier nicht der kommunistische Norden in den Südteil des Landes ein. Stattdessen war 1963 nach dem Sturz eines von den USA unterstützten Diktators im Süden ein Bürgerkrieg ausgebrochen, in dem die – von Nordvietnam unterstützten – Kommunisten zusehends die Oberhand bekamen. Sowohl die hohen Opferzahlen unter US-Soldaten als auch die Grausamkeiten, die sie im Dschungelkrieg begannen, ließen in der amerikanischen Öffentlichkeit den Protest gegen den Krieg schnell anschwellen. Am 15. April 1967 protestierten 400.000 Menschen in New York, wo unter anderen Martin Luther King sprach, und rund 100.000 in San Francisco. Gleichzeitig erlebte die Hippiebewegung mit dem Summer of Love ihren Höhepunkt. In Europa waren es vor allem die Studenten, die von der Protestkultur angesteckt wurden. An den Universitäten agierten sie gegen reaktionäre Studieninhalte und die unaufgearbeitete Nazi-Vergangenheit ihrer Eltern und plädierten für neue, linke Lebensentwürfe. In Deutschland, wo seit 1966

eine Große Koalition regierte, sahen sie sich auch als außerparlamentarische politische Opposition (APO). Ein Teil davon radikalisierte sich. Als RAF (Rote-Armee-Fraktion) ermordeten sie bis 1991 zahlreiche Politiker und Wirtschaftsführer.

FREIE LIEBE

Die Protestkultur der 1960er-Jahre, in Deutschland meist nach dem aktivsten Jahr „68er" genannt, beschränkte sich jedoch nicht auf politischen Protest. Auch gesellschaftlich änderten sich viele Dinge, vor allem im Bereich der Sexualität. 1961 war die Antibabypille auf den Markt gekommen und erlaubte eine nie gekannte sexuelle Freizügigkeit. Doch nicht nur die Jugendlichen entdeckten die freie Liebe, auch der Staat bewegte sich und hob in der großen Strafrechtsreform von 1969 unter anderem die Strafverfolgung von Ehebruch, Homosexualität und Kuppelei auf. Auch Konsum, religiöser Gehorsam, blinder Patriotismus und Ähnliches wurden in Frage gestellt. Für manche gingen damals traditionelle Werte in die Brüche, für andere nur wertlos gewordene Strukturen. In den betroffenen Ländern schlossen sich die Gräben wieder, international aber entstand eine mentale Kluft zu Regionen, in denen diese Liberalisierung nicht stattgefunden hatte, z. B. zur islamischen Welt.

Martin Luther King

Bilder wie dieses verstärkten den Protest gegen den Vietnamkrieg

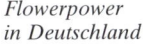

Flowerpower in Deutschland

DER ERDÖLSCHOCK

Autofreier Sonntag

DAS WICHTIGSTE IN KÜRZE:
- **1973 drosselte die OPEC ihren Ölexport drastisch.**
- **Dies führte im Westen zu einer Wirtschaftskrise und machte erstmals die Endlichkeit des Rohstoffs Erdöl deutlich.**

Am 19. Oktober 1973 drehten die Scheichs den Ölhahn zu. Die Organisation der arabischen Erdöl exportierenden Länder (OAPEC) kündigte ein Ölembargo gegen die USA an, da die Vereinigten Staaten Israel im Yom-Kippur-Krieg unterstützten. Diese Taktik war nicht ganz neu. 1967 im Sechs-Tage-Krieg zwischen Israel und seinen Nachbarn hatten die arabischen Ölländer schon einmal mit einem Embargo reagiert, das sie wirtschaftlich jedoch selbst am meisten traf. Es wurde nach zehn Tagen wieder aufgehoben. 1973 versuchten sie es wieder, obwohl der Krieg nicht von Israel, sondern von Ägypten und Syrien begonnen worden war. Entscheidend war jedoch, dass sie diesmal die OPEC auf ihre Seite ziehen konnten, zu der auch noch der Iran, Nigeria, Indonesien, Venezuela und Ecuador gehörten. Die OPEC (Organisation Erdöl exportierender Staaten) war 1960 gegründet worden, damit sich die Ölländer besser gegen Erpressungen durch die großen Erdölkonzerne wehren konnten. Am 10. Oktober 1973 waren jedoch Verhandlungen mit den sieben größten Konzernen gescheitert. Folglich hatten auch die nicht arabischen Staaten ein Interesse daran, durch eine Drosselung der Produktion bessere Preise zu erzwingen. Schah Mohammed Reza Pahlavi (1878–1944) kündigte an, dass dies auch nicht nur eine vorübergehende Maßnahme sein solle. Zehnmal höhere Preise als die damals gezahlten 3 Dollar pro Barrel wären eine faire Option für die Zukunft.

Erdölförderung im Nahen Osten

LEERE AUTOBAHNEN

Das Embargo dauerte bis zum 17. März 1974. Es traf jedoch nicht alle Länder gleichmäßig. Je höher die Unterstützung Israels war, desto rigider wurde es gehandhabt. In dieser Zeit vervierfachte sich der Preis für Erdöl. Die Wirtschaft der Industrieländer war darauf in keinster Weise vorbereitet. Es kam zu Inflation, Firmenpleiten und Entlassungen. In Deutschland wurde im November und Dezember viermal ein autofreier Sonntag verordnet, um Benzin zu sparen. Obwohl dies eine eher symbolische Maßnahme war, erkannten Regierung, Wirtschaft und Bevölkerung erstmals ihre immense Abhängigkeit vom Öl. Energiesparen und die Entwicklung alternativer Energien wurden ein Thema. Am schwersten litt die Autoindustrie, der Japan mit seinen kleineren, sparsameren Wagen zunehmend Konkurrenz machte. Die OPEC wurde mit dem Embargo zu einer im Westen gefürchteten Macht und die vom Öl profitierende Oberschicht immens reich. Als politisches Druckmittel benutzte sie die Ölförderung – entgegen der Ängste des Westens – nach 1973 allerdings nicht mehr.

DAS ENDE DER MAOISTEN

Mao Tse-tung

Am 2. September 1976 erlitt Mao Tse-tung seinen dritten Herzinfarkt. Sieben Tage später starb er. Das kam nicht gerade überraschend, denn er war schon Jahre zuvor bei schlechter Gesundheit gewesen. Maos designierter Nachfolger war seit April des Jahres Hua Guofeng (geb. 1921), ein relativ unbeschriebenes Blatt. Er sah sich jedoch der berüchtigten Viererbande gegenüber: Diese bestand aus Maos vierter Frau Jiang Qing (1914–91) und drei Funktionären, die zu den radikalsten Aktivisten der sogenannten Kulturrevolution gehört hatten.

DER MANN IM SCHATTEN

Über die genauen Vorkommnisse nach Maos Tod gibt es keine sicheren Informationen. Vermutlich bemühte sich die Viererbande um die Unterstützung wichtiger Militärführer, um die Macht zu übernehmen. Doch Hua war schneller. Am 6. Oktober ließ er sie und eine Gruppe ihrer Anhänger verhaften. Danach begann er eine heftige Propagandakampagne, die allein diese vier – und nicht Mao – für alle Schrecken der Kulturrevolution verantwortlich machte. Sie wurden als Konterrevolutionäre und Verschwörer gebrandmarkt, deren Ziel es gewesen sei, eine „feudalfaschistische Diktatur" zu übernehmen. Aber es gab noch einen Konkurrenten: Maos alten Kampfgefährten Deng Xiaoping (1904–97). Dieser war ein politisches Stehaufmännchen. 1968 war er während der Kulturrevolution verbannt, 1973 von Mao zurückgeholt und im April 1976 wieder gestürzt worden, wobei nicht klar ist, ob Mao oder Hua dafür mehr Verantwortung trugen. Doch Dengs Basis im Machtapparat der Kommunistenpartei war noch so stark, dass Hua nicht gegen ihn agieren wollte. Deng wurde zurückgeholt und stellvertretender Parteivorsitzender. Von dieser Position aus agierte er äußerst geschickt gegen Hua Guofeng. Vor allem hielt er der Öffentlichkeit und den Parteigenossen dessen Unfähigkeit, die wirtschaftliche Lage Chinas zu verbessern, vor Augen. Der Prozess gegen die Viererbande, der Ende 1980 begann, wurde zum endgültigen Aus für Hua. Seine Vorwürfe gegen die vier waren derart überzogen, dass offensichtlich wurde, dass es sich um eine Kampagne handelte. Hua musste seine Ämter an Vertraute von Deng abgeben. Dieser sorgte dann dafür – obwohl er selbst nie Partei- oder Regierungschef wurde –, dass China zum kapitalistischen Wirtschaftsgiganten wurde, während die Macht in der Hand der Kommunistischen Partei blieb.

Deng Xiaoping

DAS WICHTIGSTE IN KÜRZE:
- **Mit der Verhaftung der Viererbande wurden nach Maos Tod 1976 die radikalsten Kräfte in China ausgeschaltet.**
- **Den Prozess um die „Bande" 1980 nutzte Deng Xiaoping, um die heimliche Macht zu übernehmen und China für den Kapitalismus zu öffnen.**

KHOMEINIS STAAT

Ayatollah-Khomeini-Plakat

Reza Pahlavi

„Ich bin müde und brauche eine Pause", soll der krebskranke, iranische Schah Mohammad Reza Pahlavi (1919–80) gesagt haben, bevor er das Flugzeug bestieg, das ihn nach Ägypten brachte. Pahlavi war schon lange ein äußerst umstrittener Monarch gewesen. Er führte in seinem Land eine Modernisierung und Verwestlichung durch, bei der er wenig Rücksicht auf Befindlichkeiten nahm. Er demonstrierte märchenhaften Luxus, während ein Großteil seines Volkes im Elend lebte. Außerdem träumte er davon, aus seinem Land eine militärische Großmacht zu machen, und verpulverte die Öleinnahmen für die Aufrüstung. Seine Herrschaft war autokratisch und stützte sich auf Geheimpolizei und den Beistand der USA. Diese hatten 1953 den äußerst populären iranischen Premierminister Mohammad Mossadegh (1882–1967) gestürzt, weil er die Ölindustrie hatte verstaatlichen wollen. 1977 wurde jedoch Jimmy Carter (geb. 1924) neuer Präsident der USA und begann vom Schah abzurücken. Die Unruhen im Iran nahmen zu, und als auch einige Zugeständnisse nichts halfen, setzte sich der Herrscher ab.

> **DAS WICHTIGSTE IN KÜRZE:**
> • Am 16. Januar 1979 flüchtete der Schah aus dem Iran.
> • Anschließend setzte sich der radikale Schiitenführer Ayatollah Khomeini durch und gründete eine islamische Republik.

DER AYATOLLAH

Die Gegner des Schahs waren aber eine äußerst bunte Mischung aus westlichen Intellektuellen, marxistischen Volksmudschaheddin und fundamentalistischen Schiiten. Bald zeigte sich, dass die Religiösen die stärkste Fraktion waren. Am 1. Februar kam der seit 1964 verbannte Ayatollah Ruhollah Khomeini (um 1907–89) aus dem französischen Exil zurück. Anfangs suchte er den Dialog mit den anderen Gruppen und setzte einen moderat islamischen, liberalen Übergangspremier ein, während die Armee die verbliebenen Anhänger des Schahs bekämpfte. Viele im Land glaubten, der über 70-jährige Khomeini strebe nur die Funktion eines religiösen Oberhauptes an. Unterdessen bildeten sich aber überall aktive islamische Komitees, und als Khomeini am 31. März einen Volksentscheid zugunsten einer islamischen Republik durchführen ließ, brachte der angeblich eine Zustimmung von 98 Prozent. Am 1. April errichtete er die Republik Iran, in der er als „Oberster Rechtsgelehrter" das höchste Staatsamt bekleidete. Er schaltete die verbliebene Opposition aus und sorgte für eine strenge Islamisierung des öffentlichen Lebens. Schockartig ins Bewusstsein der Öffentlichkeit brachte sich der neue Iran dann am 4. November mit einer Geiselnahme in der US-Botschaft von Teheran, die erst am 20. Januar 1981 endete. Seit 2005 sorgt Präsident Mahmud Ahmadinedschad (geb. 1956) mit Drohungen gegen Israel und einem Atomprogramm weltweit für Sorgen. Die eigentlichen Fäden der Macht liegen aber immer noch in den Händen der obersten schiitischen Geistlichkeit.

DER KRIEG AM GOLF

Im Jahr 1899 hatten die Emire von Kuwait ihr Land, das offiziell noch zum Osmanischen Reich gehörte, unter britischen Schutz gestellt. Das führte dazu, dass Kuwait nach dem Ende des Ersten Weltkriegs zum selbstständigen Staat wurde, obwohl Irak und Saudi-Arabien durchaus Interesse an der ölreichen Region hatten. 1990 hatte der Irak aufgrund des Ersten Golfkriegs (1980–88) gegen den Iran immense Schulden in Kuwait. Saddam Hussein (1937–2006) vertrat aber die Meinung, dass er Anrecht auf einen Schuldenerlass habe, da er die arabische und die westliche Welt gegen den Iran des Ayatollah Khomeini (1907–89) verteidigt habe. In der Tat hatten die USA und viele andere Länder den Irak aufgerüstet, waren dann aber wegen zahlreicher Gräueltaten, vor allem des Einsatzes von Giftgas, von ihm abgerückt.

DIE MACHT DER MEDIEN

Vermutlich hatte Hussein in Gesprächen mit US-Diplomaten den Eindruck gewonnen, der Konflikt mit Kuwait interessiere diese nicht. Also rückte er in das kleine Nachbarland ein. Die Tat wurde umgehend vom UN-Sicherheitsrat verurteilt. Auch viele arabische Staaten schlossen sich an, namentlich Saudi-Arabien, das sich ebenfalls durch irakische Truppenkonzentrationen an der Grenze bedroht fühlte. Es folgte ein Embargo gegen den Irak. Saddam Hussein stellte einerseits den Rückzug gegen sehr hohe Zugeständnisse in Aussicht, trieb aber andererseits die Annexion Kuwaits voran. Während der Verhandlungen beauftragte ein Bündnis aus US-Amerikanern und Exilkuwaitern eine PR-Firma, die Übergriffe der irakischen Soldaten in Kuwait aufzubauschen. Namentlich die Lügengeschichte, Babys wären aus ihren Brutkästen gerissen worden, sorgte für riesige Empörung. Am 12. Januar 1991 stimmte der US-Kongress für einen Krieg. Auch dieser war dann ein Medienspektakel, das der Weltöffentlichkeit zeigte, wie amerikanische Präzisionswaffen computergesteuert feindliche Waffensysteme ausschalteten. Dank moderner, „unblutiger" Technik und dem Ende des Kalten Krieges schien der Krieg zum politischen Mittel mit begrenzten Nebenwirkungen geworden zu sein. Die andere Seite: Auf irakischer Seite hatte der Krieg Zehntausende von Opfern gefordert, darunter viele Zivilisten. Schiiten und Kurden, die darauf vertraut hatten, der Westen würde Saddam Hussein stürzen, bekamen die Rache des Diktators zu spüren. Außerdem kostete der Hightech-Krieg 60 Millionen Dollar und hatte über 300 Tonnen mit Uran angereicherter Munition über dem Irak verteilt.

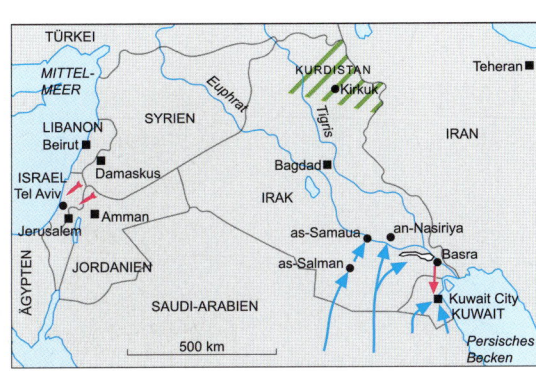

> ### DAS WICHTIGSTE IN KÜRZE:
> - Am 2. August 1990 marschierte der Irak in Kuwait ein.
> - Dies löste den Zweiten Golfkrieg aus, der Krieg als politisches Mittel auch im Westen wieder „salonfähig" machte.

Brennende Ölfelder im Golfkrieg

DAS ENDE DES OSTBLOCKS

Mehrere Tausend DDR-Bürger warten am 4. Oktober auf dem Gelände der bundesdeutschen Botschaft in Prag auf ihre Ausreise

Um 23:30 Uhr gaben die Grenztruppen nach. Unter dem Andrang der Massen wurde der Übergang Bornholmer Straße am 9. November 1989 in Berlin geöffnet. Tausende von Menschen drängten aus dem Osten nach Westberlin, tanzten auf der Mauer oder begannen, das Symbol der deutsch-deutschen Teilung zu zerstören. Anlass war eine Ankündigung des SED-Politbüros gewesen, dass „ab sofort" ein neues Gesetz Reisefreiheit gewähre. Die Öffnung der Mauer war sicherlich der symbolträchtigste Akt der Öffnung des Ostblocks und für Deutschland auch der entscheidende. Schaut man aber über die eigenen Grenzen hinaus, dann hat die große Wende schon viel früher begonnen.

DAS WICHTIGSTE IN KÜRZE:

- 1988 erklärte Kremlchef Michail Gorbatschow, ein Ende der Breschnew-Doktrin.
- Mythologische Gründungsväter: Dies führte 1990 zu einem Zusammenbruch des Ostblocks, einer Öffnung der Grenzen und der deutschen Wiedervereinigung.

MICHAIL GORBATSCHOW

1985 war der relativ junge Reformer Michail Gorbatschow (geb. 1931) neuer Kremlchef geworden. Auf dem 27. Parteitag der KPdSU, der am 25. Februar 1986 in Moskau stattfand, erhob er Glasnost (Transparenz) und Perestroika (Umgestaltung) zu neuen Maximen der Sowjetpolitik. 1988 signalisierte er dann ein Abrücken von der Breschnew-Doktrin. Diese besagte, dass die Souveränität der Warschauer-Pakt-Staaten durch die Interessen der sozialistischen Gemeinschaft begrenzt sei. Im Klartext hieß das, dass sich die UdSSR das Recht herausnahm, immer dann militärisch einzugreifen, wenn sie die Geschlossenheit des Paktes unter ihrer Führung in Gefahr sah, etwa 1968 durch den Prager Frühling. Das erste Land, das die Probe machte, ob Gorbatschows Zusicherung ernst gemeint war, war Polen, wo die Oppositionsbewegung vor allem in Gestalt der Gewerkschaft Solidarnosc besonders stark war. Noch 1988 nahmen Regierung und Opposition Gespräche auf, was am 6. Februar 1989 zu einem runden Tisch und am 4. Juni zu halbfreien Wahlen führte. Zwar war das Gewicht der Solidarnosc von vornherein auf höchstens ein Drittel der Parlamentssitze begrenzt worden. Diese gewann sie jedoch und dazu 99 von 100 Sitzen im polnischen Senat. Zusammen mit den ehemaligen Blockparteien konnte sie die Regierung übernehmen.

DIE ÖFFNUNG DER GRENZEN

Das zweite Land, das sich traute, war Ungarn. Hier leitete die Regierung Reformen ein und begann im Mai 1989 mit dem Abbau der Überwachungsanlagen an den Grenzen. Am 19. August 1989 öffnete sie für drei Stunden erstmals den Eisernen Vorhang, um ein paneuropäisches Picknick der Friedensbewegung zu ermöglichen. Die DDR-Bürger reagierten zuerst mit einer Massenflucht nach Ungarn und in die deutschen Botschaften von Prag, Warschau und Budapest, ab dem 4. September mit den Montagsdemonstrationen in Leipzig, die im Oktober zu einer Volksbewegung wurden. Nachdem auch noch Gorbatschow der SED-Führung anlässlich des 40. Jahrestages der DDR (7. Oktober) ins Gewissen geredet hatte, begann diese zögerliche Reform, wurde aber von den Ereignissen des 9. Novembers überrollt und gab schließlich auf. Am 18. März 1990 fanden freie Wahlen in der DDR statt, am 3. Oktober wurde die Wiedervereinigung Deutschlands erreicht. Auch in allen anderen Ostblockstaaten kam es bis Ende 1989 zu einer Entmachtung der alten Kräfte und einer Öffnung der Grenzen. In Jugoslawien führte das allerdings zu Konflikten zwischen den Volksgruppen, die sich zwischen 1991 und 1998 in äußerst grausamen Kriegen entluden. Politisch zerfiel das Land in sechs unabhängige Einzelstaaten und den Kosovo, der zunächst mit ungeklärtem Status unter UN-Verwaltung stand und 2008 die staatliche Unabhängigkeit erklärte. Tschechen und Slowaken dagegen entschieden sich 1992 für eine friedliche Trennung.

DER ZERFALL DER SOWJETUNION

Auch die Sowjetunion überstand die Öffnungspolitik Gorbatschows nicht. Dieser plante, die UdSSR in einen Bund innenpolitisch unabhängiger, aber nach außen gemeinsam agierender Staaten zu machen. Die baltischen Länder sagten sich jedoch schon 1990 los, und im Herbst 1991 signalisierten auch die großen Republiken Russland, Weißrussland und Ukraine, dass sie kein Interesse mehr an einer gemeinsamen Zukunft hätten. Am 8. Dezember wurde die Sowjetunion aufgelöst. In den baltischen Ländern kam es zu einer Demokratisierung, in vielen anderen früheren Teilrepubliken übernahmen die damaligen Präsidenten die Macht und regieren teilweise heute noch als Diktatoren. In einigen (Georgien, Ukraine, Kirgisien) kam es mittlerweile zu friedlichen Revolutionen, die jedoch noch nicht für stabile Verhältnisse gesorgt haben. Außerdem lösten die Unabhängigkeitsbestrebungen einzelner Regionen Bürgerkriege aus, die heute zwar teilweise ruhen, aber politisch nicht gelöst sind. Am schlimmsten waren und sind die Verhältnisse in dem zu Russland gehörenden Tschetschenien. In Russland selbst führte die Wende zu ziemlich chaotischen Verhältnissen, die vielen Unternehmern zu immensem Reichtum verhalfen. Nach seinem Amtsantritt im Jahr 2000 versuchte Präsident Wladimir Putin (geb. 1952), wieder an die alte sowjetische Supermachtpolitik anzuknüpfen. Sein Nachfolger ist seit Mai 2008 Dimitri Medwedew (geb. 1965).

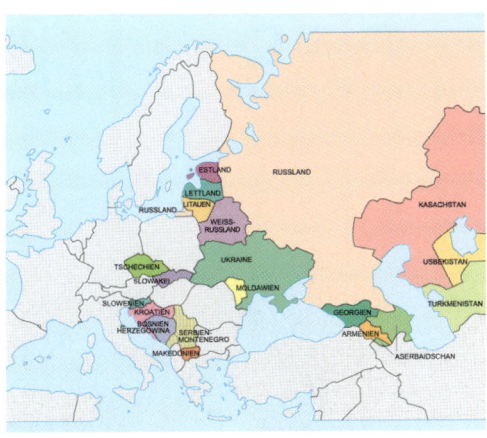

Neue Staaten in den 1990er-Jahren nach dem Zerfall der Sowjetunion

Fall der Berliner Mauer 1989

DER 11. SEPTEMBER

Einschlag des zweiten Flugzeugs im World Trade Center

In den USA war es 8:46 Uhr am Morgen, in Deutschland 14:46 Uhr am Nachmittag, als das erste Flugzeug im Nordturm des World Trade Center in New York einschlug. Viele Beobachter glaubten noch an ein Unglück, als 17 Minuten später ein zweites Flugzeug den Südturm traf. Gut eine halbe Stunde später stürzte eine Maschine in das Verteidigungsministerium Pentagon in Washington. Kurz vor 10 bzw. 10:30 Uhr fielen die bei-

den brennenden Türme in sich zusammen. Ein viertes entführtes Flugzeug stürzte ab. Insgesamt starben 3000 Menschen. Die Welt hielt den Atem an. Bald machten Gerüchte um Osama bin Laden und El Kaida die Runde, Namen, die viele Menschen noch nie in ihrem Leben gehört hatten.

DAS TERRORNETZWERK

Die Attentäter, 19 junge Männer aus verschiedenen arabischen Ländern, konnten identifiziert werden. Sie waren alle bei den Anschlägen umgekommen. Als Hintermänner machten die US-Behörden sehr schnell den saudi-arabischen Terroristen Osama bin Laden (geb. um 1957) und sein Terrornetzwerk El Kaida aus. Obwohl bin Laden sich inzwischen auf Videobotschaften zu dem Anschlag bekannte, ist bis heute nicht eindeutig bewiesen, dass er der Initiator war. Sowohl über ihn als auch über El Kaida gibt es wenig sichere Erkenntnisse. Bin Laden engagierte sich in den 1980er-Jahren in Afghanistan gegen die russischen Besatzer und errichtete dort Trainingslager. In den 1990er-Jahren schickte er vermutlich islamische Söldner in den Bosnienkrieg. Über das Netzwerk El Kaida unterstützt er weltweit potenzielle Attentäter und islamische Söldner mit Geld, Know-how und Ausbildung. Formiert hat sich das Netzwerk wahrscheinlich als Reaktion auf den Zweiten Golfkrieg 1991. Obwohl auch viele islamische Länder damals den Krieg gegen den Irak unterstützten und das angegriffene Kuwait ebenfalls ein islamisches Land ist, interpretierten die Kreise um bin Laden diesen Krieg als Aggression des

DAS WICHTIGSTE IN KÜRZE:
- Am 11. September 2001 steuerten arabische Terroristen Flugzeuge in das World Trade Center in New York und das Pentagon in Washington.
- US-Präsident George Bush rief daraufhin zum weltweiten Krieg gegen den Terror auf.

Westens gegen die „unterdrückte islamische Welt." Damit trafen sie sowohl den Nerv der armen Schichten in den muslimischen Ländern als auch den vieler junger muslimischer Männer im Westen, die sich dort nicht ausreichend akzeptiert fühlen.

DER KRIEG GEGEN AFGHANISTAN

Die Betroffenheit nach den Anschlägen war weltweit groß. Nur vereinzelt, etwa im Irak oder bei radikalen Palästinensergruppen, wurde der Terrorakt gegen den Erzfeind USA gefeiert. Das Mitgefühl mit den Vereinigten Staaten überdeckte auch die starken antiamerikanischen Ressentiments, die es zuvor gerade auch im Westen gegeben hatte, etwa wegen der Blockadehaltung der USA in der Umweltpolitik. Bereits am 12. September interpretierte die NATO den Anschlag als bewaffneten Angriff gegen ein Mitgliedsland und rief zum ersten Mal in ihrer Geschichte den Bündnisfall aus. Am 20. September kündigte US-Präsident George W. Bush (geb. 1946) einen weltweiten Krieg gegen den Terror an. Auch der UN-Sicherheitsrat verpflichtete alle Mitgliedsstaaten der Vereinten Nationen, den internationalen Terrorismus zu bekämpfen. Da bin Laden in Afghanistan vermutet wurde, stellten die USA ein Auslieferungsgesuch. Als dieses negativ beschieden wurde, griffen sie am 7. Oktober 2001, unterstützt von einer Allianz aus 70 Ländern, Afghanistan an. Dort gab es zu dieser Zeit keine Zentralregierung. Die größten Teile des Landes waren in der Hand der radikal-islamistischen Taliban, die mit bin Laden paktierten; kleinere Regionen wiederum unterstanden Clanchefs, die eher die USA unterstützten. Im Dezember 2001 installierte die Allianz eine neue Übergangsregierung, die 2004 durch Wahlen bestätigt wurde. Insbesondere im Süden dauert der Krieg allerdings bis heute an, und auch Osama bin Laden wurde noch nicht gefunden.

Osama bin Laden

ZWEIFELHAFTE SICHERHEITS-MASSNAHMEN

Eine weitere Reaktion auf die Anschläge des 11. September 2001 sind verschärfte Sicherheitsgesetze in den meisten westlichen Ländern, mit denen man hofft, künftig besser gegen Anschläge gewappnet zu sein. Dabei wurden aber auch zahlreiche bürgerliche Freiheiten beschnitten, ja teilweise Entscheidungen getroffen, die im Grunde nicht mehr von demokratischen Prinzipien gedeckt sind. Dazu zählt insbesondere das US-Gefangenenlager Guantanamo Bay auf Kuba, das als exterritoriales Gebiet gesehen wird, für das das Recht der Vereinigten Staaten nicht gilt. Daneben soll es noch andere geheime Gefängnisse geben, in denen Terrorverdächtige ohne Rechtsgrundlage festgehalten werden. Trotz dieser teilweise illegalen Maßnahmen gab es weitere Terrorakte radikaler Islamisten, auch wenn bislang keiner die Ausmaße des 11. September 2001 erreichte. Die schlimmsten waren die Anschläge auf eine Diskothek in Bali im Oktober 2002 mit 202 Toten und im März 2004 auf Vorortzüge in Madrid mit 191 Toten. Aber auch überwiegend islamische Länder wie die Türkei, Jordanien oder Ägypten wurden schon zum Ziel von El Kaida und ähnlichen Gruppen, da diese Muslime, die in Frieden mit dem Westen leben, als Verräter gelten.

Soldat einer US-Spezialeinheit in Afghanistan

BUSHS IRAKKRIEG

Ein Land kommt nicht zur Ruhe: immer wieder Anschläge im Irak

Folgt man der Argumentation von US-Präsident George W. Bush (geb. 1946) war der Krieg gegen den Irak lediglich eine weitere Maßnahme im Rahmen seines „Krieges gegen den Terror", den er nach den Anschlägen vom 11. September 2001 gestartet hat. Seine Kritiker dagegen halten ihm vor, dass der irakische Diktator Saddam Hussein (1937–2006) weder in engem Kontakt mit dem Terrornetz El Kaida stand noch islamistisch war, sondern im Gegenteil teilweise sogar ein Feindbild für die radikalen Islamisten darstellte. Aus diesem Grund gab es auch weltweit heftige Proteste, als sich im Jahr 2002 Bushs Entschlossenheit, den Irak anzugreifen, abzeichnete. Man befürchtete eine Destabilisation der ganzen Region sowie einen Bürger-

krieg zwischen schiitischen, sunnitischen und kurdischen Einwohnern des Irak, in den sich eventuell die Nachbarländer Türkei, Syrien und Iran einschalten könnten. Außerdem gab es im Gegensatz zum Zweiten Golfkrieg 1991 oder dem Afghanistankrieg 2001 kaum Unterstützung aus der islamischen Welt. Angesichts der großen Ölvorräte im Irak befürchtete man, das Argument, in Wahrheit ginge es den USA nur um eine Kontrolle über die Ölquellen, könne das Misstrauen der arabischen Länder gegenüber dem Westen noch vertiefen und zu einer weiteren Radikalisierung militanter Muslime beitragen. Außerdem könne ein Krieg gegen den Irak den Erfolg des Afghanistaneinsatzes gefährden. George W. Bush argumentierte dagegen mit der Gefahr, die von Saddam Hussein ausgehe.

DIE ATOMWAFFENLÜGE

Bushs Vater hatte während seiner Präsidentschaft – für manche unverständlich – im Zweiten Golfkrieg darauf verzichtet, Saddam Hussein zu stürzen. Stattdessen begnügte er sich mit der Befreiung Kuwaits und Auflagen des UN-Sicherheitsrates gegen den Irak. Dazu gehörten u. a. Flugverbotszonen, ein Embargo, das die Herstellung von Massenvernichtungswaffen verhindern sollte, und die regelmäßigen Kontrollen durch UN-Waffeninspektoren im Irak. Diesen Auflagen versuchte sich Saddam Hussein immer wieder zu entziehen, vor allem die ordnungsgemäße Durchführung der Kontrollen wurde zu einer schier endlosen Kraftprobe zwischen dem irakischen Diktator und der UN. Die USA und

DAS WICHTIGSTE IN KÜRZE:
- Am 20. März 2003 griff eine US-geführte Koalition den Irak an.
- Dies führte zu einem bis heute anhaltenden Bürgerkrieg im Land und einer weiteren Vertiefung der Kluft zwischen westlicher und islamischer Welt.

Großbritannien pochten darauf, dass Saddam Hussein eine Gefahr für den Weltfrieden sei und diese Gefahr notfalls auch durch einen Krieg beseitigt werden müsse. Am 5. Februar 2003 präsentierte US-Außenminister Colin Powell (geb. 1937) im UN-Sicherheitsrat Dokumente, die beweisen sollten, dass der Irak längst im Besitz von Massenvernichtungswaffen, darunter auch Atomwaffen, sei. Diese Beweise stellten sich im Nachhinein als Fälschungen heraus, wovon Powell selbst jedoch nichts gewusst haben soll. Die Aktion blieb aber auch wirkungslos. Der Sicherheitsrat sanktionierte einen Krieg gegen den Irak nicht. Trotzdem begannen die USA und ihre Verbündeten als „Koalition der Willigen" am 20. März den Krieg gegen den Irak. Am 7. April wurde Bagdad eingenommen. Am 1. Mai erklärte George Bush den Krieg für beendet.

DIE KRIEGSFOLGEN

Das Ziel, Saddam Hussein zu stürzen, wurde erreicht. Er wurde am 13. Dezember 2003 gefangen genommen und am 5. November 2006 durch ein irakisches Sondertribunal zum Tode verurteilt. Atomwaffen oder andere Massenvernichtungswaffen wurden nicht gefunden. Am 28. Juni 2004 wurde eine irakische Übergangsregierung eingesetzt, am 30. Januar 2005 fanden Wahlen statt, die jedoch von den sunnitischen Parteien boykottiert wurden. Der gewählten Regierung ist es noch nicht gelungen, eine staatliche Ordnung herzustellen, ebenso wenig den Besatzungstruppen. Regelmäßig finden Terroranschläge sowohl gegen die Besatzer als auch zwischen den einzelnen verfeindeten Volksgruppen statt. Seit dem offiziellen Ende der Kampfhandlungen sind über 4000 Koalitionssoldaten, etwa 7700 irakische Soldaten und Sicherheitskräfte sowie

einige Hunderttausende Zivilisten umgekommen. Das Terrornetzwerk El Kaida und andere radikale Islamisten konnten im Land Fuß fassen. Auch außerhalb des Irak wird der Krieg von selbst ernannten „Gotteskämpfern" als Begründung für Terrorakte herangezogen. So sollten die Anschläge vom 11. März 2004 auf Madrider Vorortzüge, die 191 Tote forderten, einen Rückzug Spaniens aus dem Irak bewirken, was auch gelang. Möglicherweise war Spanien aus einem zynischen Kalkül heraus gerade deshalb das Ziel der Terroristen gewesen, weil die Bevölkerung gegen den Krieg war. Im Februar 2001 hatten sich Millionen von Menschen an Friedensdemonstrationen beteiligt. Auch der Afghanistankrieg wird inzwischen in der islamischen Welt viel negativer beurteilt als vor 2003 und die dort engagierten Westregierungen werden mit der „Koalition der Willigen" in einen Topf geworfen. Insgesamt sind internationale Experten weitgehend der Meinung, dass die Welt durch den Irakkrieg viel unsicherer anstatt sicherer geworden ist, wie George W. Bush es ankündigte. Die zahlreichen Berichte über Menschenrechtsverletzungen der Koalitionskräfte, ob es sich nun um Folterbilder aus irakischen Gefängnissen oder illegale Verschleppungen und Gefangenenlager handelt, heizen die aggressive Stimmung in großen Teilen der islamischen Welt gegenüber dem Westen nur noch an.

Saddam Hussein

George W. Bush

GLOBALISIERTE WELT

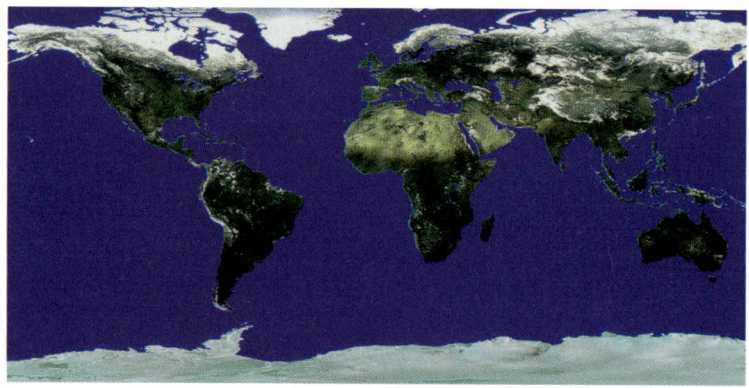

Die Globalisierung ist sicherlich eines der Phänomene, die aktuell die größten Auswirkungen auf die Weltgeschichte haben. Aber es ist nicht leicht, sie an einem konkreten Wendepunkt festzumachen. Die Globalisierung ist ein schleichender Prozess hin zu einer größeren weltweiten Vernetzung. Solche Tendenzen gab es aber genau genommen seit Beginn der Menschheit. Sowohl die Ausbreitung des Menschen von Afrika aus über die ganze heute bewohnte Welt als auch die Großreiche der Antike oder die Entdeckungsfahrten der frühen Neuzeit waren eine Form der Globalisierung.

> **DAS WICHTIGSTE IN KÜRZE:**
> • In den 1980er-Jahren bürgerte sich der Begriff „Globalisierung" für die rasant fortschreitende weltweite Vernetzung ein.
> • Diese hat vor allem auf wirtschaftlichem Gebiet massive Folgen, die sich auf Politik, Sozialleben und Gesellschaft auswirken.

EXPANDIERENDE MÄRKTE

Aktuell versteht man unter Globalisierung aber vor allem eine wirtschaftliche Entwicklung, bei der Unternehmer und Finanzmakler beinahe ohne Schranken weltweit agieren. Dies führt dazu, dass Arbeitsplätze dort entstehen, wo die Arbeit am günstigsten ist, und Kapital dort eingesetzt wird, wo es am meisten Rendite bringt. Soziale, ethische und ökologische Aspekte bleiben dabei oft genug auf der Strecke, und die Unüberschaubarkeit der vernetzten Märkte sorgt immer wieder dafür, dass regionale Krisen weltweite Folgen haben, gerade auf dem Finanzsektor. Aber man kann nicht sagen, wann diese Entwicklung eingesetzt hat, denn erfolgreiches Wirtschaften ist grundsätzlich mit Expansion verbunden, und spätestens seit dem 18. Jahrhundert hat sich gezeigt, dass eine von staatlicher Regulation befreite Volkswirtschaft im Schnitt wesentlich erfolgreicher als eine von oben gesteuerte ist. Im 20. Jahrhundert trieben die Industrienationen eine immer weiter gehende Liberalisierung des Welthandels voran, etwa durch verschiedene allgemeine Zoll- und Handelsabkommen (GATT). Dieser Prozess hat jedoch in den letzten zwei bis drei Jahrzehnten so rasant an Fahrt aufgenommen, dass er den meisten Menschen als spürbare Veränderung im Bewusstsein ist. 1983 schrieb der Ökonomieprofessor Theodore Levitt (1925–2006) in der *Harvard Business Review* einen Artikel mit dem Titel „Globalisierung der Märkte". Seitdem ist dieser Begriff für die aktuellen wirtschaftlichen Umwälzungen in der Diskussion.

DER AUFSTIEG DER SCHWELLENLÄNDER

Wie aber kam es zu dieser Entwicklung? Das Charakteristische an dieser einschneidenden Veränderung ist eigentlich, dass es keine Wende in dem Sinne gab.

Frau in Peking

Während die wirtschaftliche Entwicklung früher immer wieder durch Kriege abgebremst wurde, konnte sie nach dem Ende des Zweiten Weltkrieges in den Industrieländern ungestört voranschreiten. In keinem wichtigen Land wurde die Tendenz hin zu einem immer liberaleren Handel gestoppt. Im Gegenteil: Immer mehr Schwellenländer kamen hinzu, schließlich auch die Giganten China und Russland. Ärmere Länder wurden oft durch die UN-Organe IWF (Internationaler Währungsfonds) und Weltbank zu einer Öffnung gezwungen. Je mehr dieser Prozess fortschritt, desto unmöglicher wurde es für einzelne Regierungen, sich dem zu entziehen. Die Zahl der Länder, in denen die Infrastruktur und das technische Know-how vorhanden sind, um bestimmte Arbeiten erledigen zu können, steigt ständig, sodass die globale Konkurrenz immer größer wird. Andererseits rechnen Ökonomen vor, dass auch in den absoluten Billiglohnländern in der Regel die Kaufkraft steigt und die Armut zurückgeht – auch wenn die Schere zwischen Arm und Reich sich dabei oft immens vergrößert. Auf diese Weise wird der gemeinsame Markt größer und der Globalisierungsprozess greift weiter um sich. Das Welthandelsvolumen ist zwischen 1980 und 2004 von 2,4 auf 11,7 Billionen US-Dollar gestiegen.

GLOBALE KOMMUNIKATION

Es gibt aber keine politische Veränderung oder Entscheidung, die ausschlaggebend für diesen plötzlichen Boom war. Wenn es einen wichtigen Wachstumsimpuls gegeben hat, dann kam dieser von der technischen Seite. Ende der 1970er-Jahre kamen die ersten Personal Computer auf den Markt, Ende der 1980er-Jahre begann der Siegeszug des Handys, 1993 der des Internets. All dies erleichtert das weltweite Agieren immens und macht viele internationale Geschäfte erst lohnend. Daneben spielt die neue Kommunikationstechnik aber auch eine bedeutende Rolle für die kulturelle Globalisierung, die man neben der wirtschaftlichen nicht vergessen sollte. Auch wenn einerseits die Kultur- und Konsumgüter der westlichen Industrienationen den Rest der Welt überschwemmen, bietet etwa das Internet auch kleineren Gruppen oder Nationen eine einfache Möglichkeit, sich ein Forum zu verschaffen. Das hat freilich auch Schattenseiten. Lokale Ereignisse, wie etwa Mohammed-Karikaturen in einer dänischen Tageszeitung, können weltweite Unruhen auslösen. Die Unüberschaubarkeit der vernetzten Welt ruft bei vielen Leuten auch ein tiefes Gefühl von Verunsicherung hervor und führt im Gegenzug zu Abschottung und dem Festhalten an sicher erscheinenden Strukturen.

Mit der ganzen Welt vernetzt im Internet